中国教育专家领航系列丛书（第四辑）

主体性教育：
办好人民满意的学校

李国荣　著

世界图书出版公司

图书在版编目（CIP）数据

主体性教育：办好人民满意的学校 / 李国荣著 . --
北京：世界图书出版公司，2022.12
ISBN 978-7-5232-0014-8

Ⅰ . ①主… Ⅱ . ①李… Ⅲ . ①学校教育—研究 Ⅳ .
① G4

中国国家版本馆 CIP 数据核字 (2023) 第 003010 号

书　　　　名	主体性教育：办好人民满意的学校	
（汉语拼音）	ZHUTIXING JIAOYU： BANHAO RENMIN MANYI DE XUEXIAO	
著　　　　者	李国荣	
总　策　划	吴　迪	
责　任　编　辑	腾伟喆	
装　帧　设　计	包　莹	
出　版　发　行	世界图书出版公司长春有限公司	
地　　　　址	吉林省长春市春城大街 789 号	
邮　　　　编	130062	
电　　　　话	0431-80787850　13894825720（发行）　0431-80787852（编辑）	
网　　　　址	http：//www.wpcdb.com.cn	
邮　　　　箱	DBSJ@163.com	
经　　　　销	各地新华书店	
印　　　　刷	吉林市京源彩印厂	
开　　　　本	787 mm×1092 mm　1/16	
印　　　　张	14	
字　　　　数	267 千字	
印　　　　数	1—2 000	
版　　　　次	2022 年 12 月第 1 版　　2022 年 12 月第 1 次印刷	
国　际　书　号	ISBN 978-7-5232-0014-8	
定　　　　价	45.00 元	

总序

　　当前，我国基础教育面临高质量发展、数字化转型等新的机遇与挑战，在加快建设教育强国的新征程中，造就一支专家型教师队伍，对于办好基础教育至关重要。《中国教育专家领航系列丛书》回应时代呼唤和社会期盼，以打造本土教育专家为宗旨，为全面深化教师队伍建设、助力教师专业发展提供了坚实有力的平台。

　　多年来，长春教育在教师队伍建设上花大力气，下狠功夫，培养了一批专家型教师。他们有坚定的理想信念和高尚的教育情怀，在工作岗位上不断更新教育理念，开展教学改革实践，形成了具有本土特色的教育教学成果，成为基础教育的领军人物。《中国教育专家领航系列丛书》系统地诠释了他们的教育主张、教学风格和教育智慧，推出了一批有深度、有影响的高质量学术成果，丰富和发展了基础教育研究的理论体系和实践经验。丛书的推出既为教师梳理教育思想、凝练成长路径、提升教学成果开辟阵地，也为打造一支新时代高素质专业化创新型教师队伍注入强大动能，推动长春市基础教育优质发展，形成领航全省、辐射全国的良好态势。

　　党的二十大报告中明确提出要构建高质量教育体系，推进教育现代化，建设教育强国。《中国教育专家领航系列丛书》将持续发力，凝练本土教育智慧，提升本土教育专家的思想引领力和行动影响力，推广中国式现代化基础教育优秀成果，辐射带动广大教师专业成长，为中国教师领跑，为中国教育领航。

2022 年 12 月 18 日

▶ 前言

教育是国之大计、党之大计，建设教育强国是中华民族伟大复兴的基础工程。实现中华民族伟大复兴，基础在教育。

以人民为中心办教育、办好人民满意的教育，是新时期加快推进教育改革发展的奋斗目标和前进动力。

新时期，作为校长，要不忘教育初心，牢记立德树人使命，发扬教育家精神，强化学校教育主阵地作用，追求教育的高质量发展，办好人民满意的好学校，满足广大人民群众日益增长的优质教育需要，更好地推动人的全面发展、社会的全面进步。

1978年，我于东北师范大学历史系毕业，到长春市实验中学工作，从那一年开始，我成为光荣的人民教师，也就是从那一年开始，我思考如何做人民满意的好教师，如何成长为教育家型教师，如何办人民满意的教育，如何提高学生服务国家人民的社会责任感，如何培养学生洞察看不见的世界、面对不确定、面向未来和善于解决问题的实践能力。

我国著名教育家古代有孔子、孟子、墨子、田骈、庄子、荀子、朱熹、陈献章、王守仁、湛若水、王夫之等；近代有郑观应、梁启超、何子渊、丘逢甲、唐国安等；现代有蔡元培、鞠思敏、陶行知、厉麟似、吴大猷、萧友梅、陈垣、竺可桢、徐特立等。他们通过亲力亲为的教育实践创造出重大教育业绩，都是在一定时期、一定范围内的教育思想和实践产生重要影响的优秀教育工作者。几千年来，中国的教育取得这么多成绩，正是因为许许多多教育家所作出的努力和贡献。无论古代还是现代，我发现教育家们都有共同之处，那就是都有着教育家精神：拥有坚定信念、坚强毅力、教育情怀、博爱之心，敢于担当、勇于探索、甘愿奉献、求真务实、创新实践。

两袖清风，三尺讲台。

我曾做过高中历史教师、班主任、教研组长、年级组长、团委书记、政教主任、校长助理、教学副校长、校长、党委书记。在任历史教师时，我就致力于课堂教学模式的改革，我曾进行过"纲要信号图示法""二级自学辅导法"等尝试；任教学校长后，紧紧围绕以学生发展为本的理念继续对课程、教材、课堂教学模式、评价制度等改革进行研究；我任团委书记和政教主任时，研究寓思想教育于各项活动之中，在各项活动中都注重培养学生的自主性、独立性和创造性。承担20多节大规模公开课，在省市教学比赛中均获一等奖。1996年为中央电视台录制了《丰富多彩的历史课》专辑在全国播放。1988年被破格晋升为高级教师，1997年荣获特级教师称号，2013年晋升为正高级教师。

2000年下半年，我到上海华东师范大学参加国家教育部省级重点中学校长第20期高级研修班的培训，这是教育部为培养中学教育的改革家和带头人创办的，被誉为"教育界的黄埔军校"。在3个多月的时间里，我聆听到陶西平、顾明远、李连宁、钟秉林、陈玉琨等著名专家、学者的几十次精彩讲座，徜徉于中国教育改革与发展、现代教育理论与管理科学、中国基础教育改革的理论与实践的研究之中。我先后考察了江苏、浙江、上海、福建的37所中学，在实践中学到了先进的办学理念和成功的经验。在专家们的指导和启迪下，我的心灵受到了强烈的震撼，思想得到了启迪，头脑中那些传统的教育观念被冲击、被荡涤，一种新的理念开始形成。

我一直在想，真正的教育应该是关于人的教育，是人自身的教育、人的主体性的教育，而不只是人的某些功能性的教育，如：使人具备某种能力，比如计算能力、记忆能力、考试能力、技术能力、工作能力，乃至于表演能力、演说能力、社交能力、领导能力等。一个人最重要的素质，最核心的能力，不是他的知识宽度，而是他的理解能力、判断能力和精神高度，所以我们要教给孩子最经典、最本质的东西，保证孩子思维的活跃性、独立性，培养孩子批判性思维、独立思考能力。

后来，我又阅读了王道俊、郭文安的《主体教育论》，和学新的《主体性教学论》，李志宏、郭元祥的《主体性教育的理论与实践》，张天宝的《主体性教育》等几十本有关主体性理论的书籍，查阅了大量的资料，又多次请教华东师大教科院的专家，使我对主体性教育理论有了深入的理解，并完成了我的论文《把握时代精神，实施主体性教育》。

教育家和学校管理者之间有什么差别？简单说就是制定决策所基于的知识不同。教育家决策主要靠软知识，管理者决策主要靠硬知识。教育学和大部分管理学里讨论的决策都是基于硬知识的决策：给定目标和可选手段，如何选择特定的手段满足给定的目标。这里的目标和手段都是可以明确描述的，甚至是可以量化的。这跟真正的教育家决策相距甚远。真正的教育家决策不是选择给定手段满足给定目标，而是积极地和创造性地寻找新的目标和手段。教育家精神层次的高低，很大程度上取决于感知、判断新目标和新手段之能力的高低。换句话说，管理者是使用工具，教育家是创造工具；管理者是实现目标，教育家是创造目标。

2001年3月，我任校长后正式提出了"以人为本，自主发展"的办学理念，并制定了主体性教育十六字方针：确立主体，塑造主体，实现主体，发展主体。二十多年来，从长春二实验中学走出去的每一名学生都成长为可以自主发展的独立主体。

"校长有思想，学校才有出路；校长有作为，学校才有地位。"这是我从事教育工作四十多年的切身体会，也是我一直牢记在心的座右铭。

学校的实力可以分为两类：硬实力和软实力。硬实力是指诸如教学楼、体育场、宿舍、食堂、黑板、课桌椅、橡胶跑道等人人都能得到、也可以集中使用的设施设备，这些都是硬实力。一般来讲，校长都有在自己的任期内改善办学条件的愿景，例如多建几幢教学楼、新建学生宿舍等，这些都是看得见、摸得着的。

软实力是指没有办法用语言、数字、文字、图表、公式等方式表达和传递的知识，比如教育思想、教育目标，它是主观的、个性化的，只可意会不可言传。孔子提出的"有教无类，因材施教"，陶行知提出的"生活即教育，社会即学校，教学做合一"都是此意。

一所学校要成为真正的天花板级的令人仰望的名校，不仅要打造学校的品牌，校长更要注重学校的软实力培养和发展，如：教育思想、教育理念、科学的发展目标和人才培养目标，还有学校的优良校风、教风和学风以及校园文化建设、学术氛围等，不仅要注重对学生的培养发展，更要注重对教师的培养发展。

硬实力建设是有形的，通过努力可能比较容易做到，而软实力建设是无形的，非一日之功，需要校长和全体教职员工长期努力，甚至是几代人的奋斗才能形成。有形的硬实力很重要，可以改变现状；无形的软实力更可贵，可以代代相传。

学术研究，名校示范。

我从教 40 年，编写学科著作 52 本，公开发表并获奖论文 25 篇，主持"九五"至"十三五"国家规划课题 34 项，多次荣获省市优秀科研成果奖。荣获吉林省示范性劳模创新工作室，义务为农村培训教师 180 人，发挥名校的示范和辐射作用，成为吉林省 BEST 联合体（5 所学校）、长春市田家炳教育共同体（10 所学校）、长春市高中第六教育联盟校（6 所学校）、吉林省全民阅读书香校园联盟校（198 所学校）、"两学一做"学习教育联合体（4 所学校）的龙头学校，为长春市基础教育高质量发展做出了卓越的贡献。

满腹诗书，倾囊相授。

我在做好本职工作外还兼任全国中学教育科研联合体学术委员会委员、全国中学教育科研联合体理事会常务理事、中国教育学会人才专业委员会常务委员、中国西部地区教育顾问；吉林省联合国教科文组织协会副会长、吉林大学劳动关系学院特聘教授、东北师大历史文化学院兼职教授暨硕士生导师、吉林省劳模协会常务理事、吉林省全民阅读协会副会长；长春市中级人民法院人民陪审员，长春市检察院人民监督员，长春市十二届、十三届人大代表教科文卫委员会委员，长春市十四届、十五届、十六届人大代表人事代表选举委员会委员。

春去秋来，寒来暑往。

从教四十多年来，我先后荣获国务院特殊津贴、全国劳动模范、全国"五一"劳动奖章、全国模范教师、吉林省高级专家、吉林省特级教师、吉林省"三八"红旗手、吉林省科技创新拔尖人才、吉林省第七批有突出贡献的中青年专家、吉林省教育科研型名校长、长春市杰出校长、长春市名校长等50多项荣誉称号。

李国荣（第一排左三）校长获全国先进工作者登上天安门城楼

披星戴月，风雨兼程。

在长春这片教育沃土上，我不怕辛苦，不怕疲倦，不怕障碍，不怕失败，率先垂范，将近半个世纪以来对教育的理解、实践、反思的智慧和埋想的汁水浇灌于此。"以教育家的精神做教师，办好人民满意的教育"成为长春二实验中学全体教师取之不竭的动力源泉和追求的目标。

CONTENTS　　　　　　　　　　　　　　　　　　　► **目录** ◄

主体性教育把握时代教育的主旋律

一、主体性教育研究的背景

首先是国外教育改革思潮的影响。

20 世纪 50 年代中期以来，世界各国纷纷掀起了教育改革的热潮，出现了许多新的教育思想和思潮，但几乎所有的教育思想、思潮和教育改革都有一个突出的特点，即把发展学生的自主性、能动性、创造性，促进学生主体性的发展以及教育教学过程的民主化、个性化放在首位。80 年代以后更是如此。美国在 80 年代末制定的《普及科学——美国 2061 计划》中指出"教育的最高目标是要使人们能够达到自我实现和过负责任的生活"，"教育不只是为了谋生，教育还为了创造生活"。如日本临时教育审议会自 80 年代以来接连发表了几个关于教育改革的咨询报告。第四次报告则明确将"重视个性的原则"作为改革最基本的原则，报告指出："我们必须对照'重视个性的原则'，从根本上重新认识教育的内容、方法、制度、政策等整个教育领域。"与此同时，苏联的一些教育改革家则提出了"合格教育学"的思想，主张"个性的民主化"，即"个人的一切才能和精神力量的发展和解放"，认为合作教育学应该成为个性发展的教育学，而不仅仅是智力发展的教育学。

其次是时代对教育改革的呼唤。

随着国际竞争的加剧和社会的飞跃发展，社会对人才的素质提出了更高的要求，弘扬人的主体性是现代社会发展的主题，主体性教育思想的产生正是时代精神的体现。面对现代科技的迅猛发展，现代社会急需具有创新性的人才。教育应主动适应社会发展的要求，加强对学生主体性的培养，为社会培养既具有相应的知识技能，又具有开拓进取的创新意识、竞争意识和合作精神，以及随机应变、办事能力强、工作效率高的人才。

主体性教育是推进素质教育的必然，素质教育是着眼于受教育者及社会长远发展的要求，以面向全体学生、全面提高学生的基本素质为宗旨，以注重培养受教育者的实践能力、创新能力，促进他们在德智体美劳等诸多方面生动、活泼、主动地发展为基本特征的教育。

基于对素质教育的核心是促进人的全面发展这一基本命题的理解，我认为以主体性教育为核心的素质教育是促进学生全面发展的基本途径。

二、主体性教育的内涵和意义

主体性教育是一种以培养和发展受教育者主体性为主要特征的教育。它重在启发和引导学生内在的教育要求，创设宽松、和谐、民主的教育环境，有目的、有计划地规范和组织各种教育行为和教育活动，从而把学生培养成为能够自主地、能动地、创造性地进行认知活动和实践活动的社会主体。

主体性教育是现代多元教育的交汇点、结合点，当代倡导的创造教育、成功教育、和谐教育、情境教育等，在不同侧面都体现了主体性教育的思想。

第一，主体性教育是自我教育的基础。

主体性教育既把发展学生主体性作为教育目标，又把发挥学生主体性作为全面发展的教育目标、工具和手段，在教学过程中通过教师的启发、点拨和诱导，使学生多种感官主动参与教学过程，不断培育和发展学生的主体性；使学生成为能够进行自我教育、学会方法、学会学习的人，逐步实现从"教"到"不需要教"的转化过程。因此，主体性教育是实现自我教育的基础。

第二，主体性教育是实现终身教育的阶梯。

终身教育、终身学习是现代教育发展的主旋律。正如联合国教科文组织出版的《学会生存——教育世界的今天和明天》报告中所阐述的："未来的文盲不是不识字的人，而是不会学习的人。"这是从传统的"知识本位"向"能力本位"教育思想的转变，教育教学要以启发向上为根本，教会学生学习，使学生学会求知、学会关心、学会负责是现代主体性教育的最终目标。这些不仅是人类谋生的手段，也是人类适应生活、参与生活、创造生活、感受生命意义的核心所在。

第三，主体性教育是科学教育与人文教育统一的结合点。

教育部颁布的《基础教育课程改革纲要（试行）》中在关于课程的实施、引导学生学会学习等方面指出："改变课程实施过程中过于强调接受学习、死记硬背、机械训练的现状，倡导学生主动参与、乐于探究、勤于动手，培养学生搜集和处理信息的能力、获取新知识的能力、分析和解决问题的能力，以及交流与合作的能力"，这与主体性教育强调学生主体性发展是一致的。

主体性教育就其近期目标而言，旨在开启和增强学生的主体意识，培养和发展学生的主体能力，塑造和弘扬学生的主体人格，从而使学生成为教育活动和自身发展的真正主体；就其远期目标而言，旨在弘扬人在社会发展中的能动作用，把学生培养成为富有进取意识和创造精神的社会历史活动的主人，从而积极促进社会的发展、进步。

三、主体性教育研究的现状

主体性理论既是近代哲学的核心范畴，又是 20 世纪 80 年代以来我国学术界研究的一个热点问题。90 年代初，我国教育理论界对主体性教育的理论研究逐渐受到广泛重视。对主体性教育理论的研究，大体经历了以下几个转变：

其一，从研究要培养学生的主观能动性到研究在教育过程中要注意发挥学生的积极性，进而发展到研究培养学生的主体性，而这种主体性不仅仅是一种能力、一种工具，它更是一种权利；

其二，从研究教育活动过程的主体性到研究教育活动本体论层面的主体性；

其三，从研究义务论、能力论意义上的教育系统主体性到研究权利论意义上的教育系统主体性，从对主体性教育的理论探讨到在理论指导下开展各种实验研究等。

同时，在北京、天津、荆门、安阳、长沙等地还富有成效地开展了主体性教育的实验研究。在实验研究层面，我国教育工作者进行了关于以促进学生生动活泼主动发展的各种实验，如李吉林老师的情境教学实验、魏书生老师的六步教学法、卢仲衡先生的中学数学自学辅导实验、北京海淀区 28 所学校的"和谐教育"实验等，为主体性教育研究提供了宝贵的经验和实践基础。

主体性教育研究正是在已有教育改革实验基础上的再创造。

四、主体性教育符合二实验中学的校情

（一）对主体性教育的切身感悟

1978 年；我于东北师范大学历史系毕业后，到长春市实验中学工作。我曾

做过高中历史教师、班主任、教研组长、年级组长、团委书记、政教主任、校长助理、教学副校长、校长、党委书记。在任历史教师时，我就致力于课堂教学模式的改革，我曾进行过"纲要信号图示法"（现在学科教学中的思维导图）、"二级自学辅导法"等尝试，我任教学校长后，紧紧围绕以学生发展为本的理念继续对课程、教材、课堂教学模式、评价制度等改革进行研究；我任团委书记和政教主任时，研究寓思想教育于各项活动之中，在各项活动中都注重培养学生的独立性和创造性。

（二）主体性教育符合学校的改革与发展

一所学校的发展应该具有三个关键条件：一是要有好的领导；二是要有优秀的教师队伍；三是要有优质的生源。

由于优质生源都集中在大校，我校的优秀率和奥林匹克金牌数量都无法超越大校。主体性的教育理论非常适用我校的实际，根据主体性教育的理念，我们提出："让每一个到二实验中学的学生在原有的基础上都得到提高，都得到发展"，从学校的地位、师资、生源条件、优秀率方面，我们无法与师大附中、省实验、十一高相比，但我们必须无愧于时代的要求，把重心放在提高率上。所以，主体性教育的理念非常适用于二实验中学的校情。

五、我的办学理念：以人为本，自主发展

有人说："一个好校长就是一所好学校。"学校的发展源于办学理念的变革，靠的是办学策略的指导。一个校长要有大教育观念，要站在世界的高度审视教育，站在国家的高度审视学校，才能准确把握时代的脉搏，才能根据时代发展的需要，结合本校的实际情况，遵循教育的发展规律，给自己学校的发展以恰如其分的定位，从而明确自己的办学目标、办学宗旨、办学方略。

记得原北京育才学校王建宗校长说过："衡量一个校长是一般化的办学还是专家型的办学，就在于他有没有独到的办学理念，有没有先进的办学思想。"在大力倡导专家治校的今天，必须最大限度地提升校长的思想水平。正像著名教育家苏霍姆林斯基说的那样："学校的领导，首先是思想的领导。"

我的主体性教育理念的实践，是在我当了二实验校长之后开始的。2001 年，我上任校长之初便正式提出了"以人为本，自主发展"的办学理念，并确定为十六字实施方针："确立主体，塑造主体，实现主体，发展主体"。

这是根据时代发展的需要和我校的具体情况提出来的，应该说是科学的、符合

实际的。但关键是要把它转化为办学治校的教育行为，转化为广大师生的自觉行动。

为了把"以人为本，自主发展"的办学理念转化为全校师生员工的自觉行为，我在任校长之后，在德育、教学、队伍建设、自主发展等方面进行了全方位的改革。

我深知这种新的办学理念从实施到形成学校的特色，不是一朝一夕能完成的，这需要一个相当长的时间，但我相信从我这一届领导班子开始，再经过二实验人不懈的努力，若干年后，主体性教育一定会成为我校的办学特色。科学的办学理念对校外是一面旗帜，对校内是一个纲领，对历史是一个总结，对未来是一个目标。

主体是谁呢？在二实验，主体是学生，老师与学生的关系是"以生为本，以师为要"。在教育的实施上，老师由主导者变为引导者，引导学生自主发展。曾经担任主角的教师成了导演，曾经是配角的学生成了演员。

这在 20 多年前的 2001 年，应当是一个相当大胆的思想变革，是对中国多少年来基础教育"统一""服从""听话"传统桎梏的自觉挣脱。那时候，深层次的教育改革在许多地方还处于思想解放探索阶段。我当时的探索应该是大胆的、具有前瞻性的，而且是理性的。

自主性发展来源于主体性教育——主体性教学模式作为一个宏观框架，一方面，对各个学科教育起到调控、指导和引导作用；另一方面，又给各个学科留有充分发展的空间，教师教学有了更大的自主性，从而推动教师自主发展。

二实验许多老师得到了自主发展进步，这也与我的主体性教育理念引领有关。从这个意义上讲，"以人为本，自主发展"的主体性教育理念，又是一种双主体的模式，收获的是教师与学生双重发展的硕果。

2006 年 12 月，中国文史出版社出版发行了一套 15 本《中国科研兴教丛书》，其中由我主编的一本名为《把握时代精神，实施主体性教育的实践探索》，首篇《以学生发展为本，实施主体性教育——我的办学理念》中，我对主体性教育的意义、方式、内容、实践情况以及发展方向进行了全面论述。书中 46 篇文章，记录了那个阶段二实验主体性教育的艰难探索历程。

我校物理教师菊花对照主体性教育理念，以题为《教育——成全每一个生命》的数千字长文，重点叙写和论述了师生关系及教学理念问题。

例如，尊重：一朵开在心间的花。

菊花在文章中反思道：教室是谁的教室？我们常见，在课堂外口若悬河、说话自信的学生，到了课堂上对老师唯唯诺诺；刚刚在课堂上还是一副呆滞的样子，一下课却有说有笑，异常活跃。对于若干走出校门的人说来，"你给我出去"这句话，都有似曾相识之感。因为"中国式教室"中的主人是教师，是教室规矩的"缔造者"

和解释权的拥有者。任何冲撞了这些规矩的"是非之徒"，都可能被教师"绳之以规矩"。

菊花对两个犯了错的学生也予以"惩罚"，要求他们撰写200字激励同学学习的文章，体裁不限。第二天交稿后，在班级不以犯错名义，而以学习的心得体会宣读。两个学生满脸喜气，雀跃着走上讲台发言，展示自己的文采。

我对老师授课的感官要求是，老师教得要活跃，学生学得要有兴趣。

菊花老师认为，学生的学习态度很大程度由兴趣决定的。为此，在营造主体性课堂时，她通过创造情境，调动学生学习兴趣，让学生在参与中掌握知识。在教授波的形成依靠介质中各支点的相互作用力时，她先让10名学生在讲台前站一横排，让第一个学生做蹲下起来动作，尔后问第二个学生为什么不跟着做。第二个学生说，第一个学生没有拉他，老师也未让他做。之后，菊花又要求10位学生胳膊挽着胳膊，再让第一个学生做蹲下起来动作。菊花问第二个学生，老师没让你跟着做，你为什么跟着做。第二个学生说，是第一个同学拉他。菊花依次问第三个学生、第四个学生……学生们在游戏中切实理解了波产生的原因——介质之间的相互作用。

传统的语文教学，教师通过语言文字将观念、概念及理论知识体系传递给学生，我要求改变这种以教师、书本知识为中心的教学，因为它抑制了主体性与创造性的发挥，不符合主体性教学理念。

我校语文教师张国霞认为，让学生成为学习主体，必须对传统教学方式大胆改革，为学生创造更广阔的思维空间。

以往，教师授课多是遵照教学参考，很少有越教参雷池半步的。在讲授《黄鹂》一课时，张国霞大胆放开手脚，让学生根据文本挖掘信息，只要合情合理，就给予肯定。关于本文的主题，教参上主要归纳为文艺创作规律，但一些学生认为，还有对于美的追求，张国霞予以肯定。

一些学生对作者在青岛市的行为不理解："作者为什么不买下那只鸟，如果买下了，鸟还有生存的希望，如果他不买，那只小鸟必死无疑。"张国霞把这个问题拿出来让学生讨论，学生们分析了若干种理由。应当说，每一种理由都有其合理性，但又不是很充分。可以说，这个问题的答案是不确定的，不是唯一的。

张国霞并没有给出一个"正确"而"标准"的答案，而是尊重并肯定了学生的探索与发现，因为这是学生们自我思考、判断的结果。正如究竟是德国人还是英国人打败了拿破仑一样，站在不同的角度，一定会有不同的看法与结论。重要的是，这个结论是学生自我判断的而不是老师给的，不管正确与否，学生们学会了判断的方法，提高了分析问题的能力。于是，张国霞老师给出了一个精彩的点拨与评论：大家分析得都有道理，我们不能将其理解为一个或几个原因，我们可以说，在这个方面，作者给我们留下了遗憾。

姜华老师第一次被学生批评出现在"周记"里："老师您不要生气，我觉得最近语文课上得太沉闷，总想睡觉……虽说您也让我们畅所欲言，可是我们实在不感兴趣……"姜华说，读了这段话，我有些悲凉，也有些埋怨，但也引发了我的思考：我们语文教学是否远离了学生的生活？主体性教育要求学生的创造性，得到了发挥没有？

鉴于此，之后，姜华动脑筋认真进行了教学准备。在讲授余秋雨的《道士塔》时，姜华的四步精心设计为"浏览课文，拟写小标题，提炼线索，精析语言"。在诵读课文、解决基础字词后，姜华让学生自由提问。一个学生提问："莫高窟又叫千佛洞，可是这里却矗立一座道士塔，这是明显的不和谐。佛、道不是有区别吗？"

这个问题又打破了姜华的四步精心设计，怎么办？稍一迟疑后，姜华的反应是，这个学生是在积极思考后提出的问题。于是他立即改变了自己精心的设计，肯定并接着这个问题展开讨论，让学生讲解关于舍利的知识，并补充学生们知道的佛高僧圆寂之墓与道士羽化之别。学生们踊跃发言，课堂求知气氛热烈，一直到下课铃声响起，师生共同的感觉是意犹未尽。

姜华在文章中写道："教师要珍惜学生的感悟，保护他们的智慧火花，这样才有助于开发学生的创造性潜能。"

我认为，姜华老师真正透彻领会了主体性课堂教学模式的精髓。因为该模式框架表规定的教学"四种方法"要达到的目的——培养学生的主动性、自主性、创造性与特殊性"四性"之核心，就是一个"活"字。

我校语文教师胡艳翠的理解是把学生作为学习主体，教师身份必须实现由课堂知识的灌输者向学生的引导者转变。为了让学生在课堂上敢说、愿说，她一直利用课前10分钟开展学生专题演讲，很快提高了学生的表达能力。有时，她还把学生请上讲台，让他们讲解课文，极大调动了孩子们的积极性。

在学习温庭筠《望江南》"梳洗罢"时，有的学生将查阅到的知识补充扩展了老师教授的内容；有的学生用投影电影画面的形式，栩栩如生地展示了一个少妇在楼上凭栏远眺、盼望归人的情景，并且大胆想象，追忆了二人相处时的种种场景。这种生动活泼的课堂氛围，是以往老师单一灌输所不能有的。

我校数学教师闫玉波领会我的"授之以鱼，不如授之以渔"的要求后，得出的体会是，牵着学生一步步过河，不如教会学生摸着石头过河，在创造情境方面，让学生在快乐中学习。在教授"概率的意义"时，他设计了摸球游戏；在进行"数列求和"教学时，一改以往练题做法，把学生以往的数列练习全拿出来找规律。学生们找出了很多办法，老师再引导学生比较，总结出规律来。

闫玉波说，把学习的权利与研究时空留给学生，让学生多角度探究出解决方式和规律，学生不仅能得到"鱼"，还能收获到"渔"——自主学习的能力与方法。

为了创造一种情境，在课堂教学中只要条件允许，很多老师通过表演方式把学生引入教学语言与人物的情境中。

在讲授"戊戌变法"时，历史老师让学生扮上当年人物，演绎"戊戌政变"一段历史。表演后，又提出了一个大胆的历史假设：如果"戊戌变法"成功了，社会会是怎样的走向？出乎意料的是，学生提出了各种各样的设想。这让老师体会到，学生的潜力是无限的，把学生当作主体、主角，教师会收到举一反三的教学效果。

对语文老师来说，通过表演把学生引入情境，要比其他学科更易操作。在学习《扁鹊见蔡桓公》时，不少老师让学生表演课本剧，还进行了多组比赛，使学生在角色表演中，领会了扁鹊与蔡桓公当时的心态及课文的哲理。

玩，是孩子的天性。在舞台上演古代名人，扮现代精英，是高雅别致的玩法，孩子们必定使出浑身解数，熟练演员台词、领悟人物的心境。

"以生为主"的主体课堂教学的突出特点是，在教授学生知识的同时，要培养学生的创新精神，这要求教师的课堂教学设计必须有创新。

我校地理教师郎军上"大气的运动"一课时，改变以往单纯讲解的做法，他首先播放了一段"伊萨贝尔"台风的视频，尔后用低沉舒缓的语调叙述道："最近台风频频光顾世界各沿海国家和地区，给人们带来了深重的灾难，我们深感大自然的威力。"稍做停顿后，他转换了语调风格，肯定地告诉学生，台风就是一种大气的运动；紧接着，提出了授课的题目：大气为什么会运动？大气是怎样运动的？最后用一句话点明了这堂课的教授目标：感受"苍天的呼吸"。

应当承认，郎军老师课堂教学设计得实在是太妙了。但这不是本堂课的最终目标。接下来，老师在讲完热力环流后，别具匠心地抛给了学生们一个问题：如果在郊外，没有冰箱，你将如何把一块肉和一个饼保鲜得更持久？在讲完大气水平运动后又问：郊游中，当地等压线如图所示，为防止风的侵害你将帐篷选在图中的A点还是B点？而第三问更具社会意义：假如你是一名城市规划师，为防治市区污染，你会将污染较重的企业布局在城区何方？

苏霍姆林斯基曾说："在人们心灵深处，都有一种根深蒂固的需要，这就是自己是一个发现者、研究者、探索者。"

上述这些问题的提出，使课堂变得生动、有趣，学生思维的火花瞬间被点燃了，知识不是被硬性灌入学生头脑，而是由学生怀着极大的兴趣，积极地向老师快乐地索取。

我认为，学问、学问，没有问，就没有学。

学习的目的就是为了答疑解惑。就主体性课堂而言，"最精湛的教学艺术遵循的最高原则，就是要让学生自己提问题"，因为"整个教学的最终目标是培养学生正确提出问题和回答问题的能力，任何时候都应鼓励学生提问题"。

我校语文教师孙桂杰认为，引导学生实现研究性学习与语文教学整合的课堂教学，问题设置要敢于打破常规，形成问题研究的趣味性与争辩性。高二有三个单元小说、两个单元戏剧，着重培养学生文学作品的鉴赏能力。孙桂杰老师与丛丹丹老师一起，按着周密计划的方案，精心设置了十来个问题，事先发给学生："鲁迅《祝福》情节的概括"，设计成"祥林嫂一生遭遇几个坎？"；"探求祥林嫂悲剧的社会原因"，设计成"是谁杀了祥林嫂？"；莫泊桑《项链》中，设置了"为了一时辉煌付出巨大的代价值不值得？"；鲁迅《药》中夏瑜及夏四奶奶等人物形象，设计成"令人深思的夏家人"；等等。

同时，对问题进行分组研究，4人一组，自愿结合，每组自选2—3题。总结研究成果写成小论文，在课堂上派代表发言，接受其他组同学的提问并做出答辩，老师根据众多同类看法选择典型做点评。

效果是超出预期的理想。首先，调动了学生求知积极性，在《祝福》的学习研究中，很多学生为丰富知识，读了鲁迅的《狂人日记》《伤逝》等其他作品，品味出了鲁迅作品独特的风格与深刻的思想。同时，学生们表达观点有若干创新之举，图说就是其中一种。在学习《祝福》时，一个学生画了一幅画：一个深坑，里边站着祥林嫂；坑的一边站着"我"，无奈地看着；另一边站着鲁四老爷、婆婆、柳妈及鲁镇的人，向坑里扔石头。这幅画，反映出学生对文章深刻而独特的理解。

更重要的是，学生的创造性思维得到了培育。以往，《项链》中玛蒂尔德的曲折经历多被归纳为"逆境——顺境——逆境"。研究中，有些学生认为她的经历应当是"顺境——逆境——顺境"。理由是，她在舞会前有着虚荣的梦想，这段思想历程是顺境；从她在舞会上的风光到丢失项链的慌乱，是她思想历程的逆境；而十年的辛苦使她从对虚荣的想入非非中，落到实实在在的现实生活里，她的目标只是生存，因而是她思想上的顺境。

经过一个多月的探索与实践，孙桂杰、丛丹丹两位老师发现，虽然自己的讲解点评只是一种补充与延伸，但告别了"填鸭式"讲解，课堂上沉闷的气氛一扫而去。"一言堂"真的变成了群言堂，学生养成了自学探寻的好习惯。虽然加大了老师的工作量，但符合我提出的主体性课堂教学模式的要求。因为学生们不仅学到了三单元小说与两单元戏剧作品鉴赏知识，而且学会了掌握探寻的方式方法，可谓既收获了"鱼"，又收获了"渔"，一举而多得。

主体性课堂教学模式，问题导引的关键在问题的质量。除了有趣外，更要重视问题的深度，这与教学"深度"有共性关联。深度是由易到难、由浅入深、层层推进的过程。

我校历史教师张凌宇在讲授《中国近代史》下册第一节"国民政府前期的统治"一课时，环环相扣提出了五个问题：一是南京国民政府是怎样形式上统一全国的？二是为什么说南京国民政府是形式上的统一？三是南京国民政府为什么能够形式上统一全国？四是南京国民政府为什么不能真正统一全国？五是南京国民政府形式上统一对全国有何影响？五个问题，全部用"形式"一词连缀，引起了学生极大的兴趣，他们由被动接受者成为学习的主动探寻者，真正成了学习的主人。

二实验"以人为本，自主发展"的主体性教育理念，既是一种理念的充实与提升，也是学校当时发展现状的需要与选择。

世纪之交的二实验面临的严峻形势是，作为一个二类学校，优质生源可谓凤毛麟角，都被省、市一些名校大校吸引集中去了。面对参差不齐的生源，我们贯彻主体性教育理念，牢牢把重心敲在提高率上，明确提出"让每一个来到二实验的学生，在原有基础上都得到提高，都得到发展"，以此作为评价检验每个年级老师的硬性标准。也就是说，不单单看你这个班培养出几个尖子学生，而是重点考核你这个班所有学生提高的幅度，平均提高的比率，这就必须让教师关注每个学生，不允许一个孩子掉队。

以人为本，随着面向全校每一个学生的主体性教育理念的深入贯彻，如今的二实验已没有了以往的重点班、快慢班、普通班的划分。新生入学分班，参考原升学成绩，每个班学困生、中等生与尖子生都大致均摊。

多年来，学校秉承主体性教育十六字方针："确立主体，塑造主体，实现主体，发展主体"，使学生成为基础扎实、素质全面、特长突出、品学兼优，具有合作意识、健全人格、创新精神和实践能力的适应社会竞争需要的创造型人才。

● 2007 届毕业生孙吉宇、魏欣然在北京奥运会火炬手层层选拔赛中，成为长春地区火炬手。

● 2017 年我校高考取得了建校五十五年以来的新突破。理科黄梦琳同学以全省最高分 712 分（含清华领军计划 10 分）成为市直高中理科状元，被清华大学本硕博连读录取，在省内产生强烈反响。

●中考作文零分的张海铮同学，经我校培养，高考考出 694 分，位列全省第九名，考上清华大学自动化专业，后又考入麻省理工学院攻读硕士学位。

●自强不息好少年王馨瑶同学在全国作文大赛中荣获一等奖。

●赵英哲同学在第五届全国军事训练营射击比赛中力战群雄荣获"神枪手"光荣称号。

●庄仲同学以全省第一名的高考成绩被北京大学录取。

●周立青同学考入新加坡南洋理工大学并获全额奖学金。

●何获同学考入美国威斯康星麦迪逊大学。

●金池同学考入美国圣约翰大学。

●张仕豪、尚祖岳两位同学考入法国巴黎第七大学，进入精英工程师班本硕连读。

●我校军训方队连续十年获得军训会操比赛特等奖的佳绩。

●我校的广播操被称为"吉林省第一操"，"三操两规""诚信考场"等，已成为学校一道靓丽的风景线。

在"以人为本，自主发展"办学理念的引领下，学校各方面工作均得到了各级领导和社会的充分肯定，得到了高度的赞誉：

● 1996 年 5 月，国家教育部中学校长考察团来校考察时，对我校的评价是："二实验中学硬件不硬，软件不软。"然而，时隔七年，2003 年 5 月，检查团再一次来校考察时，教育部中学校长培训中心应俊峰副主任说："二实验中学是以二流的设备，创造着一流的业绩，培养着一流的人才。"

● 2002 年教师节，李述市长来校慰问时，对我校充分肯定，他说："二实验中学是长春基础教育冉冉升起的一颗新星。"

● 2003 年建校四十周年庆典大会上，安莉副市长对我校给予了高度的评价："长春市二实验中学的领导班子是团结奋斗的领导班子，二实验中学的教师是一流的教师，二实验中学是一所标志性的学校、示范性的学校，为普通高中的发展提供了成功的范例。"

● 2005年春，李龙熙副市长来校视察时说："二实验中学是一所方方正正的学校，培养端端正正的人才。"

● 2005年5月，省政协副主席常万海来校视察时，对我校的评价是"高水平、高素质、高层次"。

● 2005年，省委副书记林炎志评价我们学校是"高标准、高水平、高素质"。

● 2008年，"3A学校"教育督导评估中，市教育局督导室评价："长春二实验中学由一般完全中学发展为省级示范性高中，其实验性、示范性、现代化的办学水平在全国乃至国际都有一定的影响"；"学校确立了主体性的办学理念，对素质教育有着深刻的理解"；"学校以精细化管理为目标，创立了大法＋土法＋创新的新的管理模式，投入大、标准高，办学条件一流"；"心理健康教育坚持科研引领，独成体系，全国前沿。"

● 2009年，著名心理学家林崇德教授高度评价："二实验中学的心理健康教育在国内居领先水平，并能与国际接轨。"

● 2009年，时任中共中央政治局委员、中央书记处书记、中组部部长李源潮评价："一所好学校，确实得有一位好校长。"

● 2012年，国家教育部体育卫生司司长王登峰评价我校："'阳光一小时'工作创新、扎实有效，在心理开展方面属国内一流。"

● 2015年，刘利民副部长给予高度评价："校长的办学水平相当高、学校的办学业绩相当显著。"

● 2016年，吉林省委组织部二处副处长刘瑞峰评价我校党建工作二十个字：思想重视、谋划到位、运行规范、融合深入、效果明显。四有：有内容、有热度、有情感、有特色。立足育英才，办特色学校；心系全社会，树一流形象。

● 2018年，南京大学院士邢定钰评价我校："我一辈子生活在南京，一直以为东北经济落后，但今天，我看到了一所比南京还好的学校。"

● 2020年，长春市教育局局长黄宪昱评价我校："在疫情防控工作中政治站位高、行动速度快、责任落得实、防控有实效；工作落实平稳有序，真正做到一岗双责；是一所文化厚重、领导有力、治校有方、管理有序的学校。"

● 2020年，国家卫健委监督中心主任、党委书记陈锐评价："中小学心理健康教育工作开展及时、组织得力、效果明显"；鼓励我校"继续发挥引领和示范作用，帮助广大学生和家长以积极心态面对困难、共度时艰"。

● 2020年，吉林省委书记景俊海评价我校："李校长不愧是全国劳模、专家型校长，二实验中学的经验可以在全省推广。"

主体性教育引领学校高质量发展

一、主体性教育符合素质教育的要求

素质教育是以提高民族素质为宗旨的教育，是依据《教育法》规定的国家教育方针，着眼于受教育者及社会长远发展的要求，以面向全体学生、全面提高学生的基本素质为根本宗旨，以注重培养受教育者的态度、能力，促进他们在德智体美劳等方面生动、活泼、主动地发展为基本特征的教育。也是以提高受教育者诸方面素质为目标的教育模式，它重视人的思想道德素质、能力培养、个性发展、身体健康和心理健康教育。依据人的发展和社会发展的实际需要，以全面提高全体学生的基本素质为根本目的，以尊重学生主体性和主动精神、注重开发人的智慧潜能、注重形成人的健全个性为根本特征的教育。

实施素质教育是我国社会主义现代化建设事业的需要。它体现了基础教育的性质、宗旨与任务。提倡素质教育，有利于遏制目前基础教育中存在着的"应试教育"和片面追求升学率的倾向，有助于把全面发展教育落到实处。从教育面向现代化、面向世界和面向未来的要求看，素质教育势在必行。这是我们基础教育改革的时代主题和紧迫任务。

主体性教育是人自由个性合理发展的必然要求，马克思为人类建树的社会文化价值目标是"人类解放"，它的终极目标是"每个人的自由发展"，马克思特别强调全面发展，强调人的"自由个性"，而在提高人的主体性中，教育具有特别重要的作用，即教育在人的发展中的作用主要是提高人的主体性和主体能力。而主体性教育是指教育要把受教育者看成能动的、独立的个体，承认受教育者的主体地位，尊重其独立人格，唤醒其主体意识，培养其在自觉活动中的自主性、自为性、独立性和创造性。只有通过主体性的教育才能引导人达到自由的人、完整的人，才是教育的终极目标，才是人的教育追求。

（一）时代对人的主体性发展的需求

人的主体性发展水平的高低是衡量一个社会进步程度的重要标志之一，是人的发展水平的重要尺度。尤其是在建立和发展社会主义市场经济，加快社会主义现代化建设的同时，把人的主体意识唤醒并把人的主体能力发展到一个前所未有的高度，这是时代对基础教育的呼唤，理应成为现代教育改革追求的目标。培养、发展人的主体性，是当今教育改革的一个主题，也是深化教育改革的一个突破口。

（二）传统课堂教学对学生主体性的漠视

今天，当我们面向世界，反思自己的教育工作的时候，一种危机感会油然而生：我们培养的人明显缺少主体性，缺乏自主的精神、创新的精神。中小学课堂教学原本是教育的主渠道和主要形式，然而传统的课堂却以"传授知识"为本，漠视学生主体性的发展。有如下一些表现：

其一，课堂师生交往中主体性的缺乏。

课堂提问的主导者是教师，学生几乎没有提问的机会。长期处于这种环境中的学生，他们不敢向老师提问，也不会向老师提问。一般说来，学生积极提问既可以锻炼其思维能力，又可以培养学生主动学习、主动探索的精神，这对于学生的创新精神和实践能力的培养十分有益。然而，我们的课堂教学缺乏帮助学生养成主动提问的学习习惯。

其二，课堂教学中学生学习责任感的缺少。

课堂教学是以教师讲解为中心，教学活动是教师按事先准备好的内容和程序进行的，缺少探索活动。即便有一些探索活动，也是设定在固定的框架内，缺少自由探索的空间。长此以往，学生失去了学习的兴趣，缺少了对知识内在价值的追求，也失去了对学习的责任感。

其三，课堂教学中能力培养的缺失。

目前，一些中小学的课堂教学仍旧停留在实用层面。关注的只是学科知识以及解题能力或应试能力的培养，十分漠视学生获取信息、创造信息、加工处理信息以及解释和评价信息能力的培养。

教育与人的主体性之间的关系表现为：教育要以培养人才、促进人的发展、弘扬人的主体精神为根本目标；主体性教育增强人的主体意识，提升人的主体能力，培养人的主体性，这是未来社会发展对教育提出的要求；倡导主体性教育，也符合国家教育改革和发展的特点和趋势。传统教育观念下的人才培养模式已落后于时代的需求。学会生存、学会学习、学会创造、学会关心、学会负责、学会合作，已经成为当今教育对人的最基本的要求。只有具有强烈的主体性的人，才能与自然和谐相处，才能认识社会、改造社会，才能认识自我、完善自我，才能相互合作、共同发展。

素质教育强调教育要尊重和发展学生的主体意识和主动精神，培养和形成学生的健全个性和精神力量，使学生主动生动活泼地成长，帮助学生建立自信，使其成为朝气蓬勃的人才。

而主体性是创造性的基础，创造性是主体性的最高表现，创造性是人的本质属性之一，是人的一种生存状态。在今天，我们越来越强调创新精神和实践能力的培养，这是建设创新型国家的必由之路。抓住了主体性这个素质教育的灵魂，也就是抓住了创造性培养的关键。

"课内为应试，课外抓素质"，这种认识的偏差就在于没有抓住素质教育主体性这个灵魂，舍本逐末。素质教育不是简单地发展特长，实施素质教育的主渠道是课堂教学，课堂教学中对学生主体性的关注和对学生主动精神的激发，都影响着素质教育的成效。对发展特长而言，钢琴家最重要的不是指法的熟练，而是对音乐的理解、把握与表达。

如果真正实施了素质教育，如果真正抓住了主体性这个素质教育的灵魂，把学生从被压抑、被束缚、被控制的状态中解放出来，加之升学考试制度向素质教育方向的改革，那么升学率不仅不会降低，而且还会提高。

所以说，素质教育的内容会不断变化，积极主动、昂扬向上的主体性这个素质教育的灵魂也将不断升华。

一言以蔽之，在中国传统课堂的教学中，学生的主体性是得不到发展的。因此，要进行素质教育，就必须改革传统的课堂教学模式，使学生的主体性得到真正的发展。

二、主体性教育推动新课程改革

课程改革是基础教育改革的核心。面对体制、资金、师资、中考与高考等几方面的压力，我明确提出："开好必修课，开设选修课，拓展活动课"。通过二十多种活动课的开展，大大提高了学生的综合素质，促进了学科课程的改革。

2007年秋季，新课程改革在全省全面铺开。作为校长，我认为这是一次基础教育的大变革，也是对学校和教师的一次大挑战。学校制定了《长春二实验中学新课程实施方案》，建设了 79 个专业化教室，开发了 10 种校本教材，高中新课程研究性学习课题达到 36 个，校本培训率达 100%。我提出，要打破"唯学业成绩论工作业绩"的传统做法，建立教师专业化发展记录册，构建学生测评、家长测评、同行测评、领导测评四级评价体系，多渠道综合评价教师的成长与发展。

一种新的教学模式尽管理论上大家都承认，但要真正推行起来还是十分困难的。其主要原因为存在升学率的压力，教材、教参的束缚，教师长时期已养成的习惯，等等。尤其是在学科课上改革很难。于是，我校就以课程设置改革为突破口，首先在心理课和活动课上改。为了推动课堂教学改革，在全校四个年级开设心理健康教育课和活动课，聘请东北师大教科院心理系硕士研究生到我校任课。采取以讲授法、检测法、集体讨论法（包括专题讨论、辩论、分组讨论）、角色扮演等教学方法的有机结合，非常受学生的欢迎。这些方法能创造和谐融洽的教学气氛，建立民主平等的师生关系，让学生真正感受到了尊重。

学生们不仅喜欢心理课，更喜欢活动课。活动课的灵活性和趣味性，极大地调动了学生学习的积极性，能使学生在愉快和谐的气氛中增长知识、开阔视野。它给学科课以极大的启示，许多教师转变了在学科课上的传统教法，也开始像心理课、活动课一样去相信学生，让学生真正成为课堂的主体。

（一）对活动课程理论的探索

素质教育的重点就是培养学生的创新精神和实践能力，让学生得到全面的发展，而且是全体学生都得到发展。这就需要教师提高对活动课的认识，科学地规范课外活动，把它纳入课程系列，去研究有关活动课程的理论，在科学理论的指导下构建活动课的教学模式。

1992 年，国家教委将活动课程正式列入九年义务教育的课程计划，这是一个重大的改革。随着素质教育思想的倡导和素质教育实践的不断深入，活动课程越来越显示出它独特的价值，成为当前我国教育研究领域中不可忽视的重要课题。

1997 年，由我主持的课题"对活动课程理论的探索和教学模式的构建"在市教科所立项。通过课题研究我认识到：所谓活动课程是指在学科课程以外，由学校有目的、有计划、有组织的，通过各项活动项目和活动方式综合运用所学知识，开展以学生为主体，以实践性、自主性、创造性、趣味性以及非学科性为主要特征的，多种活动内容的课程。开设活动课程，是现代课程理论的具体实践。我校对活动课的开设是经历了以下具体过程。

《中国教育改革和发展纲要》（以下简称《纲要》）指出："中小学要由应试

教育转向全面提高国民素质的轨道，面向全体学生，全面提高学生的思想道德、文化科学、劳动技能和身体心理素质，促进学生生动活泼地发展，办出各自的特色。"为了贯彻落实《纲要》的战略思想，切实实现提高民族素质的教育目标，我校从1995年率先进行了由"应试教育"向素质教育转变的整体改革，并决定以开展课外活动为突破口，向素质教育全面转变。

首先，要正确对待升学率，转变办学观。升学率是客观存在的一种指标，但绝不是评价一所学校办学水平高低的唯一标准。要通过素质教育，克服在"应试教育"下，学生读书能力强、办事能力弱，应考能力强、动手能力弱，模仿能力强、识别能力弱的不足，使多数学生从沉重的课业负担中解放出来，有更多的时间和精力发展兴趣特长。要树立新的质量观、人才观。好学生的概念应该是具有扎实的基础知识，并能应用于实践；同时，具有解题、实验、动手、创新等能力，并能初步适应现代社会对人的各种要求。

其次，要转变学习观。学习是学生自己的事，学习按其本质而言，是主体的自主行为。在21世纪的基础教育发展中，主体性教育将成为基础教育的核心内容。主体性教育就是要使受教育者积极主动地将社会要求内化于个体心理结构之中，从而构建其主体性素质和能力的具体过程。主体性是人作为社会活动主体的本质属性，主要包括：人的自觉性、主动性和创造性。自觉性是成为主体的前提和基础，是主体独立行使、支配自己权利的能力。主动性是有目的、有意识地认识世界、改造世界的理性活动。创造性是对现实的一种超越，是主体性发展的最高表现形式。具体地说，人的主体性包括以下七个方面的内容：

- 积极进取的开拓精神；
- 崇高的道德品质和对人类的责任感；
- 在激烈竞争环境下的生存能力、适应能力、发展能力和创造能力；
- 扎实的基础知识和解决实际问题的能力；
- 终身学习的能力；
- 丰富多彩的个性特征；
- 与他人协作的交往能力。

培养学生的主动性是主体性教育的基础，任何强制的教育都是违反规律的。长期以来，"千人一面，万众一书""满堂灌""填鸭式""题海战"，必然扼杀学生的个性特长，造就了"学生无特长、教育无特点、学校无特色"的大一统局面。新的学习观就是要使教师眼中有人，不能"目中无人"，要看到那些生动活泼、生龙活虎的学生的个性特征和个体差异，从而有针对性地激发他们的学习兴趣，让每一个学生都能在教师指导下，积极思考，勇于实践，独立自主地获取知识，得到发展。

再次，要克服求稳怕乱的思想。在活动课实施初期，我们学校也和其他学校一样，有不少人担心由于开展课外活动会使高考出现滑坡，连续两年获得的教学先进校称号也会丢掉。于是，我组织全校教师学习有关素质教育的文章，达成共识：作为一所实验高中，一定要率先投身改革，自觉实践，应知难而进，以改革求发展，以发展求稳定，勇做教育改革的先行者和引路人。

学校教学内容的设计是培养未来人的蓝图，是教学改革的重要环节。我校借鉴上海、四川等地整体优化的成功经验，大胆地进行了课程结构体系的改革与尝试。我主张在加强必修课、增设选修课的基础上拓宽了活动课，先后成立了有提高性的（如数学、物理、化学、外语）竞赛小组；有兴趣性的（如小记者站、摄影小组、绘画小组、雕塑小组）活动小组；有满足学生文体特长爱好的（如篮球队、乒乓球队、舞蹈队、管弦乐队、合唱队）专项训练队，总计各种课外活动小组共有 30 余个，利用每天第八节课进行活动。我们克服了资金少、场地小的困难，冲破了来自班主任以及家长的阻力，使课外活动蓬勃地开展起来。

长期以来，学校有组织地在学生中开展的活动，通常被叫作"课外活动"或"第二课堂"，这样的活动主要是为了丰富学生的课余生活，没有把它作为学校课程的一个不可缺少的组成部分。课外活动一般由学生自愿参加，既没有固定的课表，又缺乏系统化的课程内容，而且往往是某种单一技能的训练或学科知识的扩展，可以说从活动内容到教育结果都不能满足素质教育的需要。那么，能否把课外活动转变为正式课程，使活动课程从理论研究到实践探索上都能有效地发展起来呢？我让教研室组织全校教师深入学习教育部制定的《基础教育课程改革纲要（试行）》，学习《九年义务教育课程计划》及《九年义务教育活动课指导纲要》，大家一致认识到：活动课是我国基础教育课程体系的重要组成部分，它同学科课程相辅相成，是全面贯彻教育方针、面向中学生进行素质教育的重要途径。其主要作用是通过丰富多彩的活动，使学生扩大视野，增长知识；动手动脑，培养能力；发展个性特长，增进身心健康；能够生动、活泼、主动、全面和谐地发展。同时，也认识到活动课不仅开发学生的智力，培养学生动口、动手、动脑的综合能力，而且也可以培养学生的兴趣、爱好及意志品格等非智力因素。因此，要全面实施素质教育培养创造性人才，就必须开好和上好活动课程。

（二）对活动课程模式的探索

当时各校的学生课外活动五花八门，形式多种多样。活动课是一个什么样的模式，确实是一个值得探讨的问题，也是实践中遇到的实际问题。为了构建科学合理的活动课教学模式，我和教研室的同志们经过反复学习讨论，弄清了以下几个问题：

1. 明确了活动课的培养目标

重在培养学生的主体意识、实践意识、全面意识和创新意识，促进学生发现问题、分析问题和解决问题能力的和谐发展。

2. 划清了两个区别界限

首先是活动课程与学科课程的区别。

活动课程主要是学生以直接体验的方式来学习，综合运用各种感官，把所学知识和技能融合于各项实践活动之中。学科课程以学习掌握间接知识为主，其主要内容是学科系统的学术理论知识。

活动课强调学习的整体性、综合性，强调学生认知发展的心理顺序，重视学生的兴趣和需要，尊重学生的个性发展。学科课程则强调知识本身生成的逻辑顺序，忽视学生的需要和兴趣，忽视学生的个性发展。

其次是活动课程与课外活动的区别。

课外活动完全是为了丰富学生的课余生活，由学生自愿参加，没有列入课程计划，所以没有固定的课表，缺乏系统化的课程内容，弹性极大。而且，有些课外小组活动的内容往往是某一技能的训练、学科知识的扩展，主要是发展学生个体的某种特长。活动课程是学生在校学习的课程，要纳入正式的教学计划。但活动课与课外活动之间并不是毫不相干的，活动课是课外活动的经验的升华和发展，是学生必须参加的一种正式课程，并严格按照规定的纲要、教材进行，不是学生随意支配的课余生活，它具有"智商"和"情商"的全面教育功能，以培养人的综合能力和主体意识、实践意识、合作意识、创新意识为最终目的。

3. 提出了活动课的三个注意

第一，要注意目的明确、内容丰富、功能全面；

第二，要注意根据学生年龄特点和身心发展规律合理安排；

第三，要注意面向全体学生，全员参加。

4. 区分了活动课的四种类型

（1）社会教育活动课

社会教育活动课是通过校内外各种社会实践活动向学生进行爱国主义、集体主义、社会主义、遵纪守法、团结互助以及日常行为规范等思想道德品质教育；培养学生热爱祖国和人民的思想感情，养成良好的道德品质和行为习惯；增强学生组织观念和集体观念，提升自我管理和人际交往能力；增强对社会的使命感、责任感，逐步提高学生的观察与思考、判断与选择、协调与合作以及社会服务的能力。

它分为两种形式：

固定课程。每周一升国旗讲话；每周五主题班团队会；高一年级一周的军训。

非固定课程。指利用各种节日和社会活动开展有针对性的教育活动，如在"五一"、"七一"、"十一"、植树节、清明节、伟人纪念日、"向雷锋学习活动日"等重大节日活动中，开讲座、听报告、办展览、搞竞赛、参观访问、组织看有教育意义的影视活动等。

（2）科技活动课

通过发明、创造、写作、科学实验、环境保护、计算机学习、科技人文讲座、科技信息传播等，使学生了解人类科技发展过程以及对生产生活和社会发展的巨大影响，了解我国历史上的科技成果、现代科技的发展状况和发展趋势；培养学生具有初步科学创造意识，培养学科学、爱科学、用科学的精神和运用科学方法去解决生活、学习中实际问题的能力。

我校主要开设了数学能力、物理能力、化学能力、科技制作、环境保护、生物科学、趣味地理、微机软件开发等课程。

（3）文学艺术活动课

其目的在于通过内容丰富的文学、音乐、美术活动，培养学生具有参加文学艺术活动的兴趣，发展文学艺术的爱好和特长，提高学生的文艺素质，培养其体验美、表现美、创造美的能力。

在初中部开设书法、绘画、乐队、舞蹈、读书指导、写作、英语会话课。

在高中部开设文学欣赏、语言训练、艺术欣赏、新闻采访课。

初、高中开设的课程大致相同，但活动内容、具体项目、要求有所不同，体现了活动课教学的层次性。

（4）体育卫生健康活动课

其主要目的是通过开展体育锻炼活动、体育竞技活动、民间体育活动、棋牌活动、国际体育活动、卫生保健活动和心理健康教育活动，培养学生自觉锻炼的好习惯和卫生保健意识；增强学生体能；培养学生的体育爱好和特长；树立团结合作精神，养成勇敢顽强、坚韧不拔的意志品格。我们把此类课分为两种：一是卫生健康类，开设了卫生健康课和心理健康教育课，设立了心理健康咨询室；二是体育类，开设了篮球、排球、乒乓球、田径课。

5. 在活动课实施中必须坚持的五个原则

活动课作为九年义务教育课程计划的重要组成部分，有其独立性。根据活动课程的内容、形式、特点及其自身的规律，在实施中，我们遵循了以下五个原则：

（1）教育性、趣味性原则

活动课内容既要把爱国主义教育、中华民族优秀传统文化教育和中国革命历史传统教育作为重要内容，也可以从改革开放、社会主义现代化建设和现代化科技、文学艺术不断发展的现实更新教育内容。要针对学生身心特点、兴趣爱好，寓教于乐，力求形象、具体、生动、活泼，能激发学生的学习兴趣和树立成功的信念。

（2）实践性、创造性原则

活动课重在实践，重在能力培养。要引导学生在实践中动手动脑，获取亲身体验，掌握发现问题、解决问题的方法。要着力培养学生的创造能力，鼓励学生善于独立思考，敢于标新立异，敢于破旧立新，掌握从不同层面和角度观察、思考和解决问题的方法，培养学生的发散思维，启发他们的创新意识。

（3）导向性、自主性原则

在活动课实施中，学生是主体，教师的主要任务是指导和帮助。在教学中要克服主观性、盲目性和随意性。要有计划、有步骤地开展活动，让学生有较多的选择活动和自己设计、组织、主持开展活动的机会，发挥他们的自主性，使他们学有所乐、学有所长、增长才干。

（4）因材施教、因地制宜原则

当活动课面向全体和选择活动内容、形式时，一定要注意学生个性的差异和兴趣特长的不同，做到普及与提高相结合，可适当走出校门，利用校外场所活动。

（5）灵活性、开放性原则

活动课必须有统一的目的和具体的要求，各年段有相对稳定的课程，同时在实施中根据实际情况可适时地充实和改进活动内容与方式。活动课不局限在课堂，可课内课外相结合，校内校外相结合，家庭与社会相互兼容。充分发挥社会教育、家庭教育的资源和优势，拓宽学生眼界，从中获取最大利益。

6. 在活动课的实施中必须做到六个落实

（1）落实组织领导

为了保证活动课程的实施运作，学校成立了领导小组。由主管教学的副校长负责，由教务主任、政教主任、团委书记、体音美组组长、专职教研员任领导小组成员，指导全校活动课的研究。

（2）落实活动计划

为了保证活动课程设置的科学性、可行性，学校根据《纲要》的精神和我校的实际情况，制定了切实可行的活动课程实施方案，各科教师也都制定了本学期学科的教学计划，这样把活动课程的实验正式纳入了学校的正常教育教学进程。

（3）落实活动课教师

配好、配齐活动课程的教师是上好活动课程的根本保证。我要求全校教师都应该是活动课程的指导者，要求教师要做到"1+1"或"1+2"，即每位教师在上好学科课的同时，要能够承担一门活动课或两门活动课。我还聘请了东北师大教育科学院的研究生和65370部队的指战员做我们的兼职教师。

（4）落实活动场地

利用一切可以利用的空间，如：多功能教室、实验室、语音室、微机室、阅览室、大庙地下室，还在校外的长春苗圃、客车厂、永春职业学校、长春市天文台、高炮旅等建立了德育活动基地。

（5）落实活动课教材

1995年以来，我一直要求活动课教师自编讲义。为活动课得以顺利实行，我校率先在低年级开始使用长春出版社出版的省编活动课基础教材。这套活动课教材体现了活动课的宗旨，以主题综合性活动为主要方式提供了活动课设计，内容具有综合性和开放性，受到了任课教师和学生的欢迎。

（6）落实参加活动的学生

《纲要》中指出："活动课要面向全体学生，做到普及与提高相结合。"因此，我们首先强调全员性，如全校学生都必须参加的运动会、主题班会、团队会、艺术节等；同时还要求每一位学生都必须按照自己的兴趣去参加某一科的活动课。这样就能保证全体学生在参加学校组织的统一活动之外，每个人还能参加培养自己特长和兴趣的活动。

经过几年的探索和实践，我校通过课题研究，科学规范了课外活动，把它正式纳入课程系列，高考升学率不但没有下降，而且出现了逐年上升的趋势。

第一，大大提高了学生的综合素质。

活动课程的开设丰富了学生的学习生活，使学生在轻松的学习氛围中既动手又动脑，扩大了视野，增长了知识，培养了能力，发展了个性。如高一学生创办了学生周报《星星草》；校管弦乐队在著名指挥家尹升山老师的训练下不仅能熟练演奏《国歌》《欢迎曲》等一般乐曲，还能演奏《拉德斯基进行曲》等世界名曲；书法活动班的学员已有158人次在国家、省、市级大赛中获奖；美术活动班的冰雕作品《武松打虎》获全国中学生冰雕邀请赛特等奖；体育活动课的开设不仅让我校在市、区运动会上取得了好成绩，而且在市中学生篮球比赛也中得了获女队第 2 名、男队第 6 名的好成绩。

2003 年，学校建校 40 周年庆典时，学校合唱队、舞蹈队和电子琴、手风琴、小提琴及书法活动班同学都进行了精彩表演；校礼仪队同学端庄的仪态、热情的服务，新闻采访班小记者们敏捷的才思、超人的口才都赢得了省、市领导和外宾的交口称赞，充分展示了活动课程给我校带来的崭新风貌和素质教育的喜人成果。同时外语、数学、物理、化学等活动课的开展，使学生在色彩纷呈的学科活动中培养了兴趣，开阔了视野，扩大了知识领域，培养了能力，有效地促进了各学科学习成绩的提高。

第二，有力促进了学科课的改革和教师观念的转变。

活动课程的灵活性和趣味性，渗透着环保意识、节约资源意识，极大地调动了学生的积极性，能使学生在愉快和谐的氛围中增长知识，开阔视野。它给学科课以极大的启示：学科课也应该像活动课一样让学生轻松愉快地学习知识，像活动课一样相信学生，让学生去做课堂的主人，注意培养学生的个性化特长与能力。

通过活动课教学，许多教师逐渐转变了在学科课上以考试成绩作为评价学生优劣的唯一标准的旧观念，真正认识到，评价一所学校、一个学生，要从多方面综合评价，要看其整体素质和可持续发展的能力。

第三，非常有利于学困生的转化。

活动课能抓住青少年的心理特点，融知识性、趣味性、科学性于一体；注重引导教育学生，促使其在认知、情感、兴趣、动机、意志、行为和习惯上获得正确的取向。通过活动课，充分发挥学生的自主性、自律性、能动性和创造性，激发其学习欲望，帮助其树立崇高的人生目标。在活动课中，我校注意发挥群体带动效应，突出学困生转化这个难点，充分发挥一部分学生的长处和潜力，帮助他们确定符合自身今后学习发展的方向，为转化学困生工作探索了一条切实可行的途径。

第四，提高了教师的素质。

活动课程的开设对教师的素质要求更高了，教师不仅要转变教育观念，适应素质教育的需要，还要在业务上不断提高自己，做到一专多能。在活动课上学生按照自己的思维方式，会提出很多教师预想不到的问题，迫使教师必须具备广博的知识，灵敏的应变能力，不断更新知识，提高技能，朝着"1+1""1+2""一专多能"的方向发展。

进入 21 世纪后，课程建设成为学校发展的核心，是实现培养目标的重要载体。学校确立"以学生发展为核心"的全课程理念，把学生在校期间所有的校内校外、课上课下的活动都纳入新课程范畴之中，坚持课程、教材、课题、教师四位一体，实现"六化"发展，即所有活动课程化、国家课程校本化、校本课程生本化、课程开发课题化、课程建设精品化、教师成长专业化。

学校开发八大类 168 门校本课：信息技术类、人文素养类、心理健康类、德育国学类、国际教育类、科技创新类、体育艺术类、社团活动类。

为了保证选修课的质量，建设了数理探究实验室、创新研究实验室、机器人实验室、3D 技术打印室、通用技术实验室、天象厅、音乐厅、电子钢琴、地理、生物、天文等 36 个专业化教室。

编写高质量的校本教材，如《人文与社会》《科学与创造》《心理健康教育活动课程设计——我在二实验中学听讲座》《机器人训练教程》《3D 打印技术》《动手实践，自主探究，创新思维——图形计算器与高中生自主学习实验探究》《电子词典与初中生英语阅读能力探究》《管理与创新》《主体性教育理论的探究与实践》等 50 多本校本教材，三年内均由吉林人民出版社出版。

为了培养一专多能的教师队伍，学校要求教师做到 1+1，既能上一门专业课，又能上一门选修课；1+1+1，既能上一门专业课，又能上一门选修课，还能指导学生社团活动。每天下午第七、八节课实行选修课的走班制，评价采取学分制，记入学生成长记录册。

信息技术类课程：建立学科微信网站奉献爱心。

科技创新类课程：几何图形计算器与高中生科学素养的培养；卡西欧电子辞典与初中生科学素养的培养；机器人动手搭建与中学生创造能力的培养。

有效整合三维目标，关注情感态度和价值观教育，培育学生科学精神、勤勉敬业。

关注世界局势变化、前沿科技发展、自然环境保护，培育学生理想抱负、社会责任感。

2016 年，学校开发了《电子词典与中学生自主学习》等 12 本校本教材，建设 3 个微课录制教室、10 个学科微课教学网站，学校积极开展"一师一优课，一课一名师"活动，有 30 多名教师参加"晒课"活动，此外全校有 50 余名教师参加微课活动。非毕业班不上晚自习后，课程开发部主任胡明浩老师建立了"浩哥网站"，心理中心主任康成建立了"康老师心理工作站"；孙磊老师建立了"生物微课行"等 10 个网站，累计上传微课视频 300 余节，累计点击近 2 万次。"浩哥网站"义务为学生辅导，高一年级在教师指导下制定学生生涯规划，累计点击达 6200 多人次，实现了家校通。

2018 年 11 月，教科所宋剑锋主任、长春教育学院段旭处长来校进行市教育科学"十三五"规划课题中期验收时表示："二实验共有国家、省、市规划课题 17 项，居本次中期汇报课题项目之首。高站位、新理念、讲规范、抓落实、重转化的工作实践已为全省各校起到了示范作用。"

2018 年 12 月，校本培训督导组周世玲主任对我校高质量的校本培训给予高度评价，她说："李校长和领导班子重视校本研修工作，在高起点、名师示范作用发挥、校本课程开发建设、课堂教学模式探索等方面，作了具有前瞻性和开创性的探索，材料准备丰富，内容翔实，经验值得借鉴和学习。"

三、主体性课堂教学模式的建构

我国进行的素质教育，是一种以培养创新精神和实践能力为核心的教育。这种教育要求通过课堂教学，培养学生的创新思维、创新意识和创新品质，同时又要锻炼提高学生的分析问题和解决问题的能力。这种高标准的教学目标要求教师必须具备创新观念和创新素质，努力做到教学思想新、教学方法新、教学手段更要新。在此基础上，必须认真改革传统教学模式，探索和构建新的课堂教学模式。

所谓课堂教学模式，是在一定教学思想或教学理论指导下建立起来的较为稳定的教学活动结构框架和活动程序。

结构框架：指教学活动有哪些要素。

活动程序：指这些要素的有序性和可操作性。

主体性教学模式是一种在主体性教育理论指导下的具体化、可操作的模板，它把新课程的理念和素质教育的要求用结构框架和活动程序的形式呈现给大家。其目的是：统一教学指导思想，规范课堂教学行为；明确教学评估细则，形成统一教学风格；培养学生素养能力，加强高效课堂建设。

也可以把主体性课堂教学模式诠释为：根据孔子"因材施教"的原则，使教师在课堂上针对不同层次的学生使用有针对性的、符合实际的教学方法，采取诸法并用的手段去激发学生的兴趣，充分调动学生参与教学的主动性和积极性，真正提高课堂的质量和实效，为此，我制定了主体性课堂教学评价标准。

长春二实验中学主体性课堂教学评价表

年　　月　　日

姓名			学科		年级	
课题						
参加听课人员						

要点	标准	赋分		
		优 17—20分	良 12—15分	差 2分以下
1.教案设计能把握新课程标准	20			
2.教师能与学生共同探究解决问题	20			
3.基础知识、重点、难点落实准确到位	20			
4.文科：能找到与现实结合点1—2例 理科：能运用所学知识解决实际问题1—2例	20			
5.所采用的教学方法科学合理，在教学过程中能找到创新点	20			

总分	总体评价			评课人
	优秀 85—100分	合格 60—84分	不合格 0—59分	
评语				

备注：在"总体评价"相应栏打"√"

教学工作永远都是学校的中心工作，课堂教学永远都是素质教育的主渠道。我通过对现代主体性教育理论的探索，根据亲身经历和近三十年的课堂教学模式改革实践，形成了自己独特的教学风格和教育模式，即"一二三四五"主体性课堂教学模式。

在"以人为本，自主发展"主体性教育理念下，课堂教学永远是落实教育目标的重要渠道。学校的课堂教学模式改革历经了四个阶段：

（一）第一阶段是构建"一二三四五"主体性课堂教学模式

我认为："教学有法，教无定法，只有多角度采取诸法并用才能打造高效课堂。"并且创建了"一二三四五"主体性课堂教学模式。

"一二三四五"主体性课堂教学模式框架表

	教学模式	具体内容
一	确立一个思想	以人为本，自主发展
二	落实两个重点	1.培养学生的创新精神和实践能力 2.培养学生的社会主义核心价值观
三	进行三个转变	1.教师角色的转变。教师由单纯的知识传授转变为教学活动的指导者、组织者 2.学生地位的转变。学生由知识被动的接受者转变为知识的主动探索者 3.教学手段的转变。由多媒体辅助教学转变为师生学习的工具
四	采取四种方法	1.激发学习兴趣，培养学生学习的主动性 2.教会学习方法，培养学生学习的自主性 3.营造创新氛围，培养学生学习的创造性 4.注重因材施教，培养学生学习的特殊性
五	体现五个特点	1.建立平等、民主、和谐的师生关系，与学生共同探究解决问题，使基础知识、重点、难点准确落实到位 2.注重对学生各种能力的培养，文科要找到与现实的结合点；理科要运用所学知识解决实际问题 3.寓德育和心理健康教育于学科教学之中，培养学生的社会主义核心价值观 4.采用多媒体辅助教学，调动学生多种感官参与教学过程 5.注重对学生学法的指导，培养学生自我选择、自我监控、自我调节等自主学习的能力

　　这种模式是在主体性教育理论指导下的具体化的可操作模板，它把新课程的理念和素质教育的要求用结构框架和活动程序的形式呈现给大家。它统一了教学指导思想，规范了课堂教学行为；明确了操作方法步骤，形成了统一教学风格；有利于学生提升能力，加强了高效课堂建设，使主体性教育能够落地生根，开花结果。

　　时任教学副校长的张洪波说："课堂评价问题是改革的难点，校长的智慧让复杂的问题变得简单。她要求我们在评课中抓住五点：基础知识是否落实到位，教师能否与学生共同探究解决问题，文科能否找到与现实的结合点、理科能否运用所学知识解决实际问题，采用的教学方法是否科学合理，在教学过程中能否找到创新点。简单明确的指导，使主体性教育课堂评价有了很强的操作性。"

我深知"千里之行，始于足下"的道理，宏伟的目标可以使人登高逐远，奋勇向前；但实现揽月之志却要在崎岖山路艰难攀登，一切都有赖于点点滴滴持之以恒的不懈努力。

现代教育应该树立新的教学思想，那就是让学生自己发现、研究、探索，学会独立思考与判断，不能用现成的答案给予，取代了学生自我探寻、获取正确答案的过程。

相当一段时间，我大力支持鼓励勇于向传统课堂模式挑战、改进自己的教学方式、勇于实行"三个转变"的做法，号召全校老师向他们学习。

主体性教育转变了教师的教学观念和教学方法，灌输式变启发式。语文教师于凤霞深有感触："我给学生讲欧阳修的《伶官传序》就越过第一段的议论，直接由第二段的后唐庄宗李存勖（xù）取得政权后，荒淫腐化，宠用伶人，以致败政乱国，身死国灭的得天下和失天下的故事叙述讲起，配上幻灯片课件，让学生们归纳出论点，自己发现和解决问题。最后讲第一段，将学生的论点和本文提出的论点进行对比，强调中心论点，收到了较好的效果。在整个教学过程中，老师角色发生了变化，只不过扮演了首席演奏家的角色，对学生起着恰如其分的点拨、提升和引领作用，课堂真正的主角是学生。"于凤霞也在吉林省优质课比赛中脱颖而出，成为吉林省特级教师，她是主体性教育思想的最大受益者之一。

主体性课堂教学模式要求教学手段由多媒体辅助教学，转变为师生的学习工具。教师赵锦红深有体会："有效地利用学校现代化交互式多功能一体机教学设备，它合起来是一块黑板，拉开就是一个屏幕，我们每堂课都集 PPT、几何画板、音频、视频为一体，学生参与其中，实现了教学备课资源共享。"

主体性教育激发学习兴趣，把课堂的主动权交给学生，激发学生的好奇心和表现欲，让学生张扬个性。我到初二听物理课，当教师讲到受力面积越大压力越小，受力面积越小压力越大时，一个学生提出：那生活在沼泽地的丹顶鹤为什么能单脚站立而不下沉？人血的密度怎样测量？在数学课上，老师讲内错角，学生张臣明认为一定有外错角，讲同旁内角时，同学立刻提问有没有同旁外角。为此我感到非常自豪，在我们的课堂上，学生的创造性、好奇心、独立性、自信心得到了充分的发挥，这也正是我们课堂新教法的本质所在。

主体性教育营造创新氛围，培养学生学习的创造能力、实践能力和创新能力。学生梁家桐，阅读了大量的中外小说以及易卜生的戏剧，别出心裁地以话剧中对场景的设计，及人物对白的形式完成了作业，手法之流畅让老师感到惊叹。语文老师设计出培养学生发散思维的作文题《wang》。有的学生以渔网的"网"为题：有写网络的，有写成人情网、关系网的，还有写学习压力大，心情被"网"住的；有的同学选择来往的"往"，叙述一段往事；有的同学选择"惘然若失"的"惘"，描写一种心情；有的选择徇私枉法的"枉"，把视角伸向了社会的阴暗面，表明他们对一些社会现象的独特看法……角度多，立意新，表现出学生惊人的想象力和创造力。

主体性教育注重因材施教，培养学生学习的特殊性。教会学生学习，培养学生学习的自主性。我认为："新的学习观要使教师眼中有人，因材施教。"因此，在教学过程中特别关注了学困生这一群体，我要求每位任课教师，每学期要帮助转变5名学科学困生。制定的考核细则是：备课想着学困生，上课提问学困生，批改激励学困生，课后辅导学困生，学困生的成绩明显提高。我可以自豪地说："二实验无'差生'，这是开展主体性教育的结果。学生上高中后，班级综合素质排在前十名的都是我们学校初中的学生。"

主体性课堂教学模式被推广以来，学校各学科教育出现了生动活泼的局面，呈现了两个突出特点：一是逐渐改变了多年严肃刻板的课堂风格，老师教得生动，学生学得活跃；二是活跃的课堂氛围促进了学生快乐学习，使获取知识成了学生们的乐趣。

那一阶段，伴随主体性课堂模式的深入推进，教学反思类的做法同时出现，比较有代表有质量的两篇文章，是语文老师姜华与数学老师刘睿的，真实记载了主体性课堂模式的艰难探索。

曾多次获得多种教学荣誉，已是市骨干教师的姜华，曾经以《捕捉智慧火花，优化语文教学》为题写了一篇文章，刊载在《长春教育》2008年第5期上。文中真实记载了自己曾两次被学生打乱教学安排、促使自己反思、改进教学的那段经历。

我主编的《把握时代精神，实施主体性教育的实践探索》全书共22.2万字，其中有一篇姜华以题为《给你两分钟》的文章，虽然只有短短的千字，却被我选入此书中。因为此文中，体现了教师尊严受到挑战时肯于退，把解决问题的权力交给学生，这源于对人的尊重，对课堂主人学生的信任。作为孩子的学生，不可能不犯错误。相信学生会纠正自己的不当行为，这也是"以生为本"主体性教育理念的要求。学生是具有独立人格的人，教师尊重与信任学生，就会得到学生的尊重与信任，赢得学生的真心。

刘睿老师是毕业于东北师大数学系的高才生，到二实验后，先是教了5年高中班，获得过长春市数学教学一等奖。她对照主体性课堂教学模式，对以往的教学经历，直接用了《教学反思》的题目进行了反省。

她以高中三年常用函数的导数课为例说，学生在老师的指导下可以熟练计算，可让其去证明时，总结得就不够准确。由于课堂时间所剩不多，教师直接把规律写在黑板上，省略了学生观察、交流、验证，甚至失败了再重新得出正确规律的过程。

刘睿检讨说，老师们上课时顾虑重重，怕讲不完课，怕说不到点子上，怕学生跑题越轨，因而在课堂上设置"围栏"挡住。当一些学生回答不合老师意图时，便强迫学生越过过程，直接表达结论。

刘睿认为，数学课堂教学不仅要让学生学会知识，更重要的是要让学生学会数学思维。当学生走向社会后，数学知识可能会被逐渐淡忘，但解题思路、方法、规律探索、概括过程所形成的思维方式，将会使学生在生活与工作中受益无穷。因此，舍弃了学生自我探寻实践的过程，是剥夺了学生学习教学思维方式的受教育权利。

刘睿反思的结论是，老师们之所以缺乏等待的耐心，是没完全认识到解决一个问题是需要时间与空间的。为此，在教学设计与课堂时间安排上，不能只考虑教案设计，而应为学生提供整理、探索、消化的时空。

刘睿惊喜地看到，学生亲身探索感受得出的结论，比自己直接告诉结论的效果好出了几倍。于是写下了"数学不能以知识的传授作为唯一目的。在关注知识的同时，要关注学生的情感""让课堂充满生命活力，让学生成为学习的主人"这样两句精彩的话。

"以生为本，以师为要"的主体性教学理念，有效促进了教师角色与学生地位的转变，一段时期以来，师生关系发生了潜移默化的变化，更加趋于和谐。

菊花老师对照主体性教育理念，审视自己十多年的教学，说要学一学美国土著人的习惯"等一等自己的灵魂"。例如，宽容——一捧温柔的清泉。那是菊花当班主任时的一件事。有一天，两个学生与科任老师发生了冲突，僵持在课堂上。当菊花来到时，全班寂静无声，两个学生理直气壮地梗着头。菊花老师向课任老师鞠了一躬："对不起，我没教育好我的孩子，影响您讲课了，请原谅。"转身又对全班学生鞠了一躬："对不起，我没管理好班级，影响了大家听课，请原谅。"

学生看到老师这样自责，有的流下了眼泪。菊花老师说："请老师和同学们继续上课，请两位同学下课与我谈谈，可以吗？"此时，那两个学生已经深深低下了头。

菊花老师说，应该转变思想与理念，不能以成人的眼光去要求学生，不必苛求他们不做错事，因为他们思想还不成熟，阅历还不丰富，犯错误是难免的。对待孩子不仅思想上要宽容，时间上也要宽容，要给他们改错的机会。

我一再强调，思想认识与观念的转变不是一朝一夕的。所以在进行思想教育的同时，要以制度的形式对教师予以指导或约束，而以人为本的主体性课堂教学模式就是制度的设定。

自主体性课堂教学模式推广以来，二实验各学科教学出现了生动活泼的局面，呈现了两个突出特点：一是逐渐改变了多年严肃刻板的课堂风格，老师教得活泛，学生学得活跃；二是活跃的课堂氛围促进了学生快乐学习，使获取知识成了学生们的乐趣。

（二）第二阶段是构建主体性课堂教学模组

主体性教学模式是一种思维结构，是一个宏观框架，对各个学科起到调控、指导和引领的作用，同时给各个学科留有充分的空间，使得各学科可以结合本学科的特点，自主制定自己的具体操作模式。我担任教学副校长之后，又经历了近十五年的探索，各个学科都分别提出了具有本学科特点的教学模式，形成了具有鲜明特色的二实验中学主体性课堂教学模组。即坚持集体备课制，注意发挥群体优势；科学使用导学案，注重优化教学过程；开展小课题研究，不断强化科研意识；倡导全课程理念，促进学生个性发展；聘主体性课堂教学模组请专家听评课，切实保证教学质量。

主体性课堂教学模组

主体性教学模式——一二三四五课堂教学模式		
	数学	"四步"导学课堂教学模式
	语文	"五步"互动课堂教学模式
	外语	"5P"课堂教学模式
	物理	"三加二"课堂教学模式
	化学	"四段"课堂教学模式
	生物	问题导学课堂教学模式
	政治	"导入→探究→生成"三段式课堂教学模式
	历史	探究式课堂教学模式
	地理	"一三五"课堂教学模式
	体育与健康	"启发式"课堂教学模式

随之而来的是分层次施教原则在学校普遍推广开来，并渗透到各个学科之中。

高中数学组一些老师认为，分层次教学是在承认学生是有差异的实际基础上，采取的正确教学策略要求。老师的"教"要适应学生的"学"，针对不同学生的实际，在教学内容、方法上区别施教，使各层次的学生在原有基础上都能得到提高与进步，这同以往的快慢班有本质区别。

在实施中，为了不增加学困生的心理负担，老师们注重做好分层前的思想工作，而后根据学生自愿原则，按着学生的数学基础、学习能力、学习成绩、性格特征，经过师生、生生之间友好磋商，科学分层。同时，分层是动态的，经过半个学期学习后，由学生自己提出调层要求。也就是说，分层是通过学生自我评估完成的，充分尊重了学生意愿，有利于调动学生学习与竞争的积极性。

数学组的老师们按教学大纲规定所要达到的基本目标、中层目标、发展目标三个层次的教学要求，将学生依上、中、下按 2：5：3 的比例分为 A、B、C 三个层次。A 层为学困生，B 层为中等生，C 层为学优生。这是"面向全体，兼顾两头"。

面对学生参差不齐的实际，分层次教学是一项操作难度很大的新的教学方式，对老师提出了很高要求，对其责任心是一个严峻考验。尤其要开展好第二课堂的补缺工作，要牺牲老师大量的课外休息时间，给没过关的 A 层学生补课，给 C 层学生增加学习量提供竞赛讲座。使学困的 A 层学生"吃得了"，学优的 C 层学生"吃得饱"，抓两头带中间，达成缩小两极分化、大面积提高教学质量的目标。

主体性教育模式包括两个方面内容："以人为本"与"自主发展"，它们犹如翱翔蓝天之鸟的两翼，缺一不可。受传统应试教育影响，在以往高中语文作文写作教学中，很难突破大纲与导学案束缚，教师们怕突破丢了采分点。在"研究性学习"热潮中，语文老师邢顺利大胆提出了"作文教学个性化"的观点。

邢顺利认为，"作文个性化"就是使学生能自主地写作，写真实的文章、创新的文章。所谓自主，就是学生写自己想写的内容，选择自己喜欢的表达方式，不受外界过多干扰。因为每一个学生都有自己的喜怒哀乐，都有一个丰富多彩的世界，而作文是学生心灵释放与思想表达的平台，是思想和情感的外化。

语文老师董琳则认为，贯彻主体性课堂教育模式，引导学生"自主发展"，老师要自觉实现角色转换。

诗歌是文学的最高形式，也是教学的一个难点，以往的诗歌教学尤其是高中诗歌鉴赏教学，多处于反复训练的公式化模式中。以往课堂中角色转换，多半教师会设计教师与学生角色对调，以调动学习兴趣。董琳则把以往由教师主宰的命题权力交给了学生，由学生命题后并组织答案。

董琳以清代作家江湜《山寺夜起》为例：

月升岩石巅，下照一溪烟。烟色如云白，流水野寺前。

开门惜夜色，矫首看霜天。谁见无家客，山中独不眠。

命题角色转换调动了学生极大的热情，他们潜心思考，整理资料，互相交流看法，反复推敲字句。意外的收获是，课堂上整理出了 7 个命题。例如，诗人"不眠"的原因是什么？"谁见无家客"一句用了什么手法？表达了作者怎样的情感？山寺的"烟"有什么特点？结合诗句简单分析……学生们的命题基本涵盖了对诗歌意境、情感、手法的考查，设问基本避免了单刀直入的直接问法，颇有对诗歌内容理解细节性关注的风格。更重要的是，角色转换使学生们得到了前所未有的锻炼，增强了其对诗歌学习的极大兴趣。

我主张，在课堂教学中，教师一定要少讲、精讲，给学生充分的展示空间。学生在实践中动一次手，有时比过耳三遍效果更好。

（三）第三阶段是构建主体性高效课堂教学模式

为了培养学生的核心素养，落实"立德树人"的根本任务，以培育和践行社会主义核心价值观为载体，以培养学生核心素养为目标，打出了构建高效课堂、培养学生高阶思维的组合拳。在课堂中将导学案、思维导图、信息化手段、学习共同体融会贯通。

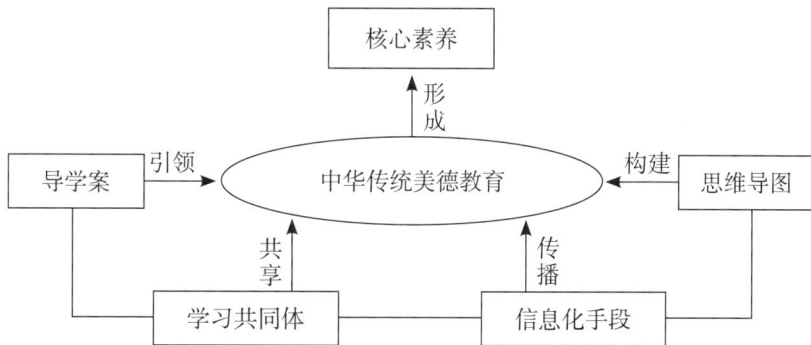

为了构建高效课堂，培养学生的核心素养，推进思维导图的使用，仅 2016 年，有 15 个学科开展了教学活动周，53 名教师上了研讨课，13 名教师上了选修课，参与教师 229 人次，听课 2068 人次。组织校本培训讲座 30 人次，组织 3 名教师参加吉林省 BEST 四校协作体教学交流活动，组织 11 名教师进行三新教师汇报课。

在教师的教育教学中，充分体现了如下特点：主体性课堂教学理念鲜明、现代信息技术与课堂教学有了深度融合、核心素养的培育与课堂教学有了深度融合、思维导图的使用与课堂教学有了深度融合、学生学组为高效课堂的构建发挥了积极的作用。

（四）第四阶段向主体性智慧课堂过渡

为全面深化学校的课堂教学改革，以适应新高考、新课程、新教材为基础的新一轮教育变革，2021 年，我提出主体性智慧课堂模式。

2022 年教育部新春重点工作发布，提出了"在提高信息化应用水平上突破的工作目标，实施基础教育数字化战略行动，整合建设基础教育综合管理服务平台，提升基础教育宏观管理和科学决策水平；进一步升级国家中小学网络云平台，大力推进优质教育资源共建共享，强化信息技术与教育教学深度融合应用"。

此项工作与我提出的主体性智慧课堂建设不谋而合。

为此，2021 年学校前瞻性地布局了全校的信息化载体和窗口，把学校的微信公众号、数字管理平台、防疫管理平台、长春市心灵港湾、微课网站用二维码立方体进行了整合。

利用吉林省教育资源公共平台，对全校所有班级建设了班级空间，并实现了二维码扫描查询。

对科技中心所有实验室的功能和使用情况进行了介绍，并实现了二维码扫描查询。

2022 年初，我们又新投入了三个智慧化教室，用于全面推进主体性智慧课堂落地。从未来课堂教学模式的变革趋势来看，智慧课堂有着传统课堂无法比拟的优势。

初级应用上可以提高学生的课堂听课体验，提高听课效果。

高级应用上可以即时实现"教学评一体化"教学，在课堂测试上可以实现对每一个同学、每一道试题、每一套试卷的过程性评价和总结性评价，极大地提升了教学效果，提升了"一二三四五"主体性教学模式的深入落实。

主体性智慧课堂的内容：对学生核心素养的培养要落地生根；师生之间依靠信息技术解决重点和难点；使用大数据对教学的效率进行分析；现代信息技术成为师生学习的工具。

但凡老师积极研究学习先进的前沿的教育理论与实践探索，哪怕还有诸多不成熟的地方，我都会给予充分的鼓励与支持。在我校校刊《超越》2017 年第 2 期的"教海探航"栏目里，只选发了两篇文章，其中一篇是一位语文老师的《视通万物，思接千载》，介绍自己使用思维导图进行写作教学的做法。

文章的理论支撑是，人的左右脑功能是不同的，左半边强调语言、逻辑、数字等，右半边强调韵律、图画、想象等。语文学习不仅要培养学生的语言表达智慧，还要培养思维能力，换个角度尝试思维导图应用语文写作，可以起到事半功倍的效果。所谓思维导图，是它契合了拉丁语关于教育的解释——导出，即通过一定手段，把某种潜在于身体和心灵内部的东西引发出来。

运用思维导图引导学生对作文进行整体构思，可以顺利完成文章的框架、结构、立意及各部重点、突破方法等设定，使整个作文不会出现大的缺项。在素材使用方面，从抽象到立象过程来训练学生的思维。比如"冬天很冷，但被窝里却很暖和"。这样描写"冷"，一些热带的读者压根就没经历过冬天，很难让他们理解"冬天很冷"这一现象。

思维导图的方法就要从与冷相关的形象、意象唤起冷的感觉，如冰柜等。这句话前半句可以写道："冬天很冷，像个大冰柜"，后半句"但是被窝里却藏着一个春天"。以"春天"代替"暖和"，并且巧妙用了一个"藏"字，以呼应"被窝"。冰柜、春天等意象，都是平时的储象，要达到写作的立象，思维导图便派上了用场。

2018 年 12 月 26 日，《中国教育报》发表长篇通讯《让主体性教育推动学校的高质量发展》，其中一段话写道："主体性教育理论与实践是李国荣校长潜心教育40年心血与智慧的结晶，已经为数万名学生插上理想的翅膀。如今，有的学生尚在北大、清华深造，有的成为社会中流砥柱，有的已经成为国家栋梁。他们都奋斗在改革开放的进程之中。"

四、主体性大德育体系模式的形成

素质教育的宗旨是全面贯彻教育方针，全面提高学生素质，其核心是"育人为本，德育为先"。我校从七个方面构建了德育体系的总体框架：

一是坚持了"社会主义核心价值观"的培养方向。

二是树立了"全员育人"的大德育观。

三是构建了"三自主"的育人模式，即学生自主管理自己，学生自主管理班级，学生自主参与学校管理。

四是明确了"四学会"的目标，即"学会做人，学会学习，学会创造，学会生存"。

五是实现了"三无"，即德育工作无闲人，人人育人；德育工作无小事，事事育人；德育工作无空地，处处育人。

六是寓国学与心理健康教育于德育之中。

七是中华优秀传统文化：忠、孝、仁、义、礼、智、信、廉。

我一直主张把德育放在学校教育的首位，通过德育教育促进学习质量的提升。我的办学理念："以人为本，自主发展"就是让每个到二实验中学学习的学生在原有的基础上都得到提高、都得到发展。

为了保证到学校来的每个孩子，在三年内不仅文化知识得到提高，而且要学会如何做人、如何生活，学会自己管理自己；班级卫生自己打扫整理，从学会擦黑板、擦窗台、整理书桌堂、寝室床铺开始。现今很多学生都是独生子女，在家衣来伸手、饭来张口。到了学校不会洗涮拖布，许多班主任老师挽起袖子、伸手拧拖布；手把手教叠被子，学生寝室的被子被叠成豆腐块。因为细节决定成败，这些小事能认真做到极致，他的作业与卷子还能不工整不干净吗？以后走向社会做事还能不精益求精吗？这就是德育体系的养成教育。

学校非常重视学生的劳动实践教育，学生在校期间的所有活动都纳入实践课程体系。比如：大课间体育活动、升旗、劳动值周服务班和冬季的扫雪，把学校的整个校园划分出各年级、各班级的扫雪区。有的家长心疼孩子，提出要花钱雇人扫或家长替孩子扫。我让政教处召开主题班会，让学生认识到这不是简单的扫雪，是劳动实践课，纳入学生综合评价体系，采取学分制。有一次扫雪时，一位家长给我发信息："今天天气有雾霾，你为什么让学生扫雪？你的目的是什么？"面对这种质问，我耐心地回复："我的目的是让孩子学会尊重劳动、尊重劳动人民。"

学校在德育管理方面有一套严密的管理考核评比制度，即《班主任工作量化考核细则》，由政教处负责牵头汇总，对全校80多个教学班的学生仪表与纪律、班级卫生、参加集体活动、班级物品管理、劳动值周等方面表现，逐项进行打分评比，并同班主任的考核密切联系，形成了纵向到班级、寝室，横向网格覆盖全校园的运行机制。

百分制考核评比的"细则"共分四项：

常规管理，包括纪律、卫生，仪表一项就占了50分——因为这是学生学会生活、养成良好习惯的重头戏；

参加活动一项为20分——学生集体主义与团结互助精神培育；

班级管理一项为20分——爱护公物、节能、劳动状态的表现检验；

学业成绩一项仅为10分——要求班主任把主要精力用在对学生核心素养的培养上。

这些细则绝不是不重视学习成绩，而是重点检查考核学习秩序、纪律，其背后反映的就是学生的学习态度。通过日常管理对学习秩序、纪律的规范，恰恰促进了学习成绩的提高。

学校考核细则中的成绩只占评比的10%，我这样设计，就是为了贯彻"立德树人"的任务。因为学业的基础不一样，学生只要努力使态度端正、秩序井然、纪律良好了，学校承认这种天分与基础上的差距，自觉摒弃了功利主义。

因为无数励志成才的事例证明，只要肯努力，成才是早晚的事情。

为了鼓励学生德、智、体、美、劳全面发展，学校每年除了评选奖励百名三好学生外，还有百名管理能手、百名优秀志愿者、百名优秀学生干部、百名优秀团员、百名军训优秀学员。近三年来，又在全校实行了"六星"评选，即勤奋学习之星、团结友善之星、文明礼仪之星、爱国诚信之星、自主管理之星、科学创新之星。

立德树人的丰富内涵，分别落实到每个学生的具体行为中，以及管理的各个层面上。在学校里，不只以成绩论英雄，只要肯努力，每个孩子都有向上提升的空间与擅长的领域，都能受到集体的肯定与尊重。

学校对学生的奖励充满了以人为本的理念，充分尊重了人的差异性，每年都表彰评比百名进步学生，不管处于何等水平、何等层次的学生，都会找到自己前进的目标与信心。

根据我提出的"以人为本，自主发展"主体性教育理念，学校形成了"三自主"的德育模式：学生自主管理自己、自主管理班级、自主参与学校管理。

在学生自主管理制度下，寄宿的学生自己管理内务，实施寝室长负责制；学生组成学习共同体——学组，实行科代表报告制度；乘班车回家的学生，实施班车长报告制；课间操按音乐程序由学生自行组织。

在学生自主管理班级制度下，班级成立自主管理委员会管理生活，诸如存饭卡、晨报告、打印、采买、微机、直饮机、养花、开门锁门、开灯关灯、座位图、扣分统计、每日警句、摆桌椅……使得全班人人有事做；每件事事做得怎么样，则实行事事有人管。每个学生既是管理者，又是班级的主人。轮流担任值日班长、纪律委员。使每个学生都有服务班级、为班级工作的义务；每个学生都有管理班级、展示自己组织领导才能的机会。

虽然班级生活的事儿都很细小，但同学都认真冠以职衔，例如班级绿化管理员、粉笔供给员、暖气管理员、说明书管理员、打水督促员、开关灯管理员……反映出孩子们对自己所从事管理任务的庄重态度。学生自己设计班徽、创作班歌，自己思考每周达到目标的激励语言，提出"周标"。前些年一些难解决的问题，例如有个别学生私下吸烟、用管制刀具、丢失手机等，由于学生的自主管理，委员会的担当，都得到了顺畅的解决。

在学生自主参与学校管理制度下，成立了学生宿舍管理委员会，遇有逃寝学生，管理制度会自动启动层层报告程序，20分钟内学校便可与家长取得联系。成立了学生餐饮管理委员会参与食堂管理，促进食堂伙食不断提高。学校的广播站和校园电视台由学生自主管理，自己写稿自己朗诵。连学校内建筑物与各条道路的名称，也广泛征集学生的意见。

总之，凡是有利于学生将来走向社会参与管理的事情，都通过"三自主"管理模式予以实施。

我认为，"三自主"是一种管理——领导行为，必然涉及所管理事务对象之责任分工。现今多数学生为独生子女，有着独立处理事务与展示自己才华的强烈愿望，这是实施"三自主"管理模式的思想基础，也是自主管理的一个障碍。如何因势利导，趋利避害？我们的做法是两个方面：充分尊重与广泛民主。

民主产生班级管理委员会。班委与团委一般在新生开学一个月后，通过民主方式产生。采取自我与同学推荐，班主任提名，全班讨论，民主投票选举班委会，人数约占班级学生的四分之一。

班级自主管理委员会组成人员多，符合寄宿性学校特点，并实行阶段性改选、调整。但岗位再多，也不可能人人都当班团干部，于是各个班级设置了值日班长岗位。值日班长每日1人，由全班学生轮流担任，让学生在校期间都有参与管理的机会。

在学生班级自主管理委员会领导下，学组发挥了较好作用，每个班级都成立了六七个学组，各学组之间展开学习与纪律竞赛，以全组平均成绩与纪律综合分数排出名次。违反纪律，如迟到、上课说话、未出间操等不再是学生的个人问题，而是学组的集体荣誉了。

学校有全套的德育教育制度与方案。例如《德育工作计划》《德育管理工作制度》《主题班团会》《主题党日活动》等达三十多项。这些德育主题内容，项项都与活动紧密契合，做到有进度、有目标、有责任人、有检查、有评价、有奖惩。将"立德育人"行之有效地渗透到课堂教学、课外活动，甚至是寒暑假师生学习与生活之中。

"激扬中国梦"阳光体育节开幕式

五、主体性"三育人"后勤管理模式

在全面实施素质教育的今天，要提高学生的全面素质，光靠学科课程、活动课程的改革，而忽略环境课程的熏陶是不行的，而必须"三驾马车"并头齐进。苏霍姆林斯基曾说，要让每一个墙壁，每一棵植物，每一个景点都尽量发扬育人的功能。

新校区位于长春市南部新城，师生近 5000 人，占地 17 万平方米，校舍建筑面积 83152 平方米，绿化面积约 4.5 万平方米，生均绿化面积约 10 平方米。

在主体性办学理念的指导下，一切从师生需要出发，以为师生服好务为宗旨，构建"三育人"和食堂"4D"管理模式。

（一）环境育人

优化校园环境，实现育人功能，注重人文环境和功能室建设，创建国家级花园式学校。

学校建成初期，开发商只是简单地种植了一些较小的树木及灌木，在这几年当中，我们先在学校东面、西面、北面的围墙边上种植了 270 多棵银中杨，在学校主干道的两侧种植了 100 多棵的垂榆和将近 1000 米的女贞绿篱和珍珠绣线菊绿篱，形成了两条非常美观的绿篱带，在体育场的南侧围墙边种植了 7000 多棵高度 1 米的紫丁香绿篱带，另外还种植了火炬树、三角枫等几十种树木。

近些年来，我校每年都投入一定的资金进行绿化改造和养护，特别是 2020 年长春市教育局投资 420 万元对我校的绿化景观在原来的基础上进行了升级改造：把局部绿化缺失的空间进行乔灌木的栽植，丰富绿化景观层次。将校园环路原有的行道树垂榆全部更换为树形优美、长势挺拔的美国红枫，打造夏季绿树成荫、秋季绚烂夺目的林荫大道景观；在园区内布设了休憩散步的木栈道，栈道的入口和出口设置了刻有警示语言的景石，建造了"春晖亭"。此外，在学校北侧区域设计了一处以"杏坛礼乐"为主题的孔子广场，中心设有一尊孔子的雕像，周围种植名贵树种银杏，用绿化和景观的改造来弘扬中华民族传统文化，营造校园特色，达到环境育人的目的。

随着校园绿化的不断改善和提高，校园内的生态也不断地发生着变化。校区内长期在校园内栖息的鸟类有：有学生喂养信鸽近 300 只，成群的灰喜鹊和黑喜鹊，斑鸠、黄鹂等，还有随处可见的松鼠在树上和绿地里跑来跑去。

校园内现有绿化苗木、花卉、地被植物 60 多个品种，其中有云杉、樟子松、黑松、白桦、金丝柳、火炬树、五角枫、山杏、李子等，还有近 1000 米的绿篱，做到四季有花，终年常青。管理好花木，使校园绿化实现规范化、整体化建设，绿化面积达到 90% 以上，现在整个校园绿树葱郁，生机盎然，学校被评为长春市生态校园、教育系统的花园式学校。

（二）服务育人

建立后勤服务体系，完善服务制度，建立一支负责、务实、业务精湛的管理队伍，成为平安校园建设的典型。

后勤服务工作涉及方方面面，遍及校园各个角落，为了做好此项工作，学校建立健全各项管理制度，规范服务管理行为。结合学校实际制订《校园管理制度》《宿舍管理制度》等一系列管理制度及实施细则，做到有章可循、依规办事。

第一，认真组织开展"爱护环境，绿化校园"的宣传教育活动。通过广播、画廊等对学生进行保护环境、美化校园的宣传教育。利用"植树节""五四青年节"等让学生参加学校植树活动及拔草劳动，加强学生对环境的保护教育，增强学生的环保意识。

第二，严格执行制度。对校委会研究决定的各项管理制度，后勤人员认真学习、明确要求、全面落实、严格执行。

第三，加强制度执行的检查和考核。为切实做好后勤服务工作，重视管理制度执行情况的检查和考核。通过抓制度的执行和落实，确保后勤服务工作顺利进行，不断提高服务保障水平，促进教育教学工作上台阶。

第四，严格要求，不断提高服务效果。

师生在优美、整洁的环境里生活和学习心情舒畅，身心得到健康发展。对教师而言促进了教学效率，对学生而言，促进了学习效率，使学校的教学质量也得到了大幅度的提高。

（三）管理育人

注重细节，科学管理，发挥餐饮监督管理委员会监督作用，对多元化矛盾纠纷排查化解机制进一步完善，健全学校安全稳定管理机制，隐患排查整治率达100%。

我校是吉林省首批示范性高级中学，也是一所全中，既有初中又有高中，更是长春市第一所寄宿制中学，既有住宿生，又有走读生，还是国际化学校。学校规模相当于普通校的十几倍，在校生将近5000人，学生每天24小时在校，管理的难度相当大。我们始终坚持以人为本、校园安全至高无上的原则，为了确保校园安全，层层签订《岗位责任书》，做到一岗双责。

◆中层以上领导和班主任轮流在校24小时值班，每周五放学都到门前疏导交通，夏顶烈日，冬冒严寒，直到所有的学生都安全离校才下班。

◆课堂上实行科代表报告制度，宿舍实行寝室长报告制度，食堂实行餐饮委员会管理制度。

◆建立健全各项安全工作制度，定期召开安全专项会议，保安、司机等培训会，并签发安全文件和年度安全工作目标责任书。

◆加强财务和物品管理，实行"三重一大"和收费党政班子会签制度，制定物品采购流程，各项报销定期由校长、副校长、财会统一会签。

◆每学期都进行全校安全隐患大排查，整改安全隐患，组织消防演练，实现全年安全无事故目标。

我校荣获吉林省绿色学校、吉林省示范学生宿舍、平安长春创建工作先进集体等称号，连续十年荣获教育局平安校园示范校及综合治理标兵单位的荣誉称号，学校荣获全国安全和谐先进校；在每年的安全互检中，成绩都名列前茅，尤其在2016年，以99.8分的成绩名列市属学校第一名。

（四）实行食堂"4D"管理模式

本着"让家长放心、让学生开心"的出发点，我几次带领班子成员和食堂管理人员到市场调研，并召开专门会议对食堂服务和饭菜质量进行专项整治。要求食堂管理做到"五个最"，即服务最好、价格最低、把关最严、菜品最全、营养最佳。每两周召开一次餐饮管理会议，征求教师、学生和家长的意见，及时发现问题及时整改，组织教师代表、学生代表参加，对食堂、超市进行检查，并下发整改通知单。主管领导每天深入食堂进行检查和监督，力争做到"五化"：品种多样化、价格统一化、质量最优化、营养最大化和食品安全化。

我是校长，也是一位母亲。我始终认为，孩子们要学习好、发展好，身体比什么都重要。我真心希望全体学生在二实验这个大家庭里健康生活、快乐学习。所以，总是通过精心挑选的方式，选取最好的餐饮制作团队。如今，学校先后换了四拨队伍，采取委托管理，不以营利为目的。在食堂管理上，学校有一整套极为严格细密的管理制度，全面实行"4D"（即责任到位、执行到位、整理到位、培训到位）管理模式，形成了独到的运行机制。

第一，饭菜价格采取民主集中制，原则上两年调整一次，由食堂负责人提出申请，校领导班子集体讨论决定。我的观点是，给孩子吃什么质量的饭菜，必须采取合理的营养配餐，这是校领导班子要重点研究的大事。

第二，组建了食堂餐饮监督委员会，由学生、老师、家长代表参加，实行隔周一次例会。会上，学生们经常提出一些改进意见。例如，红烧肉焖蛋应以红烧肉为主，而不是以鹌鹑蛋为主。学生们的意见，每次都引起食堂负责人的高度重视，及时予以整改。

第三，为了扶困济弱，食堂开设特价窗口，出售"特价菜"，每天一个。例如白菜炖冻豆腐，放少许肉片，只收 0.5 元，连成本都不够。之所以称作"特价菜"，主要是保护贫困学子的自尊。凡在特价窗口买餐的学生，主食米饭管够吃。

第四，严格的食物门槛准入制度。进货渠道均为当地最优企业，猪肉从华正进货，牛肉从皓月进货，大米从九台饮马河进货，油从九三进货……并辅以严格出入库验收手续；索要生产厂家营业执照、生产许可证、批次检验合格报告、经销商营业执照、食品经营许可证等。

此外，食堂还设有"回族窗口"，哪怕只剩一个回族学生，甚至她不来吃饭，窗口照常开，后厨仍然是单独锅灶为其做饭。

原来学校食堂的早餐没有油条、豆腐脑，而师生员工又都非常喜欢吃。我就带领相关领导、学年部主任和食堂管理员，到长春一家比较有名的圆角园饭店考察和学习，大大改善了食堂早餐品种单一的情况，现在食堂早餐花样翻新，品种齐全。

学校的国际部，每年寒暑假会有德国、比利时、丹麦、西班牙、美国、日本、韩国的中学生来校交流学习。为此，学校在小食堂设立了西餐厅，平日学生们也特别喜欢吃西餐，如奥尔良鸡翅、炸薯条、比萨等。

学校的食堂"4D"管理模式与教育教学工作一样，被省、市教育主管部门树为典型，被评为"标兵食堂"，被吉林省教育厅命名为"示范食堂"。

主体性教育指导学校的改革与创新

一、以人为本，自主发展：我的名校梦

二实验中学创建于 1963 年，与传统强校相比，既没有悠久的历史，更没有丰厚的文化底蕴，是一所名不见经传的普通学校。伴随素质教育改革的春风，学校在 20 世纪 90 年代迅速崛起。1999 年按一类一级学校招生；2001 年通过省政府督导评估，被纳入省级重点中学管理序列；2003 年，从普通校中脱颖而出，成为吉林省首批示范性高级中学。至此，真正实现了跨越式的发展，也实现了二实验几代人的梦想。这些成就将永载二实验中学发展的史册！我和全校师生共同经历了这段充满艰辛、充满曲折，也充满辉煌的历史。为此我流过汗，也流过泪，付出了很多，感悟也很深刻，我切身体会到："校长有思路，学校才有出路，校长有作为，学校才有地位"。

以主体性教育推动学校高质量发展，创办人民满意的学校，是我一生为之奋斗的目标。"人民"的概念是指普通百姓，从教育的角度就是指学生、家长和社会各界人士。人民满意的教育，需要各级政府的大力支持；需要学生、家长和社会各界的关心理解；需要广大教育工作者持之以恒的不懈努力；需要校长不忘教育初心，牢记立德树人使命，不断开拓创新，让自己的学校从一个高度向另一个高度不断跨越的决心。

为了实现这个目标，我放弃了到机关和大学工作的机会，也放弃了从事高薪工作的机会。很多人认为我是一根筋，但我的梦想就是打造名师，努力把孩子们培养成德智体美劳全面发展的社会主义建设者和接班人。

我在市实验工作了 18 年。这期间，在校内，我从普通教师到教研组长、班主任、

学年部主仕、团委书记、政教处主任，再到校长助理。在校外，我分别担任了省、市中学历史教学研究会副秘书长、副会长，省、市中学高级职称评审委员会评委等多项职务，多次参加省、市两级各种会考的出题、编写工作，并为历史课教员培训主讲。虽然工作如此繁忙和劳累，但我从未离开过三尺讲台，也几乎未离开过班主任的岗位。可以说，多岗位的历练及科班出身的优势，为我后来由名教师到名校长的飞跃，打下了牢固而坚实的基础。

1996 年 8 月，长春市教委决定由我出任长春市第二实验中学主管教学与科研工作的副校长。从教师到校级领导，而且不离开教学岗位，怎么说都是一件高兴的事，但我却为此哭了两场。8 月 26 日，是我到二实验中学报到的日子，也是我与当时任教的高二五班的孩子们告别的日子。班级里一片哭声，孩子们喊道："李老师别走，把我们教到毕业再走，我们去找教育局，不让您走。"我的心刀绞一般地难受，我也不愿离开。我热爱这所学校，不仅因为它是省首批办好的重点中学，是全国知名的学校，而且因为我从大学毕业后就在这里工作，这里培养了我，教育了我，把我从一名普通教师培养成优秀的教师，知名的教师。18 个年头，我把一生中最美好的时光奉献给了这里。说心里话，我对当官没有什么欲望，而更想成为一名特级教师，在我心中始终有一个想法：只有特级教师才是出类拔萃的教师。作为一名党员，我必须服从组织需要，党让干啥就干啥，并且要干好。因此，我只有带着对学校的留恋，对领导和同事们的不舍，以及对学生们的思念到新的岗位去报到。

当时的二实验中学坐落在北安路 65 号，市政府对面的一个小院子，属于二类一级学校。说它小，主要是指占地面积小，只有 1.561 万平方米；规模小，全校 6 个年级只有 24 个教学班，在校生 1300 多人；教室小，建校时按小学标准每间教室不足 54 平方米；操场小，连 200 米的跑道都修不上，学生只能轮流出间操。规模还不如市实验中学的二分之一。教学设备也非常落后，老师上课连台旧式幻灯机都没有，全凭一根粉笔一张嘴。当时我们四位校长挤在一间办公室工作，全校老师在东本愿寺不足 300 平方米的耳房（小庙）里办公，人均不足 3 平方米，拥挤不堪，有时站起来就坐不下。

条件差对曾做过下乡知识青年的我来说不是太大的问题，最让我上火的是个别教工的精神状态，能"闹"、能"告"一度全市出名，有人甚至去省政府门前静坐过。此外，因为建校时本校是小学建制，一部分教师的底子相对薄弱。

还有一个主要的原因，我总愿意拿它和市实验比较。拿会餐来说，二实验中学教职员工会餐是在东本愿寺的大庙里，每人用饭盒带个菜，放在用旧桌椅拼的餐台上，在昏暗的灯光下唱歌、跳舞。市实验员工会餐是在学校的大礼堂，吃的是学校农场杀的猪、养的鸡和鱼，喝的是用自己种的葡萄酿的酒。

那时，我来二实验已经四个多月了，但是这种对比让我感到无比陌生，甚至每个人的面孔都是那么陌生。我离开了大庙，跑回办公室，坐在沙发上大哭，放声大哭，把所有的委屈倾泻出来。

痛快哭了一场之后，人冷静了下来。值得宽慰的是，当时的何平校长也是四年前从市实验调过来的。他是一位事业心极强，有魄力、有能力的好校长。韩利明书记也是一位德高望重的老领导。他们给了我很多的鼓励，像师傅带徒弟一样地指导我、帮助我，使我很快就进入了工作状态，适应了环境。在工作中，我发现二实验中学在几届班子的努力下进步很快，特别是学校的管理非常规范。过去我常听市教委朱再新副主任说："二实验即使是件旧衣服，但总是洗得干干净净。"今天身临其境，感触颇深。1992年韩利明校长就曾提出："把二实验中学办成不是重点校的重点校。"1995年何平校长也明确提出："实施整体改革，创办特色学校"的目标。当时我就产生了一个想法，那就是找准自己的位置，全心全意地配合校长，全力以赴地抓好教学和科研工作，立志把二实验办成像市实验一样的名校，让二实验像市实验一样有名气。

二实验中学从20世纪90年代中期开始迅速崛起。在1996年的高考中，王哲、朱岳两名同学考上了北京大学，给全校师生以极大的鼓舞。

在1997年的高考中，学校综合成绩跃居长春地区第三名，排在东北师大附中和十一高之后，其中有五个学科获得优秀教学奖。在1998年的高考中，学校的文科成绩又名列长春地区前茅。同时，学校在其他工作上也取得显著成绩。我校代表长春市参加国家卫生工作检查，受到国检团的高度评价，特别是听了丁爱华主任的心理健康教育课后，我骄傲地说："二实验中学的心理健康教育能与国际接轨。"1997年高一招生规模由4个教学班扩到10个教学班，1998年又招了10个班。虽然学生的数量增加了，但教学质量没有下降。为了保证教学质量，我提出了"集中智慧，发挥群体优势"的战略。我非常清楚，学校的教师单人拿出来无法与师大附中、省实验、十一高、市实验的老师相比，我校的特点是老教师少、新教师多，35岁以下的青年教师占68%。教学工作是学校的中心工作，教学质量是保证学校发展的不竭动力。为此，我把重点放在集体备课上。当时高一年级10个班5个数学老师，只有教研组长王玉英是老教师，而其他4名都是青年教师。我就让王老师先写好教案、让四个徒弟抄一遍，再听王老师讲一节课，之后再让他们自己上，其他学科也都按照这个套路。我们就是使用这一战略度过了师资青黄不接的困难时期，保证了我校教学质量的稳步提高。当时我校各项工作的指标均达到了一类校的标准。为此，长春市教育局决定从 1999 年开始把我校列入一类校。虽然社会和一些家长也把我们当成一类校对接，但毕竟没有经过省政府的评估，没有正式挂牌，只能享受"地方粮票"的待遇。尽管发展快速，我们与重点校的差距还很大，我们没有向国家重点大学保送学生的资格。

1997 年，我校在吉林省普通高中学业水平考试中，九科成绩综合评定排在了吉林省第一名，吉林省教育厅张茵副厅长做出特殊批示："长春二实验中学的教育教学水平已达到了一类校的标准，允许向东北师大基地班保送推荐优秀毕业生。"

2000 年，我校 1997 年扩招的第一批学生参加高考。三年来，我的压力一直很大，我深知一年高考成绩的滑坡就会对学校的发展造成不利的影响。但功夫不负有心人，丰收总是留给辛勤耕耘的人们。这一届高考我校取得了全市第三名的好成绩，并连续五年荣获教学质量评估第一名。

2000 年，我校已有 48 个教学班，在校学生已达 2600 多人。此时此刻，摆在我们面前的还有一个更严峻的问题：学校的发展受到了空间的限制。这个占地只有 1.528 万平方米的学校，很难继续发展，没有发展的空间，就无法改善办学条件。硬件建设跟不上，软件也无法发展。这时，我头脑中产生了一个想法，想建一所适应我校发展的新学校。我家在高新开发区长春工业大学东校区，晚饭后，我经常和丈夫出去散步。当时高新开发区刚刚建设，吉林大学南校区也刚开始建设。我散步时每走到一片空地，就想如果在这儿建学校多好，头脑中会立即出现教学楼、体育场的位置。随着一块块能建学校的空地陆续被开发，我感到力不从心。但是建学校的梦想已在我心里生根发芽。

2000 年下半年，我有幸到华东师范大学国家教育部重点中学校长高级研修班学习深造。在此期间，我考察了上海、江苏、浙江、福建的 37 所名校，它们给我留下了极其深刻的印象。上海市政府拿出 25 亿人民币建成了 11 所寄宿制高中，其中大多数都已成为国家级示范性高中。我特意找到了国家级示范性高中的评估标准，反复看了十几遍，其中生均占地面积 25 平方米，生均建筑面积 10 平方米，生均绿地面积 1 平方米……的硬性要求，是我校望尘莫及的。11 月初，我陪同长春市教委主任参观上海七宝中学时，他问我："咱们长春十一高的规模有没有七宝中学大？"我说："没有，面积相当于人家的二分之一吧。"他又问："你们二实验中学怎么样？"我说："让我说真话还是说假话？"他说："当然要说真话。"我说："我们二实验中学与七宝中学相比只能是希望工程。"下午，我陪长春市教委考察团又参观了上海位育中学，这所学校的条件比七宝中学还要好。在参观的过程中，主任问了我很多关于长春市教育发展的情况，我向他一一做了介绍。在交谈的过程中，我了解到他也是东北师大毕业的学生。他乡遇校友，本来就感到很亲切，况且这位领导又那么平易近人，我就毫无顾虑地，非常坦诚地把我对长春教育发展的想法谈了出来。我说："吉林省长春市的经济发展落在了全国的后面，可是我们的基础教育并不落后，在全国处于中上等水平。人穷不能志短，经济发展落后，我们的观念不能落后。按照邓小平同志的'让一部分人先富起来的理论'，可不可以在长春先建成几所国家级的示范性高级中学？"主任听后表示："可以考虑"，又对同来的副主任说，"你给李校长留点钱，让她帮我考察一下校长职级制和上海市课改的情况。"我说："我不需要钱，保证完成任务。"长春市教委领导离开上海后，我就抓紧一切除学习以外的时间进行考察。到12月末，我写出了近5万字的考察报告，回长春时交给了主任。我没有想到主任能认真看了考察报告。寒假期间，他对我说："李校长，我想请你当高参。"还说："今年寒假的校长培训班我不想请专家了，你能不能给校长们做个报告。"我说："报告谈不上，我可以向各位同仁们汇报一下我在上海的学习体会。"

2001年2月下旬在省委机关礼堂，我向全地区的中学校长和县区教育局汇报了我的学习体会。2001年3月1日，市教委党委任命我担任二实验中学校长的工作。

我刚上任，就接到了吉林省教育厅下发的对我校进入重点中学评估的通知，从1984年全省评出83所重点中学后到2001年，已经17年没评估了，作为享受"地方粮票"的二实验中学早已翘首企盼这个机会了。按省级重点中学的评估标准，软件方面已不成问题，关键是硬件条件太差，校舍和操场的面积根本不符合标准。如果评估为此而通不过，二实验中学几代人的努力就会付之东流，我这个校长无法向前辈们交代，也无法向后来人解释。于是，我一边带领全校师生贪黑起早准备材料，一边按照国家示范性高中的标准做了一个新校区建设规划的设想蓝图。

2001年4月份省政府督导团来校评估。督导团负责人史燕来主任是一位学识渊博、经验丰富、原则性强、秉公办事的好领导，他所带的督导团成员都是敬业精神极强的专业高手。在检查的过程中，督导团给我们提出了一些不足之处，让我心服口服。比如辽源五中的老校长陈功要看《学校章程》，我们根本没有，经过向他请教，我才知道学校《学校章程》是什么。督导团对我校取得的教育教学成果给予了充分肯定，尤其是对我校领导班子的精诚团结、开拓进取和全校师生艰苦奋斗精神赞誉有加。他们对我们在办学条件比较差的情况下能取得如此的好成绩，给予高度评价。在评估办学条件时，我们只能把新校区设想规划拿出来，得到了他们的理解。最后，督导团被我们积极进取的精神所感动，同意我校通过重点中学评估，以全省第一名的好成绩纳入省级重点中学管理序列。但提出的条件是要限期整改，限我校两年之内必须完成新校区的建设。以评促建，省教育厅就是用限期整改来督促市教育局为我校改建校舍，没想到它竟然成为我实现名校梦的一个转机。

当时教育部要求副省级城市优质高中入学率为 85%，而长春市优质高中入学率只有 75%，我校抓住了省教育厅对重点中学评估的有利时机，2001 年 5 月以全省第一的排名进入省级重点中学管理系列。

按吉林省教育厅的意见，两年不改建校舍，就会摘去重点中学的牌子。所以在 2002 年 1 月长春市十一届人大一次会议上，李述市长在所做的政府工作报告中正式提出："改造市实验中学和二实验中学，在年底建成两所寄宿制高中，使我市的优质高中入学率提高十个百分点。"

这个决定使我非常振奋。政府有了蓝图，学校有了规划，我就带领着班子开始大展宏图。

我带领班子成员每逢双休日就出去找地。我们在净月开发区、高新开发区、朝阳区大屯镇看了很多地，都因为离市区太远而放弃了。市教委也非常拥护政府的决定，积极支持我校建设新校区，局领导也几次带我们到幸福乡、三佳村去找地。2003 年春节前一天，教育局办公室给我打电话："人民大街以南有一块地想不想看？"在农历腊月三十的上午，我们就到了现在新校区的位置看地。没想到人民大街边上还真有一片地，我们一下就看中了。这个春节我过得非常开心、非常快乐，因为新校区已不是梦想，很快就会变为现实。

白承熙书记是学建筑的，春节一过，就带着我和李前副校长到北京、天津考察了十几所学校。有天津的耀华中学、南开中学、体育中学，北京的景山学校、十一学校等。

回校后，班子经过认真讨论，决定博采各校之长，结合我校实际要求，参照国家级示范校的评估标准，做出了我校的任务书。

现在，每当人们赞扬新校区的美丽时，我就会想起这些可亲可敬的领导，我永远感谢他们给予二实验中学的支持与厚爱。

1997 年，为了满足广大市民对优质高中的需求，我校高一招生从 4 个班扩大到 10 个班，目前已达到 80 多个教学班。高考成绩一年一个新台阶，连续七年提高率名列长春各校之首。2003 年高考，我校报考 639 人，大专以上录取 639 人从那时起，我校就成为吉林省唯一一所升学率达到 100% 的学校。我校的办学质量得到了各级领导和社会的一致赞誉。

2004 年 8 月，学校新校区建成并投入使用，不仅极大改善了学校的办学条件，为学校争创全国素质教育示范校提供了良好的硬件设施，而且过扩大了 10% 的招生规模，为长春市 85% 的适龄学生接受优质高中教育做出了突出贡献。

今天的二实验不仅具备现代化的办学条件，同时还拥有开拓进取的学校领导、爱岗敬业的教师队伍、科学鲜活的办学理念、求新务实的教学工作、备受称赞的辉煌业绩；今天的工实验以家长满意、学生称颂和社会各界赞誉的卓越成就而成为人们瞩目的育人基地。

一分耕耘一分收获，多年来，在上级领导的正确领导、大力支持和关怀下，学校领导班子团结务实、开拓创新，全校教职工充分发扬二实验人的"五种精神"，以奋发有为的精神状态和团结拼搏的工作作风，取得骄人的成绩。学校先后荣获全国安全和谐先进校、全国加强未成年人思想道德建设先进单位、全国中小学思想道德建设先进单位、全国中小学科研兴校示范基地、全国首批中小学心理健康教育特色校、全国千所数字化校园示范校、国家教育部数字化校园建设示范校、中央电教馆百所数字化校园项目建设基地校、全国中小学先进后勤学校、全国写作教学优秀团体、东北师范大学研究生心理健康教育实践基地、国家首批"211工程"重点建设高校、国家首批"985工程"重点建设高校大连理工大学优秀生源基地、世界联合国教科文组织俱乐部学校、国家汉办批准我校在美国维斯康星建孔子学堂、第19届中国青少年机器人竞赛优秀学校、"国建杯"第七届全国重点校高中男子篮球精英赛冠军、吉林省示范性劳模和工匠人才创新工作室、吉林省普通高中多样化发展试点校、吉林省教师专业发展学校示范校、吉林省科研兴校核心示范基地、吉林省文明校园、普通高中省级示范性青年党校、第18届中国青少年机器人竞赛吉林赛区竞赛VEX高中组冠军、长春市人民满意学校等百余项荣誉称号。学校已成为清华大学、北京大学、中国人民大学、中国科技大学、复旦大学、上海交通大学、北京师范大学等50多所全国著名大学生源基地，是田家炳教育共同体和六校联盟体的龙头学校。

二、把新校区建成学生自主发展的大学堂

教育就是一个让学生孕育梦想、追求梦想、实现梦想的过程。如果学生还没有梦，那是因为我们还没有将希望和爱洒向他们的心田，没能催生梦的幼芽，让他们长出属于自己的七彩梦。孩子们一旦有了梦，就让他们的心灵自由地飞翔吧。呵护宝贵的热情，珍视稚嫩的创造，放飞翱翔的胆量，分享成长的愉悦……

学校聘请了清华大学的博士生导师冯钟平先生和安地设计院的刘博英院长为设计师。新校区规划设计出来后，又请市政府市长、建筑专家李述到校帮助修改。我们确定的新楼标准是，一定要相当或者超过上述那十几所学校，而且要充分体现"以人为本"的二实验特色。

"以生为本"，"高举架、宽楼梯、长走廊"的设计特点，使学生遇到突发事

件时便于疏散。

"以师为要"，在设计时，我将教学楼和行政办公楼用走廊连为一体，并博采各校之长：米黄色的外墙借鉴了南开中学，通透式办公借鉴了北京十一学校。从学校外观的瓷砖颜色、学校主楼的博士帽造型，到教学楼大厅顶部的葵花图案，都展现了我的良苦用心，我用了将近两个月的时间完成了这份任务书。清华大学设计院的博士生导师冯钟平先生看到任务书时激动地说："这是我工作几十年中见到的最好的任务书。"

接下来的工作更加艰难。首先是批准动工的手续，43 个公章盖下来，不知得半年还是一年？另外，仅配套费、增容费、人防费、审图费等，一路下来得缴 1800 万元左右，而市教委费了好大劲，总共才从银行贷出了 5000 万元。

我要求享受发展社会事业优惠，这是政策允许的。但现实是，政策允许也要经过有关部门认可批准，一家一家地去"跑"、去"做"工作，时间来不及啊。我找到市政府主管教育的副市长，市政府有关领导考虑，虽然政府财政紧张，教育是公益事业，应当给予政策上的支持，同意二实验边施工、边办手续。这种同意是一种默认。

在施工的同时，我和李前副校长就开始处理几个棘手的事情，跑到 43 个部门去盖章。经过我们不懈的努力，经教育局领导协调，人防办将 80 万元的人防员减免一半。我对这个结果仍不满意，学校的账上最多只能支出 20 万。人家又不高兴地说，那你去找主管市长批吧。

大年初八，我找到了市政府，也不管领导忙不忙，把自己的想法一股脑地说出来：今年暑假开学校舍建不上，新生没地儿上课，择校费收不上来，5000 万贷款的利息也就还不上，市长报告提到的建两所寄宿制高中的任务就落实不了……直到市长给了"特殊"支持后才离开。

听说学校要建新校区，很多施工单位蜂拥而至。新校区的总建筑面积近 10 万平方米，包括教学楼、科技楼、体育馆、留学生公寓、食堂、男生宿舍、女生宿舍、风雨操场，资金短缺，需要施工方垫付。工期紧，从 5 月下旬动工到 8 月中旬必须完工，保证新生入学。由于，必须选择专业技术强大、资金实力雄厚的施工队。我想必须用一种严厉，甚至苛刻的方法把能力弱小的施工队筛掉。我提出，一个楼一个施工队，先交 200 万质量保证金，保质保量按时完成验收合格后退回施工方，如出现质量问题就扣掉 200 万保证金。就这样，留下来的都是具有相当实力的大施工队。作为校长，我不懂建筑，但我必须找到一个保险的措施。

2003 年，一所占地面积 18.5 万平方米，建筑面积 10 万平方米，功能完善、设施齐全的新校园在长春南部新城拔地而起。内设高标准国内一流的 72 个多媒体教室，

14个理、化、生实验室，10个语音室和微机室，建有集天象馆、科技馆、电子化图书馆为一体的科技活动中心；集舞蹈厅、音乐厅、篮球场、排球场、乒乓球馆，带400米塑胶跑道的运动场、50米标准泳道的游泳馆为一体的艺体中心；集学生公寓、外国专家公寓、餐饮部为一体的生活服务中心。学校硬件建设国际一流，校园内绿树成荫、花草芬芳、雕塑点缀。它拥有覆盖全校三网合一的网络系统，可与国际教育接轨，实现远程教育。它成立了全国一流的青少年心理健康教育发展中心，为学生的健康成长提供了最有力的保障。它是长春市第一所寄宿制高中，它的建成使长春市优质高中入学率提高了十个百分点，为国家节省资金一个多亿！学校被评为吉林省首批示范性高级中学，成为学生的梦想家园。

时任市长李述赞誉："二实验中学是基础教育冉冉升起的一颗新星。"

时任副市长安莉赞扬："二实验中学是标志性学校，是长春市基础教育的一面旗帜。"

时任副市长李龙熙来校视察时，对学校高度评价："二实验中学是一所方方正正的学校，培养端端正正的人才。"

长春二实验中学鸟瞰图

三、学校的发展目标绘就美好蓝图

学校发展目标是指学校在某一阶段的发展方向和程度，就是说把学校办成什么类型、什么性质、什么水平的学校，也即在广泛参与的基础上制订学校成员共同认可的目标。它不仅包括学校层面的发展目标，还包括学生和教师层面的目标。目标就像一座灯塔，只有确立明确、具体的学校发展目标，才能引领学校成员走向正确的道路，做有用的事情，才能最终促进学校的发展。

多年以来，学校在几任校长及领导班子的带领下，反复考察、周密论证，相继制订了六个《三年发展规划》，并鼎力付诸实施。这些计划的制订，为学校的发展壮大绘制了一幅宏伟蓝图，把学校真正引上了跨越式发展的道路。

第一个发展规划（1992—1995 年）：努力把二实验中学办成不是重点校的重点校。

第二个发展规划（1995—1998 年）：探索从应试教育向素质教育转变，实施整体改革，创办质量一流的特色学校。

第三个发展规划（1998—2001 年）：实现教育现代化工程，建设"四高""三特"学校，努力把学校建设成现代化、实验性、示范性的一流学校。

第四个发展规划（2001—2004 年）：实施"以人为主，自主发展"的主体性教育，进入省级示范性高中和国家千所示范性高中的行列。

第五个发展规划（2004—2007 年）：把学校建成现代化、国际化、实验性、示范性的优质学校，进行办学体制的改革，实现集团化办学。

第六个发展规划（2007—2010 年）：以人为本，自主发展，重点提高教育教学质量，促进学校内涵式发展，把学校建设成为实验性、示范性、现代化、国际化的省内知名学校。

我在学校的"十二五"发展规划中确立的学校发展目标是：坚持"以人为本，自主发展"的办学理念，把学校建成"四高""三特"的现代化学校。

2019 年 1 月，我在向全校教职员工大会述职时，提出了二实验发展的最新目标：坚持"以人为本，自主发展"的办学理念，把学校建成"四高""三特"的实验性、示范性、国际化、现代化的国家级素质教育示范校四高：管理高效益，队伍高水准，学生高素质，学校高层次。三特：学校有特色，教师有特点，学生有特长。

我特别清楚，学校在优秀率方面暂时无法和省内名校相比，那么我就把教学中心放在了抓提高率上，要让每个到二实验学习的学生都能得到提高，都能得到发展。

二实验与市政府似乎有着某种天然渊源。在老校区时，与市政府仅隔着一条北安路。午饭时，不少孩子从学校南大门出来，穿过北安路，便进入市政府食堂吃饭。政府把门的师傅一边喊着："别乱跑，都看着点车。"一边把放在门口的椅子挪开，让孩子们顺利冲进去。每当"六一"或教师节，二实验也时常是市政府领导参加活动的首选之地。

二实验新校区的建成，彻底甩掉了"硬件不硬"的落后帽子，学校由普通校、重点校一跃成为省级示范校。但由于市财政困难，校舍建设资金市里无力投入，致使学校负债率达到 75% 以上，按 5 年还款期计算，年需还款几千万元。

考虑到市财政的压力与二实验的实际困难，时任市长祝业精提出了一个大胆构想，市政府与东方集团联合办学。祝业精市长改制办学的思想基点是"不求所有，只求所在"。应当承认，对二实验进行改制，由纯国有改为股份制，东方集团占股 60%，市政府占股 40%，这是一个相当大胆的前沿的决定，也是摆脱市政府南迁与二实验新的困境的有效途径。

市政府与东方集团都是第一次吃螃蟹。在市长祝业精看来，二实验以国有资产不论与何人合作，以什么名义合作，它都在长春地界上，教育长春市的孩子，谁也搬不走。作为东方集团，尽管拥有了这所学校 60% 的股份，然而二实验新校区建设的所有资金债务都要由集团承担。虽然就企业经济利益回报是长期而缓慢的，但就企业长远发展而言却是巨大的无形资产。

对学校员工们的思想冲击是前所未有的，毕竟由公办校变为股份制学校，校领导班子，尤其是校长的态度至关重要。我深知市政府无力偿还新校区建设的资金，要想摆脱困境、实现突围，此为难得机遇。错过了，有可能使学校陷入新的难以摆脱的困境。同时我最担心的是学校全体教工的利益，涉及人事编制、工资报酬等问题……

市政府和教育局与东方集团经过长达 9 个月的磋商，双方都以最大的诚意，做了法律规定内的最大让步，终于达成了合作办学协议。市政府授权市教育局作为二实验国有资产的代表，以二实验净资产出资入股，东方集团以货币出资入股，共同组建了长春东方教育集团有限公司。

2006 年 3 月 27 日，长春市教育局与东方集团正式签订了《联合办学协议书》，同时市政府与东方教育集团签订了《联合办学备忘录》。5 月 12 日，学校召开教工代表大会，讨论通过了《联合办学协议书》及《联合办学方案》，并形成了职工代表大会决议。5 月 17 日，东方教育集团有限公司注册。5 月 18 日，吉林省与长春市主要领导亲临二实验，举行了隆重揭牌仪式。

学校之所以改制，是因为学校可以彻底摆脱债务困境，并以崭新的姿态奔向国家级素质教育示范校的新目标。除了市政府领导的远见卓识外，二实验的积极配合极为关键。

市长祝业精以最大的魄力，为改制后的二实验决定了"四个不变"：学校地位不变，仍然享有公办学校的一切政策和待遇；教师身份不变，教职工仍然保留国家事业编制身份与待遇、职称，调资仍与公办校教师同等待遇；统招生计划不变，保持原招生政策及报名录取批次不变，仍执行原收费标准；财政拨款渠道不变，继续保持原财政拨款渠道不变的同时，还新增了民营资金的投入。

改制后的学校不仅还清了全部银行贷款，而且拥有了雄厚发展资金，享受了公办校与民办校双重的优惠政策。教育集团设立了专项资金，对贫困学生实行助学，每年出资100万元用于奖励优秀教师和优秀学生，教职员工的奖金在原有基础上有了大幅提高。同时引进了民办企业管理机制，实行全员岗位聘任制，实现了"能者上、庸者下"。

改制后的学校如虎添翼，十余年来，得到了快速发展，取得了令人瞩目的成绩。学校的软件与硬件，学生的德智体美劳均得到了全面发展，学校的三大特色建设得到了充分的发展。一是心理健康教育成为全国中小学的先进典型；二是成为国内一流的全国数字化校园示范校；三是成为教育国际化基地校。

如今，学校已建成了数理探究实验室、3D技术打印室、天象厅、电子钢琴等36个专业化教室，配置了万兆主干、千兆网络到桌面、三网合一的管理系统。建成了教师与学生、家庭与学校、教学联盟校三个互动平台，运用五项技术，实现了八个信息模块建设。

同时，学校成为联合国教科文组织俱乐部成员、托福考试基地校，并与美国、德国、法国、韩国等8个国家的10所学校建立姊妹校关系，开设托福和SAT考试辅导课，引入部分AP课程。学生毕业可获得二实验与美国普拉瑞中学两个毕业证书，可直接升入美国与加拿大不同层次的大学。每年都有新加坡南洋理工大学全额奖学金保送生。

在一所学校里，教育与教学质量永远是学校的生命线，如果一个学校教育质量上不去，就不能说是一所优秀学校。经过近20年来持之以恒的不懈奋斗，当年的丑小鸭已经变为白天鹅。近10年，学校有20名学生考入北京大学、25名学生考入清华大学、15名学生考入法国巴黎七大名校，几千名学生考入全国一流名牌大学。学校已成为清华大学、北京大学、中国人民大学、中国科技大学、复旦大学、上海交通大学、北京航空航天大学等50所全国著名大学的生源基地。

2019年，我提出了学校发展的最新目标：创建全国名校500强——国家级素质教育示范校！

10年前，我为学校设定的目标是创建全国千所名校，而进入500强是新的目标。现在，二实验已经具备了这个基础与条件。

四、学生的培养目标突出立德树人

培养目标是指依据国家的教育目的和各级各类学校的性质、任务提出的具体培养要求。教育目的与培养目标是普遍与特殊的关系。只有明确了教育目的，各级各类学校才能制订出符合要求的培养目标；而培养目标又是教育目的的具体化。教育目的是针对所有受教育者提出的，而培养目标是针对特定的教育对象提出的，各级各类学校的教育对象各有不同，因此制订培养目标需要考虑各自学校学生的特点。

党的十八大确立党的教育方针为坚持教育为社会主义现代化建设服务、为人民服务，把立德、树人作为教育的根本任务，全面实施素质教育，培养德智体美全面发展的社会主义建设者和接班人，努力办好人民满意的教育。

坚持从培养学生的核心素养切入，全面培育和践行社会主义核心价值观。核心素养是学生必备的适应终身发展和社会发展需求的必备品格和关键能力。我多次认真学习了习近平总书记的报告，根据教育部《关于全面深化课程改革，落实立德树人根本任务的意见》，经过长时间反复思考，分别对初中与高中学生修改并提出了新的培养目标。

对初中生，我设定了"四学会"的新目标，即通过立德树人，学会做人（有勤奋学习精神；有诚实守信行为；有敬师孝亲情怀；有爱党爱国情感）、学会学习（有生涯发展规划；有良好学习方法；有自主学习能力；有共享资源意识）、学会创造（有创新求异精神；有创新发散思维；有创新实践技能；有创新实践成果）、学会生存（有适应生活能力；有自我保护能力；有与人合作能力；有逃生避险能力）。

对高中学生，我提出了两个层面的培养目标。

整体层面上要达成"五具有"：具有学习精神，励志成才；具有文明素养，诚信友善；具有创新精神，奉献爱国；具有实践能力，求真务实；具有健康心灵，公正无私。

随着国家经济体制的改革，人们的世界观、人生观、价值观也发生了变化。一些考入清华、北大的高才生出国留学后，不愿意回国，我们培养的人才不愿意为中华民族的复兴去效力，不愿意为中国社会的发展去奉献。为此，我对精英层面学生的培养目标又增加了"三具有"培养目标，即具有良好的学习素养和优秀成绩；具有奉献国家和社会的公益之心；具有领袖的胸怀和气质。

在高中生中实施精英层面的培养，为的是使学生成为有理想、有本领、有担当、有国际视野和家国情怀的时代新人，未来能够担当起民族振兴的重任。

习总书记在党的十九大报告中指出：教育是民族振兴、社会进步的重要基石，是功在当代、利在千秋的德政工程。习总书记从新时代坚持和发展中国特色社会主义的战略高度，做出了优先发展教育事业、加快教育现代化、建设教育强国的重大部署。

2018 年 9 月，习总书记在全国教育大会上发表重要讲话，再次强调：教育是国之大计、党之大计。从党和国家事业发展全局出发，动员全党全国全社会为加快推进教育现代化、建设教育强国、办好人民满意的教育而努力。

时代是出卷人，我们是答卷人。各级领导的嘱托，给我们答好这张卷指引了方向。

多年来，学校坚持党的教育方针，实施铸魂育人固本工程。在校党委的领导下，把高中青年党校和青年团校建设成广大学生的政治摇篮、为党组织培养后备力量的红色基地，始终引领共青团员及全校师生树立崇高理想、坚定理想信念、厚植爱党爱国情怀、奠定坚实思想基础，努力培育社会主义建设者和接班人。

（一）青年党校建设

2019 年新年伊始，吉林省委教育工委副书记李晓杰主持的吉林省教育党工委、吉林省教育厅中小学党建工作座谈会在我校召开。李晓杰厅长在讲话中指出：教育是有方向的。只有加强党对教育的全面领导，才能真正坚持社会主义育人方向；责任是有分量的，我们一定要提高政治站位，坚持把党对学校工作的全面领导贯通于幼、小、初、高各学段；育人是有规律的，要以"功成不必在我"的境界，做好教育的奠基工程。

原国家副主席李源潮来我校视察时，鼓励我校高中青年党校学员；国家教育部副部长刘利民、副省长安立佳、副市长贾丽娜，国家、省、市各机关工委领导以及国家督学都对我校高中青年党校工作给予过亲切关怀和具体指导。

我校运用毛泽东主席"把支部建在连上"的宝贵经验，坚持党政一体化管理机制。作为一校之长，我同时兼任高中青年党校校长，党委委员兼任副校长和青年党校副校长，校团委书记兼任初中团校校长，各党支部书记分别兼任学年部主任和青年党校、初中团校分部负责人。不仅确保了青年党校工作和党务、政务工作同部署，更使"早教育、早传承、早培养"三早育苗工程能够抓在平常、干在经常、落到实处。

健全高中青年党校运作机制，成立了管理部、教研部、宣传部等三个部门，坚持以理想信念凝聚学员、以科学管理规范学员、以优质课程教育学员。

聘请了"大国工匠"李万君为时代精神教育专家、原市政府秘书长李发锁为红色传统教育专家、市委党校王健教授为政治理论教育专家。

在学校建立了一支以思政课老师为骨干力量的政治强、情怀深、思维新、视野广、自律严、人格正的高中青年党校和初中团校的辅导员队伍。要求他们旗帜鲜明上好党课、率先垂范彰显党性，做好政治启蒙、思想引领，激发引导党校学员知党史、明党情、听党话、跟党走。

为加强高中青年党校建设，我校党委确立了"四个深度融合"工作思路：

一是与立德树人根本任务深度融合；

二是与实现三早育苗工程深度融合；

三是与学生生涯发展规划深度融合；

四是与开展一学一做活动深度融合。

并扩展课程，开发了八大类校本课程。

一是课堂教学。把每一个课堂都打造成传播红色基因的基地。要求文科课程与国家成就紧密结合；理科课程与科技强国紧密结合。

二是红色课堂。科学管理党课授课课堂。通过专家授课、教师授课、学生研讨等活动，用马列主义思想武装学生的头脑。

三是德育活动。以培育和践行社会主义核心价值观为核心，全面开展爱国主义、集体主义、中华民族优秀传统文化等主题教育活动。

四是社会实践。组织学生到一汽集团、中车集团、空军飞行学院、65370部队、省科技馆、博物馆、伪满皇宫博物院等社会实践基地参加活动。教育学生不忘国耻、继往开来，坚定对中国共产党的拥护，深刻体会"没有共产党就没有新中国"。引导学生知行合一，把对党和祖国的无限热爱化作刻苦学习的不竭动力。

五是志愿服务。组织学生到省孤儿学校、长春市社会福利院、高速公路客运站等开展志愿服务活动，引导学生在实践中践行党的宗旨，培养他们服务他人、服务社会的美好情操。

六是生涯指导。指导学生制订政治思想发展规划，确立不同年段发展目标，引导他们向党组织靠拢，把个人理想融入实现中华民族伟大复兴的中国梦，成长为积极向上、理想信念坚定的入党积极分子，并对他们持续进行关注和培养，做好与大学党组织的沟通，做到"墙内开花、墙外结果"，努力培养一批担当民族复兴大任的时代新人。

七是家校共育。充分发挥家长学校的阵地作用，向家长宣传社会主义核心价值观，通过开设家庭教育讲座、家长讲书堂、家访等形式面对家长开展理想信念教育、党史国情教育，提高家长素质，根植家庭红色基因，帮助孩子扣好人生第一颗扣子。

八是宣讲社团。一是请进来，邀请学校关工委"五老"宣讲社团定期来校为党校学员开展"传承红色基因、争做时代新人"宣讲活动。二是走出去，青年党校学员进班级、进社区开展党的方针政策宣讲活动。

（二）青年团校建设

青年是祖国的未来，他们的成长关乎党的命运、国家的命运、民族的命运。我校现有 64 个团支部，1739 名团员，在校党委的领导下，把青年团校建设放在党建工作的重要位置，依托我校党政团一体化管理机制，健全组织架构，明确工作职责，努力把青年团建设成广大大学生的政治摇篮、为党组织培养后备力量的红色基地。

青年团校按照团校学员、一般积极分子、重点积极分子三个层次进行培养。

针对高一学生：全面教育，抢占学生思想高地。

针对高二学生：培优育苗，审定一般积极分子。

针对高三学生：接受申请，确定重点积极分子。

1. 加强组织建设

学校坚持党建带团建的组织建设结构，在优化团支部的建设中不断地促进团员的教育，并且充分发挥教工团支部的功能。每个年级都设置了教工团支部的支部书记、组织委员和宣传委员，在年级党支部的领导下积极组织团员开展各项学习，并且打造具有年级特点的特色活动。

根据自愿报名、班团推荐、团校审定的原则确定学员名单。学校对青年团校采取网格化管理。党支部书记任辅导员，学年部团总支部书记任辅导员助理，班级团支部书记任组长，做到职能清晰、分工明确、各司其职、管理有序。

2. 加强制度建设

在校党委的领导下，青年团校始终坚持紧紧围绕在党中央周围，与党中央保持高度一致。为贯彻落实党的十九大精神、习总书记在全国教育大会讲话精神，校党委对《青年团校章程》做了修改，把习总书记指出的"教育是国之大计、党之大计"写入章程总则，在中国特色社会主义思想引领下，完善青年党校制度建设。确立三大类制度，保障青年党校工作高效开展。

学员管理类：学员推选制度、学员管理制度、学员考核制度、优秀学员评选制度、学员谈心制度、档案管理制度、学员结业证书颁发制度、团员年度评议制度、优秀团干部评选制度。

教学管理类：讲师团讲师工作制度、团校授课管理制度、集体备课制度、监督评价制度、学员学分管理制度。

活动管理类：社会实践制度、志愿服务制度、学员家访制度、学员帮扶制度。

3. 加强师资建设

一是成立特聘专家讲师团和校内讲师团。

二是打造中学生团校四类课程。

◆课堂教学类：了解团的历史，培养"爱团"之情

根据不同培养梯度学生特点及培养目标，制订严密规范的教学计划，以集中培训为主，鼓励其以班级、小组为单位学习基础知识和开展教育活动，通过集中与分散等多种课堂教学形式、研讨与辩论等多样教学手段、校内与校外讲师交叉授课的方式，开展有针对性的内容丰富翔实的分层次教学。

◆生涯指导类：激发入团入党愿望，形成"信团信党"之念

通过开设生动丰富的生涯体验课程、组织深入广泛的现场实地体察促进学生主动思考，增强自我认识，加深社会了解，树立模范榜样，激发入党入团愿望，努力争做新时代合格共青团员。2019年学校开展了"感受京彩，为梦想起航"研学活动、"科技报国，追梦前行"寒假社会体验活动、"知来处名征程筑梦想"长春市城乡规划展览馆参观活动、"明确目标，志报家国"高考目标探索活动。同时在《学生生涯发展档案》中，设置"入党申请"栏目，注重学生的政治素养培养，不断坚定理想信念，引导学生把个人理想融入实现中华民族伟大复兴的中国梦。

◆志愿服务类：注重榜样示范引领，践行"护团护党"之行

学校把志愿服务作为入团教育的必备内容，清泉志愿者服务队组织青年团校学员常态化开展校内关爱互助、校外社会实践等志愿服务活动，每期团校全体学员以"接力"方式参加志愿服务队组织的"文明出行从我做起"志愿宣传活动、伪满皇宫博物院志愿讲解、"养鸽护鸽"爱心志愿活动、关爱老人志愿服务活动、"心连心书相承"为农民工子女捐书活动、"情暖冬日感恩有你"为环卫工人送温暖等志愿者服务活动。

◆校园文化类：注重宣传教育引领，促进"红色基因"之传

课堂是团校教学的主渠道，而校园文化课程能够更生动深刻地启迪学生的心智、陶冶学生的情操、培养学生的信念。

一是开展"我们的节日""纪念日"主题教育活动。充分利用法定节日、传统节日、各种纪念日（如清明国家公祭日活动、雷锋纪念日、纪念五四运动100周年系列活动、庆祝建党100周年系列活动、纪念一二九运动等）为线索组织团校学员开展演讲赛、征文赛、校园情景剧、经典诵读、一站到底知识竞赛、全民阅读讲书活动等多种形式，开展行之有效的主题教育活动。

二是开展党团队日主题教育活动。开展了"奋斗的青春最美丽""不忘初心牢记使命红心向党追梦前行"等主题党日活动。

三是开展德育主题教育活动。开展诚信教育、法制教育、礼文化教育和劳动实践教育。通过主题班团会、设置诚信考场、文明礼仪的志愿服务及礼文化的相关仪式，开展"明礼立志，杨帆起航"书法绘画大赛、《我与祖国共成长》成人节主题教育等活动，提升党校学员的文明素养，培养高贵、高雅、高尚的二实验学子。学校创新地将清雪劳动、劳动值周班、爱心义务养鸽全部纳入新课程体系，对学生采取学分制考核。

四是选树模范典型主题教育活动。选树青少年典型，积极发挥同伴教育作用，引导青少年发现日常工作学习生活中的真善美，发现身边可亲可敬可学的青年榜样。开展"青春心向党，建功新时代"系列争创"六星学生"活动，新时代好少年、最美孝心少年、美德少年评选活动，优秀团员、团干部评选活动，寻找身边的雷锋，争做二实验好人等活动进行价值观引导。

4. 加强阵地建设

一是发挥学科课堂主阵地建设。学科课堂是青年团校教学的主阵地，每一位学科教师都是"红色基因"教育的传承者和宣讲人，将红色基因教育渗透到学科教学中将最大程度扩大高中党校的教育范围。

二是设置专用教室作为学员活动场所。我校专门设置青年团校专用教室作为学员活动场所。布置党团文化，营造学习氛围，配置读书专柜，提供学习材料，切实实现交互性、实用性、知识性、指导性等功能特点，履行了传播知识、加强交流、探讨问题、服务群众的职责，达到了面向团员、贴近团员、服务团员的宗旨。

三是充分发挥"新时代传习所""书香吉林讲书堂"功能，以满足青年团校授课需求。2021 年开展先生讲堂 6 期、弟子讲堂 39 期、家长讲堂 2 期。

四是发挥网络阵地功能。利用校园广播、智慧团建、青年大学习网络课程，提高教学实效。

优良传统，薪火传承。

2009 年，南海的局势非常紧张，据说 500 多个岛屿只有 4 个在我们中国手中，举国上下忧心忡忡。因为我是学历史的，对这件事特别关注。

当时，我找到政治老师杨宏祥让他为全校师生做一个精彩的讲座，题目是《聚焦南海》。

我是这样设计的：

一是从地理的角度讲，让学生在空间上知道南海在哪儿，南海的战略位置有多么重要，为什么是兵家必争之地？

二是从历史的角度讲，南海诸岛自古以来是中国的领土，我们祖先早在三国两晋时期就已经开始建设开发南海诸岛。

三是从语文的角度讲，在诗人的笔下是怎样描述南海诸岛的美丽富饶的。

最后从政治的角度讲，南海面临四面楚歌，我们的祖先开发的南海诸岛能不能从我们这一代手中丢了？"天下兴亡，匹夫有责。"

全校师生群情激昂，本次讲座是融合课，是综合课，更是一节生动的思政课。这样的讲座其实是新课程改革的体现。它不仅让学生们学到了丰富的学科知识，而且涵养了他们的道德情操，激发了他们的爱国主义精神。

2009 年，党校学员 13 岁的小神童孙天瑞高考成绩 648 分。北大、清华都抢着与他"签约"，他的六个家长都主张让他上北大，却被他拒绝了。他选择了北京航空航天大学的飞行发动器专业，家长说他和我关系好，让我劝劝他。他和我说："要想保卫南海，必须掌握制空权，最关键的是要有高水平的发动器。请校长放心，收复南海的任务你就交给我吧！"这样的豪言壮语竟出自一个 13 岁的娃娃之口。当时我激动得热泪盈眶，我们劝他去北京大学，无非是为了满足家长和学校的虚荣之心，而孩子志存高远，让我肃然起敬。我的办学理念就是"以人为本，自主发展"，这样的学生才是我们培养的德智体美劳全面发展的社会主义建设者和接班人，作为校长就应该支持他。

与接到录取通知书的"小神童"孙天瑞分享成功的喜悦

孙天瑞在北航读本科期间，带领航模小组参加了国际航模大赛，北京的一个企业家资助 200 万人民币给他建了一个实验室。他越过硕士直接读博士，又在英国皇家理工大学取得博士后学位，他没有辜负祖国和人民的期望，学成回国，现在中科院就职。

党校学员张志鑫在十一月结冰的湖水里，勇救三名落水儿童，被长春市政府评为"见义勇为先进个人"。当时任市长崔杰把政府颁发的奖金递交到张志鑫手里时，这个家境并不富裕的孩子却说，我要把这笔奖金捐助给社会，帮助那些比我更需要它的人。

党校学员谢斯儒高中被评为吉林省优秀团干部，大学期间连续三年获得国家奖学金，当选为全国学联执行主席；被保送至清华大学社会科学学院攻读硕士研究生。

党校学员孙吉宇同学在校期间任舍务部部长，热心公益，服务同学。在中国传媒大学就读期间当选为北京大学生联合会副主席。

梁甜甜同学毕业后以极高的政治素养和工作能力被新华社录用，参与了2017年国家派两架专机奔赴加勒比海地区，接回被困的400多名中方人员的新闻报道——祖国接你回家、2019年中美贸易战等重大新闻报道。她的诗歌《我们并不是生活在和平的年代，只是有幸生活在和平的中国！》在全国反响极大。

党校学员、历任学生会主席、学生党员鞠玲卉、党吉等同学在大学期间得到了学校党组织的持续培养。目前，均以优异成绩在读硕士研究生。他们每个假期都会回到母校，与党校学员进行座谈交流，鼓励他们志存高远，励志学习。

党校学员黄梦琳以长春市理科第一名的成绩被北大医学院录取。她表示，毕业后，一定要坚持医者仁心，为人民服务。

2019年6月，我校荣获了省委教育工委颁发的"普通高中省级示范性青年党校"荣誉称号。这是一份光荣，更是一份沉甸甸的责任。

五、学校的三大特色发展注重与时俱进

办学特色是指学校在长期的办学过程中所表现出来的有别于其他学校的独特的办学风格、独到的办学理念以及在人才培养、教学研究、校园文化等方面的特色。

它的性质表现在：在一定范围内的独特性；具有正确的导向性；具有相对的稳定性；在同类学校或一定的范围内具有较强的示范性。

在形式上，它主要表现在办学目标、活动形式、组织形式、教育和教学方法、课程和活动内容、师资建设和以学生质量为核心的办学成果等各个方面，尤其表现在形成了较为完整和科学的办学思想、较为完善的内部制度及有效的运行机制。

我校的三大发展特色：

一是建成国内一流、国际知名的青少年心理健康教育中心；

二是建成国内一流的全国数字化校园示范校；

三是建成联合国教科文组织教育国际化基地校。

（一）建成国内一流、国际知名的青少年心理健康教育中心

从 1995 年开始，我校的心理健康教育历经二十多年的发展，在市政府和教育局的大力支持下，已成为长春市青少年心理健康教育中心。中心共有十二个心理专业功能室，聘请了东北师范大学和吉林大学等高校知名心理教授作为指导专家，深入开展了全方位的八大系列心理健康教育活动。

◆课程系列——开设系统的心理健康教育课程，组织心理主题班会，使学生在体验中感悟成长。多年的实践探索，我校形成了具有自身特色的心理健康教育校本教材《中学生心理健康教育课程导学读本》（初高中各一册）及《中学心理健康教育活动课程设计》（初高中各一册），分别由吉林大学出版社和长春出版社公开出版发行。

◆活动系列——组织学生团体心理训练、心理小组互助活动等，达成学生之间的互动成长。

◆辅导系列——进行学生个体心理辅导、小组心理辅导，帮助学生走出心理困惑，并促进学生自我心理调整。

◆渗透系列——在各学科中渗透心理健康教育理念和方法，达成全面育心。

◆教师系列——在教师中间开展教师讲座、团体辅导、专题研讨等活动。

◆家长系列——开办家长心理学校，开设系列家长心理培训，进行家长心理辅导等活动。

◆文化系列——建设"心之韵"心理长廊，出刊学生心理刊物《心语》，开展校园心理剧大赛、校园心理展报大赛等活动，打造和谐向上、积极健康的校园心理文化。

◆辐射系列——承担长春市"一二一"心理健康教育培训工程任务，全年向全市免费培训 10000 名教师、20000 名学生、10000 名家长。通过心理热线、会面咨询、网上辅导等方式，面向广大中小学师生及家长进行心理辅导。承担东北师范大学研究生心理实践基地工作，每年接待研究生心理实习 30 余人。

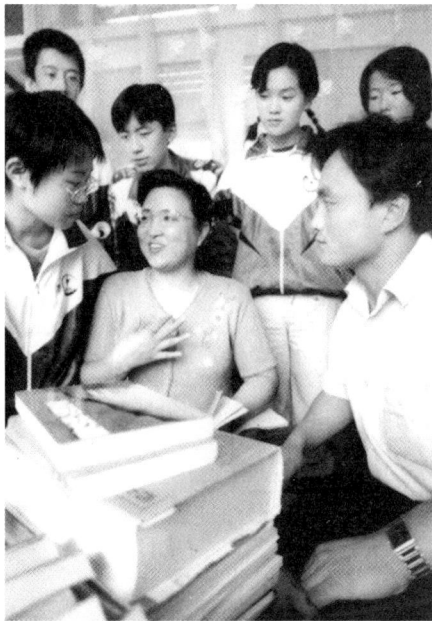

为学生做心理辅导

在"以人为本，自主发展"的办学理念引领下，学校秉承"为学生终身成长负责，为学生一生幸福奠基"的积极心理健康教育理念，以"培育积极心理品质，打造阳光心灵"为目标，全面开展了三大系列的"积极心理健康教育"活动。

一是面向学生开展"阳光心灵培育工程"，以积极心理健康课程、积极团体心理辅导、阳光心理社团、积极心理主题班会、个体心理辅导等为载体，培养学生积极心理品质，打造阳光心灵。

二是面向教师开展"心灵火种播撒工程"，为了使教师们都能成为阳光的教师，学校组织了心理健康调查、心理健康教育讲座、教师心理工作坊、教师心理专题论坛等一系列教师积极心理健康教育方面的活动，教师心理的阳光，像春风化雨让学生的心灵充满阳光。

三是面向家长开展"守卫心灵行动工程"，为了使每一名学生都能生活在健康的家庭环境中，使每个孩子都能健康成长。学校举办了家长心理学校微课堂、校园心理剧现场观摩等活动，同时为家长发放家庭教育材料，进行以家庭为单位、以孩子身心健康为指向的家庭心理辅导等。

2020年，学校是唯一一所参加长春市教育局黄宪昱局长直接领导的"护蕾行动"，参与国家级规划课题《青少年自我伤害的研究》的高中。作为课题的主要成果——建设"长春市青少年心灵港湾"，由四个团队组成：东北师范大学专家团队、东北师范大学研究生团队、长春二实验中学优秀教师团队、长春市各校心理教师团队。

一是面向长春市线上咨询。

二是面向全市培训心理教师和班主任。

三是面向全市开办家长心理学校。

四是面向全市对中学生进行培训和团队训练。

心理健康教育课题研究工作

级别	课题名称	阶段
国家级	《学生积极心理品质研究》	结题
国家级	《高中生心理问题疏导的实施途径研究》	研究中
长春市	《中学积极心理健康教育活动的实践探索》	结题
长春市	《中学家庭教育指导服务体系研究》	立项

我参加了长春市委书记王凯主持召开的《向基层党代表、人大代表、政协委员就"十四·五"规划纲要征求意见座谈会》，得到了高度重视，王书记指示发改委：把"加强中小学心理健康教育，办好长春市青少年心灵港湾"写入长春市"十四·五"发展规划。

由于我校心理健康教育工作成效显著，国家教育部两次在我校召开现场会，央视《焦点访谈》栏目对此做过专题报道。著名心理学家林崇德教授给予高度评价："二实验中学的心理健康教育在国内居领先水平，并能与国际接轨。"我校被教育部评为全国中小学心理健康教育特色学校。

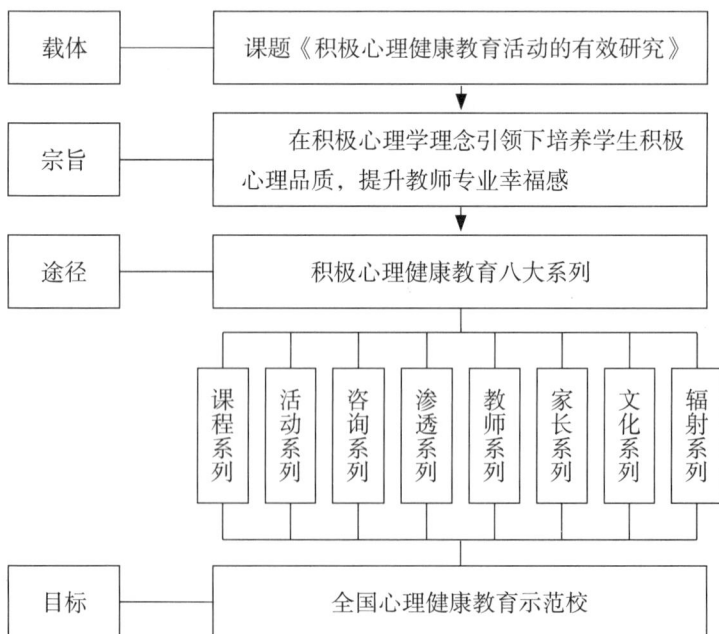

新华社记者赵云良在《吉林内参》曾发表一篇题为《长春二实验中学心理健康教育调查》的文章，他写道："长春二实验中学在长春市教育系统多年来以和谐著称，班子成员之间关系和谐，教师与领导之间、教师之间、教师与学生之间、学生之间，极少闹矛盾。这种健康，不只是教师和学生每个个体的，还应包括学校这个整体，整个学校因为心理健康教育而健康和谐，充满向上的活力"。

为教师做心理辅导

（二）建成国内一流的全国数字化校园示范校

2010-2020 年《国家中长期教育改革与发展纲要》提出以信息技术的现代化促进教育的现代化。2019 年中共中央、国务院印发了《中国教育现代化 2035》突出改革创新，充分运用新机制、新模式、新技术激发教育发展活力，确保教育现代化目标的实现。

国家教育部基础教育司设备处、市财政局、市教育局给予了大力的支持，现在学校的 80 个教室全部安装了交互式一体机。2013 年 12 月，市教育局在我校召开现场会，我校展示的共高中生使用的几何图形计算器供初中生使用的电子辞典，对培养学生高阶思维构建高效课堂效果十分明显，受到教育部领导和其他省市专家的高度评价。

尝试利用图形计算器帮助学生进行数据处理、运算，进行函数图像直观感知，比较函数变化规律，研究函数性质。让学生把更多的时间用于理解数学本质，更有效地培养学生的想象力和创造力。

我们尝试开发校本课程，让高中学生借助图形计算器学会用数学的眼光观察世界，学会用数学的思维思考世界，学会用数学的语言表达世界。

图形计算器被学生赞誉为"移动的数学实验室"。其最大的特点是方便，可以像手机一样携带。

我们高度重视在教学实践中的运用，让学生亲自动手操作、观察、分析、比较、发现、猜想，学组之间互相交流，真正实践数学教学与现代信息技术的有效融合。

卡西欧电子辞典完整收录了26本权威辞书和300本英文名著，内容丰富、完整。有《英汉大辞典》《柯林斯COBUTLD英汉双解辞典》《不列颠简明百科全书》，学生可通过多辞典查询、例句查询、模糊查询、单词跳查、追查查询等功能，方便、快捷、全面地查询单词在词典中的解释，也可以收入文件夹，随时使用。

该辞典是一种满足外语学习者需求的一种高科技电子产品。拥有10万英语单词真人发音功能，具有有声、词条广、释义全、例句实用性强、文化背景和知识丰富的特点。

它可以与教材紧密结合，广泛应用于听、说、读、写不同课型的课堂教学之中，进行立体式教学，是学生学习英语最得力的助手。

课后学生利用卡西欧子词典做摘抄整理，书写例句。学生通过使用Casio电子辞典，激发了自主学习的兴趣，开发了自主学习的潜能，培养了自主创新的思维。

目前，英语学科新课标将"学生能有效地使用辞典等工具书"作为对学生学习策略的培养目标之一。我们更加注重指导学生在日常生活中能有效使用卡西欧电子辞典，注重促进英语教学与现代信息技术的有效融合，培养学生的核心素养，践行"立德树人"的光荣使命。

2012年，我校被国家教育部评为千所数字化校园建设示范校。

2013年，我校被中央电教馆评为全国百所数字化校园项目建设基地校。

2015年，我校配置万兆主干、千兆网络到桌面、三网合一的管理系统，为学生配备电子书包，建成两个管理平台，即学校行政管理平台、教学资源整合平台。

2016年，我校建成三个互动平台：教师与学生互动平台、家庭与学校互动平台、教学联盟校互动平台。

2017年，学校把重点放在"三通""两平台"的建设上。实现了光纤百兆专线、千兆桌面、万兆主干，大力推进信息技术与教育教学融合发展。

1. 信息化教学平台建设

运用五项技术，实现七个系统的建设：希沃技术、UMU技术、猿题库、作业盒子、91淘课网等在教学中得到应用。学校进行八大信息模块建设，现已经建成教学资源平台、教学管理平台、智能题库、学生测评系统、综合素质评价系统、选课走班系统、学生生涯指导系统七个信息模块。

2.实验室功能提升建设

进行物理、化学、生物常规实验室改造。实现了常规实验、探究实验、创新实验全方位一体化的科研教学服务平台。

3.运用卡西欧电子词典、图形计算器开展教学研究，培养学生高阶思维

2018年，学校在第七十七届中国教育装备展（青岛）上汇报了学校信息化建设优秀成果。

（三）建成联合国教科文组织教育国际化基地校

我们按素质教育的要求，在全球化的视野下运用现代管理手段，借鉴国际经验，培养出真正具有国际视野、民族灵魂、通晓国际规则、能够参与国际竞争和国际事务的高素质人才，打造学校的国际化特色。

我校已与美国、德国、法国、韩国、日本、新加坡等八个国家10所学校建立了姊妹学校关系；已多次承接韩国中学生语言培训，"汉语桥"比利时中学生夏令营活动；接美国圣克劳德州立大学孔子学院组织的中学生冬令营。

学校与香港仁爱堂田家炳中学签订姊妹校协议

1.调整课程内容，密切初高中衔接

我校大力发展英语特色，在初一开设英语拓展课；初二完成初中全部英语课；初三学完高一英语课；高二学完全部高中英语课，毕业时有10%的学生达到国家英语四级，出国留学占学生总数的3%。

2.改革教学方法，构建"5P"课堂模式

因英文释义首字母都为"P"，故为"5P"教学模式。

核心目标	"5P"教学模式	教学环节	学习方式
学生 自主 学习	Preparation	准备、热身	预习
	Presentation	呈现、感知	展示
	Practice	操练、体验	交流
	Production	运用、生成	拓展
	Progress	巩固、提高	检测

3. 开设校本选修课程，培养英语学科素养

英语校本选修课程一览表

序号	校本课程内容	活动方式
1	英语会话课程	确定一个主题：每周一个话题讨论
2	英语拓展课程	引进高科技媒体：应用卡西欧电子辞典
3	英语活动课程	课本剧、Party、英美文化、英语歌曲
4	英语环境课程	英语标语、英语长廊、英语日常用语

2014 年联合国教科文组织俱乐部成员。

2015 年国际夏令营基地校、托福（TOEFLJUNIOR）考试基地。

2015 年 6 月，我参加了世界联合国教科文组织第九次代表大会。

2016 年 9 月 19 至 22 日，我和闫玉波助理参加在甘肃敦煌举行的首届丝绸之路国际文化博览会——非物质文化遗产国际青少年展演活动。此次展演共展出我校师生书画作品 110 幅，受到了参会领导的高度赞誉。作品赠送世界联合国教科文陶希平主席、北京宋丽君主席。

2017 年与美国大学联盟 ACL 中国中心签署合作交流协议。

2017 年与法国科技大学联盟签署合作交流协议。

2018 年联合国教科文组织教育国际化基地校挂牌。

主体性教育呼唤高素质的教师队伍

一、青年时期的向往：我的名师梦

德国著名诗人歌德说："你若要喜爱你自己的价值，你就得给世界创造价值。"世界伟大科学家爱因斯坦说："一个人对社会的价值首先取决于他的感情、思想和行动对增进人类利益有多大作用。"

关于人生的价值，我亦有自己的理解。我认为：如果是为了一个神圣的事业，就应该像一条流淌的河，一味地向前奔波，永不回头；如果是为了一个神圣的事业，就应该用自己诚实的劳动和智慧，塑造适合这项事业的美好形象。

（一）当老师就一定要出类拔萃

1. 起步就教毕业班

1978 年 8 月，我从东北师范大学历史系毕业后，被分配到了长春市实验中学。当时，我们同去报到的有 7 名同学，经过试讲，学校只留下了 4 人。学校不仅留下我，还让我承担了高中毕业班的历史课教学。宋正友校长语重心长地对我说："希望你能努力工作，成为一名出类拔萃的老师。"这句话几十年来一直铭记在我的心里。因为刚刚恢复高考制度，教师手里只有考纲而没有教材。作为一名新教师，我的压力特别大，每天都在思考如何上课，给学生们讲什么？哪些是高考的重点？我自己每天都要按考纲编写讲义，再用钢板把讲义刻到蜡纸上，用油滚印出来，第二天发给学生。这样每天都需要工作到深夜。我妹妹是中学数学老师，她备课比我轻松多了。经常是准备好一周的教案后，就开始织毛衣。学生们看我很辛劳，都主动帮我印材料。我每天和他们在一起学习、研究问题，他们都非常喜欢我这个新教师，把我当成朋友，当成大姐姐。功夫不负有心人，79 年高考，我所教的文科班历史平均分 79.5 分，居吉林省重点中学第三名。成绩是最好的"兴奋剂"，一切的劳累和痛苦都化为乌有，取而代之的是无限的欣慰满足和对教学追求的不竭动力。

2. 教改就当领头羊

1979 年暑期开学后，学校决定让我担任历史教研组组长工作。当时的历史组都是工作经验丰富的老教师，可想而知，我的压力有多大。为了教好历史课，我除了钻研教材、大纲，阅读大量的参考资料外，还潜心研究中学历史界老前辈赵恒烈、宋毓真、陈毓秀、关昭容等老师的教学方法，探索教学规律。在博采众家之长的基础上，带领全组教师勇于探索。在教学实践中我大胆创新，先后进行了"图示法""二级自学辅导法""幻灯辅助历史教学"等教学改革实验，在实验的过程中逐渐形成了自己的教学风格，那就是"采取诸法并用，提高历史课教学质量"。具体做法如下：

以启发式的提问，活跃学生的思维；

以生动的讲述，激发学生的兴趣；

以电教辅助教学，加深学生的理解；

以图示化的板书，深化学生的记忆；

以小组式的讨论，培养学生的能力；

以教材中的内容，塑造学生的品德。

1990 年，经吉林省中学历史教学研究会验收，《采取诸法并用，提高历史课教学质量》被定为优秀改革实验项目。辛勤劳动之花，必然结出丰硕之果。用这种方法，我曾经十几次承担大型公开教学任务，均取得了专家和同行们的一致好评，多次参加"新秀课""最佳课"的评选，均获一等奖。

进入八十年代，我逐渐摸索到了教学门径，不断取得令人瞩目的成绩。

1982 年《中国共产党的成立》一课，被评为市优秀课。

1983 年《中日战争》一课，被评为优秀课，市教育局中教科刘化文科长带队听课，我本人被评为长春市优秀青年教师。

1985 年《北伐战争和上海工人第三次武装起义》被评为市优秀课一等奖。

1986 年《郑成功收复台湾和抗击沙俄侵略黑龙江流域的斗争》一课，在少儿实验班上课，采用幻灯辅助教学，受到参会的全国四省七市专家高度的评价。当时东北师大历史系对这节课进行了全程录像，把它作为历史系学生教法课的示范课。

1987 年《五四爱国运动——中国新民主主义革命的开始》一课，获省评优课一等奖。

1987 年《17 至 18 世纪的俄国》一课，获市评优课一等奖。

1987 年《人民解放军转入反攻》一课，作为代表长春地区教学新秀观摩课，受到与会专家同行的一致好评。

1987 年《古代日本》一课，接受沈阳、哈尔滨、北京丰台、上海等地学校领导的观摩，受到一致好评。

1989 年《全国抗战的开始》一课，市教研室马世一主任和全地区历史教师听课，受到一致好评。

1990 年《五四运动》一课，省教育学院中学教研部杨蔚彬老师带队听课，对"采取诸法并用，提高历史课教学质量"的改革项目做了充分的肯定和高度的评价，并决定在全省历史课教学中推广。

1991 年，我为中央教育电视台录制了《丰富多彩的历史课》专辑，其中包括《郑成功收复台湾和抗击沙俄对黑龙江流域的侵略》《中日甲午战争》《美国独立战争》《巴黎公社》《五四运动——中国新民主主义革命的开始》等课。中央教育电视台在全国范围进行了定期播放。

几分耕耘，几分收获，很多学生都非常喜欢我，因为我把一批批莘莘学子送去了理想的大学。

1980 年，我所带的文科毕业班全班有 45 名学生，除一人落榜，其余 44 名同学全部升入大学，其中 12 名运动员也全部升入大学。班长冯芳同学高考总分居全省文科第二名，被北京大学录取后直接保送到日本横滨国立大学。为此，宋正友校长在《长春日报》上发表一篇《让青年教师脱颖而出》文章表扬了我的事迹。

1982 年，我一个人承担三个文科毕业班的历史课，每周课时达到 24 节课。为了让学生考出好成绩，我即使患重感冒发高烧也没耽误一节课。校领导怕我累坏身体，给我买来营养品。多一分耕耘，多一分收获，学生高考平均 69.5 分，名列长春地区之首，有四名学生考入北京大学。

1984 年，我的历史科代表郝大伟同学高考历史成绩 94 分，名列全省第三名，考入了北京大学。

1988 年，我辅导学生马田骏、迟冬梅参加吉林省"知吉林、爱家乡"知识竞赛，荣获团体总分第一名，荣获的奖状和奖杯一直陈列在校史展览室。后迟冬梅同学又被选拔到北京参加"知我中华、爱我中华"全国知识竞赛并取得第三名的好成绩。这一年，真是一个丰收之年，我所教的文科班历史高考平均分又居地区第一名。

1991 年，是长春市高考升学率普遍下降的一年，但我所教的文科班的升学率超过了长春地区文科升学率的总和而居第一名。在长春地区召开的"高中毕业班历史高考研讨会"上我做了《历史高考与总复习》的经验介绍，受到了历史界同行们的一致好评。

为了使自己的业务水平出类拔萃，我始终坚持以科学的理论指导教学。多年来，我系统学习了教育学、心理学理论，学习了著名教育家凯洛夫、赞可夫、夸美纽斯、巴班斯基和苏霍姆林斯基的教育理论，为教学改革打下了坚实的教育理论基础。

在我担任历史教研组长期间，我带领全组锐意进取，大胆改革。1986—1990年进行了"采取诸法并用，提高历史课教学质量"的教法改革实验，受到市中学历史教学研究会的充分肯定，并在长春地区推广。

1992—1995年，我参加了吉林省"八五"规划重点课题"中学历史课堂教学最优化"实验课题的研究。该课题经过三年认真实验，被省专家组验收定为优秀实验项目，我撰写的《历史课堂教学最优化实验报告》被评为优秀论文，并在《吉林教育》1994年第6期上发表。

1994年，我又参加了国家级实验课题"中学生心理健康教育"的实验研究。1995年，我参加了在佳木斯一中举办的"东北三省十校教育科研协作体第十届年会"，并在会上做了发言。

由于我在教学教研方面的成绩显著，担任了吉林省中学历史教学研究会副秘书长、长春市中学历史教学研究会副会长、吉林省教育学院高中教研部历史科中心组成员、长春市教委教研室历史科中心组成员，被公认为吉林省、长春市的中学历史学科带头人。我多次编写省、市调研题、统考题、中考试题、会考试题、高考的模拟试题，配合教材编写练习册。

我还被吉林省教育学院聘为中学历史新教材培训主讲教师，多次在省、市教材培训会和集体备课时做中心发言。1992年，我在新教材培训会上给各地区的历史教研员上课，讲解生动、条理清晰、重点突出。我还受市教育局教研室的委托，担任过高中历史课集体备课的主讲教师。多次在寒暑假全地区历史教师集中备课时做专题发言。1994年，我参加了吉林省高中会考考纲的编写工作；1995年，参加了历史会考考纲的修订工作；1989年，被聘请为吉林省中学高级职称评审委员会评委，同时被聘请为长春市中学高级职称评审委员会评委；1995年，被省教育学院聘为历史学科专家组成员，参加验收各地区的实验项目；1988年4月，东北师范大学历史系请我给毕业学生做题为《人民教师，光荣的职业》的报告，报告受到学生的欢迎，会后同学们都请我签名留念。

在教学改革的实践中，我不断总结经验，辛勤笔耕，不仅撰写论文，而且参加历史教科书辅导练习册的编写工作。1991年，我利用业余时间编写的《中学生历史学习大全》20万字，由南海出版公司出版。之后，我又陆续参与编写了《中学生十万个为什么》《高中历史复习指导》《青年学习丛书》《双休日家长辅导手册》《中华成语辞海》及各种辅导练习册 20 多本。

（二）干工作就一定要样样出色

我是一名共产党员，从入党的那天起，我就立下一个誓言："党让干啥就干啥，而且一定要样样出色。"我是这样想的，也是这样做的。

1. 既为经师，更为人师

1979 年 8 月，学校让我担任高中文科毕业班的班主任工作。全班 56 名学生都是从其他理科班刚刚分过来的。在我接班的第二天，学校召开秋季田径运动会，我必须组织这个新集体参加比赛。事不凑巧，那天我爱人因患病毒性痢疾发高烧被送到了省医院，他们单位派人来接我，我真是左右为难。我想，这个刚组建的新集体，同学之间互相还不熟悉，如果没人组织，后果一定不堪设想。经过思想斗争，我不但没有离开，还认真地组织学生参加大会的活动和各项比赛。经过一天的努力，我们班荣获学年团体总分第一名和精神文明纪律奖。运动会结束时天已经黑了，我急急忙忙赶到医院，看着爱人那痛苦的表情以及爱人单位同志责备的眼光，我难过极了，眼泪止不住地往下流。

既为经师，更为人师。要求学生做到的，我自己必须首先做到。在市实验中学，我的家离学校最远，孩子又小，但我每天都能在 6 点 30 分以前到校。

古人云："师者，传道授业解惑也。"我想，教师的责任不仅仅是教书，更重要的是育人。一位优秀的教师，更应该是一名优秀的德育工作者。1986—1996 这 10 年间，我先后担任了校团委书记和政教主任工作，并亲手创建了长春市实验中学的少年团校和高中生青年业余党校。我自己动手编写讲义，组织党校学员学习马列主义理论，利用寒暑假组织学员到部队、工厂、农村去参加社会实践，开展学雷锋活动，培养了一大批优秀的青年骨干。经我推荐有十三名学生在校期间光荣地加入了党组织，400 多名高中生成为党的积极分子。残疾学生王晓虹在青年党校学员的帮助下，每天坐着轮椅来上学，并以惊人的毅力考上了长春大学，现在已成为著名的画家。学生会主席冯秋实同学对毛泽东的军事思想研究很深，现已成为著名的学者。李晓杰同学在党校的培养下迅速成长，大学毕业后工作非常出色，29 岁通过公开选拔担任了共青团吉林省委副书记，后任吉林省教育厅厅长、松原市委书记。长春市教委把市实验中学创办青年业余党校的经验作为十一届三中全会以来的重要改革成果上报中央，受到了中央组织部和团中央的充分肯定。1994 年 5 月，中共长春市委组织部、宣传部在市实验中学召开现场会，我在大会上介绍了创办青年业余党校的经验。会上还播放了我编导的录像片《长春市实验中学青年业余党校在前进》，受到了长春市委组织部杜立哲部长、长春市委宣传部祖国箴部长以及与会者的交口称赞。后来，长春电视台、长春日报、中国青年报都对此从不同的角度做了报道。1996 年我又参加了《高中生党课讲义》一书的编写工作，由长春出版社出版。1999 年经修改再一次发行。由于我的不懈努力，学校团委、政教处、党总支的工作多次受到上级的表彰和奖励。

2. 忠于职守，争当名师

学生和学校是我的最爱。我几次放弃了到市教委机关工作和大学工作的机会，多次拒绝高薪的邀请，不到校外兼课，我把自己的全部心血和聪明才智无私地奉献给了党的教育事业。参加工作以来，我从未缺席过一节课。1993 年 11 月，刚刚进入北国的冬季，我的妹妹心脏病突然发作病逝了，她也是一位中学数学教师。得到这个消息时，我正在学校里等待为学生上课。内心的悲痛只有自己知道，我把泪水咽到肚子里，坚持为学生上完课。在我妹妹出殡那一天，我多想护送妹妹最后一程，可我心里明白，学生离不开我。于是，我极力控制自己的悲痛，按正常上班时间赶到了学校。有一次，我连续三天高烧 39 度，没有舍得花费时间去医院打点滴，硬是支撑着身体坚持为学生上课。还有一次，晚自习停电，我从楼梯上摔了下来，脚腕严重扭伤，不能正常走路了，一位学生心疼地对我说："李老师，你已经为我们吃尽了辛苦，受了伤就在家里休息几天吧，我们会好好学习的。"有了学生这句话，我就已经很满足了，天大的困难我都能克服。第二天，我又拄着拐杖上班了。

工作以来，我多次资助有困难的学生，为他们慷慨解囊，还把父母离异、无人照顾的学生接到家里，像自己的孩子一样照顾。作为高中党支部书记，我带领高中党支部的全体党员义务为学生辅导，轮流到医院护理生病住院的聂增淳老师，到离退休老教师家中去慰问，多次为灾区捐款捐物。1996 年上半年，我为身患重病的卢志诚、贾大文老师捐款近 2000 元。作为一名人民教师，我只是做了一些应该做的工作，可是党和人民却给了我很高的荣誉。

1987 年，我被破格晋升为中学高级教师。

1989 年，我被国家教育部人事部和中华全国总工会评为全国优秀教师，荣获证书和奖章。

1990 年，我被长春市政府命名为"七五"计划建设青年功臣。

1993 年，我被评为长春市三八红旗手。

1994 年，我被评为吉林省三八红旗手。

1997 年，我被吉林省政府评为特级教师，同年又被国务院评为享受国务院特殊津贴的专家。

1994 年，吉林广播电台《边海劲风》节目播送了我的事迹。1995 年，《时代姐妹》杂志为联合国第四次世界妇女代表大会编写的特刊中以题为"不尽的追求"再次报道了我的事迹。我的事迹先后被编入《中国著名女教师》《吉林省城乡大典》和《中国专家大典》之中。

二、身为校长的追求：我的强师梦

看一所学校是否有可持续发展的能力，是否能在改革的大潮中勇立潮头，校舍硬件固然重要，更关键的是要有一支德业双馨的高素质教师队伍，只有优秀的教师才能培养出优秀的学生。我认为，作为一校之长，如果不能把教师队伍建设放在第一位，再好的学校也会随着时间的慢慢消逝而退出历史舞台。只有与时俱进，以发展的眼光看待教师的成长，给教师的发展创造机会，支持教师进步，才能推动学生的不断发展。

随着二实验十几年来办学规模不断扩大，扩大教师队伍刻不容缓。入口渠道理想的是东北师范大学，在二实验还是二类校的 2000 年前后，选择范围多为省会长春之外的师范院校。对这些师范院校的学生说来，进了二实验等同进了省会城市长春。当二实验被列为一类名校后，它则成了师范院校一些毕业生理想的就业之地。

其实，引进人才的办法并不简单。为了保证师资的质量，必须把好选人的入口关。在二实验还是二类学校时，名牌师范院校毕业生的就业目光曾经不屑投向这儿。为此，我不得不到长春域外其他师范院校去"掐尖儿"。

我和班子集体研究制定了两条选拔人才的基本原则：一是在校期间学业成绩必须优秀，在班级排前三名；二是政治思想品德要好，必须是中共党员或学生干部。选人不像选商品，用几年之后可以更换，如果选人标准把握不好就会误人子弟。同时，把握好选人的程序也非常关键：一是发布招聘公告，说明用人的条件和待遇；二是学科组长组织资深教师听试讲，根据集体意见写出评课报告；三是领导班子和专家委员会成员组织面试；四是签订录用合同。

近几年，我们又增加了一项心理测试表，因为教师心理是否健康将对学生的终身发展产生深刻的影响。

在层层把关与严格筛选下，一批批德才兼备的人才被引进二实验。

现今已是学年部主任的张贤春，2003 年毕业于四平师范学院，在校期间入党，当过班长、校学生会副主席，学习拔尖，符合二实验选人的两条硬杠杠。

当时的面试地点在学校多功能厅，坐了半屋子人。我发现张贤春嗓子有点哑，就问他你的咽喉是不是发炎了？张贤春回答，这几天有点感冒。我说，你等会再讲，然后让人给他拿去一瓶矿泉水。后来，张贤春说起了自己面试时的心情："觉得心里一热，突出印象是，这个女校长没有半点校长架子，于是情绪陡然高涨，思绪如同泉涌，试讲很是成功。那天令我感动的，不光是开头那一瓶矿泉水的温暖，还有当天就聘请我了，语文组七八个人试讲，就留下了我一个。我是农村孩子，一没背景，没人事先打招呼铺路；二没送一分钱给校长。这令我、令我爸妈都很意外：一个农村孩子一步迈入省会大城市长春，办这么大的事哪能不送礼？士为知己者死，这么多年，就为李校长这份情义，我一直怀着感恩的心在工作。后来我当了年级部主任，也多次参与选调老师的工作，慢慢了解到，李校长不光对我这样，对其他人也这样。任人唯贤唯才，在我们二实验已形成了好传统、好风气。"

现如今的二实验校长助理马进，也是四平师范学院毕业生，同张贤春一样，凭着自己的优秀，被二实验招聘入校。

还有学校心理健康教育中心主任康成，毕业于东北师范大学心理教育专业。当年所以选择心理教育专业，是因为家庭实在困难。开始，康成也想读一个"亮堂"一点的专业，比如财经、历史等，但心理教育专业学费一年才100元而其他专业一年学费要1500元至2000元，这对康成家里是一笔大钱。康成当时边上学边做家教，勉强维持吃饭，人长得又瘦又小。试讲那天他站在讲台上像个大孩子，一些听讲的领导与老师就有些犹豫。我想选人才就应唯才是举，生活的艰苦影响了他的发育，但课讲得好就留下吧。

类似张贤春、马进、康成的情况，在二实验不胜枚举，这些当年毫无社会背景与人脉关系的穷家子弟，仅仅凭着自己的优秀，被一批又一批招进二实验中学。如今都成了学校的骨干与中坚。如果没有我们制定的原则，那两个"硬杠杠"与"集体面试"做制度保证，是不可想象的。

实际上，我自觉把校长的行政决策权交给了集体，并在阳光下透明运行。

二实验用人选人原则没有半点奥秘，是尽人皆知和简单易行的，许多单位或许也在这样做。这样做一次、两次，一年、两年是容易的，而像二实验那样始终如一，至今已坚持近二十年，上百人次，却是不容易，不简单的。

资本的巨大能量具有双重作用，既对经济社会有强大推动作用，又对人的思想与道德有无孔不入的侵蚀功能。这在社会资源分配，当下尤其在社会岗位分配占有方面，有突出表现。

2005年，学校要招一个具有篮球特长的体育老师。一时间，通过各种关系，很多人一齐找上来，有的干脆提钱上来。被逼无奈之下，我借了一个铁路文化馆的体育场馆，让想要来学校任职的毕业生现场展示，并让学校体育老师与其比赛。现场选才的结果是东北师范大学的毕业生邱志野被留了下来。当场宣布邱志野被录用后，用黑兜子提着钱来的介绍人只能悄悄走人。邱老师身高 1.95 米，在校学习期间加入了中国共产党，品学兼优，家里没有背景。到校以后，表现更是出类拔萃。

人这一辈子享用的物质是有限的，其实校长们多数有高级职称，国家给的待遇够用，捞那么多钱是自己把花的机会弄没了。更重要的是，靠给钱多少来选老师，肯定选不着优秀的老师，只能误人子弟。

矫颖原为长春第十七中学校医，在给孩子们看身体毛病时，发现一些孩子有心理障碍并造成了一些身体上的病，例如由心理问题造成的胃疼。为了提高自己的"治病"本领，矫颖参加了市教育学院开设的心理健康教育课。课程安排在寒暑假期里开设，矫颖连续六个寒暑假都耗在教育学院，最终成为全省第一批劳动人事部门认可的心理咨询师。

我了解矫颖在心理健康教育方面的才能，是通过两件事：一是听了矫颖为全市老师做如何讲好心理教育的课；二是第十七中学由矫颖领衔编导的心理剧《你也能当擎天柱》，与二实验的《包袱》同时获得长春市第一届"阳光杯"优秀校园心理剧一等奖。

当矫颖接到教育局商调函时，先是一愣，接着问了一句，调自己到二实验是局里意见，还是二实验的意见。当得知是二实验校长相中了自己后，她大为感动：自己是在不知情的情况下，由二类校被调入一类校了。如此重才惜才的领导，竟然让自己遇上了，何其幸运！矫颖是怀着"士为知己者死"的感恩心情到二实验任职的，现在仍然是怀着这样的心情在工作。

矫颖说，当时之所以义无反顾来到并不了解的二实验，是因为李校长让自己看到了用人不凭关系，不看背景，只看能力的作风。看到了李校长唯才是举，一心要把学校搞上去的情怀。在她手下工作，一定会有更大的进步空间和机遇。

2010 年，第十七中普通教师矫颖调入二实验中学；2011 年 2 月，被任命为二实验的中层领导——心理健康教育中心副主任；2012 年又兼任学校政教处副主任，重点负责心理教育与德育教育的整合工作。

矫颖是一位十分敬业且具有专长的心理健康教育老师，但从学历上看，全日制教育只是中专毕业学历，大专与大本教育都是在后来工作间隙读下来的。在一个全日制本科垫底、研究生学历普遍的知识分子堆里，矫颖能得到重用，说明我们用人既看重学历，更看重能力。

在二实验几百名教职员工中，中层干部也就二十几个，毫无疑问，矫颖老师是优秀的，但以此学历，在调入一年内即被提拔，毕竟是有些"特殊"。二实验用人从不论资排辈。当时学校心理健康教育中心需要有能力的人将其做好，矫颖正是合适的人选。因此，用她也正合适。从二实验来看，我们上下都没觉得特殊。实践证明我们做对了，矫颖在心理健康教育方面取得了很出色的成绩。

赵秀娟，2005 年从四平实验中学调入长春二实验中学。2003 年，四平市高考的一、二、三名全出自赵秀娟当班主任那个班。我是在报纸、电台的宣传中，得知四平市这位出类拔萃的优秀教师的。那一年，正是二实验中学搬入新校区不久，大批招聘老师之际，赵秀娟看到了这个消息后，内心也不禁一动。不久，在学校接待室，我和赵秀娟老师见面了。

我希望赵秀娟能即刻到二实验带高三一个毕业班，并表示给其落实正式教师编制——在当时是很困难的一件事。对赵秀娟说来，这是一件天大的好事，既进省会城市又有正式编制。不料，赵秀娟提出的要求是第二年再来，理由是女儿正处于小学 6 年级关键节点，到长春后怕找不到好学校，耽误孩子一辈子。此外，马上来住房有困难，得容一段时间去解决。为了留住人才，我立即表示，这两个问题由学校帮助解决。

赵秀娟听了后，放声大哭起来。我说，既然是二实验的职工，为你解决困难是应该的。

赵秀娟哽咽说出了另外的缘由：我想把那些高三的孩子送毕业了再来。他们听说我要来长春，都哭得很厉害，让我别走。我也舍不得他们啊！

听了这句话，我的鼻子一阵发酸，想起了自己从市实验调往二实验时，与高中二年五班告别时的情景，感动之际更加认可了赵秀娟——丰富的教学经验是一个优秀老师的看家本领，但比经验更可贵更重要的是对孩子的深沉挚爱之心。爱是一切行为的动力，包括不断提高看家本领的自觉与努力。

赵秀娟来到二实验，至今已担任高中班主任十余年，工作颇有建树。身为数学老师，她常在文科班执教，剑走偏锋，"文数开花"。她一方面帮助学生建立数学思维，学生做题"三部曲"：为什么？怎么做？用什么做？从不搞死记硬背；另一方面，鉴于文科学生抽象思维差的情况，教学中常把抽象思维形象化。例如，在立体几何教学中，引导学生自己动手做模型。2009 年，她的学生徐馨萌考入中国人民大学；2012 年，她的学生吴姝晗成为市属高中文科状元，圆了大学梦。

赵秀娟现今是二实验的数学高级教师、长春市第八届"巾帼明星"、长春市骨干教师。来到学校这些年，在李校长的熏陶下，不仅我自身有了长足进步，教学理念也在李校长的影响要求下有了提高。

现今二实验信息中心主任成威，也是同张贤春、马进同校毕业，一块儿来校的。2012 年成威的母亲患了癌症，人有病想法就多：一方面怕耽误儿子上班，在领导那里造成不好影响；另一方面没有儿子陪在身边，在医院又待不住。当时，信息中心离开成威，有些正在进行的工程就得停下来。就在成威左右为难之际，我赶到了医院，对成威妈妈说，您安心住院吧，就让成威陪护，等您治好了病，再让成威上班。离开了病房，我又单独交代成威，尽管学校这一段非常需要你，但你只有一个妈妈，当儿子的有责任陪老人家最后一程。

成威妈妈走的那天晚上，我与其他校领导赶到他家，第二天又安排其他校领导与同事去送行。他的父亲特别感动，说孩子遇到了好领导。成威经常提起：我妈虽然走得早，但她老人家与我都没有遗憾，最后几个月我们母子守在了一起，这都是李校长安排的啊！就为了这份情义，我拼死累活也要把工作做好。

二实验 2012 年被评为全国千所数字化校园建设示范校，2013 年又被评为全国百所数字化校园项目建设基地校。信息中心在数字化校园建设上有举足轻重的作用。成威 2003 年来校，2006 年还算新教师的他就被允许竞聘信息中心负责人，享受了教研组长待遇，岗位津贴每月 500 元，在当时算一笔不小的收入。他深切地感到，在二实验跟领导没有个人关系，成绩也不会被埋没。二实验以业绩论英雄，不搞论资排辈，在这里工作，让人有奔头，有前途，有成就感。

音乐老师胡海燕调入二实验的背后隐藏了一个"三台电脑"的故事。

毕业于哈尔滨大学音乐教育专业的胡海燕，2002 年供职于长春市第 19 中学，音乐天赋加上个人勤奋，她集多项声乐技能于一身，是中国音乐学院民族唱法最高级别九级与中央音乐学院美声唱法最高级别八级双证获得者。在吉林省音乐教师基本功大赛中，于 300 多人中脱颖而出，获声乐单项一等奖与全能"十佳"教师两项大奖，并为全国青年歌手大奖赛金奖得主，在第 19 中学深受老师与同学们的喜爱。

我特别希望二实验的孩子们受到最好的声乐教育熏陶。而胡海燕早已耳闻二实验有个好校长，调入二实验也是胡海燕的愿望。胡海燕是黑龙江省五常人，到了 19 中后，学校从上到下对她很是关爱照顾，在食宿与工作学习等方面给予很多支持。虽说人都盼望往高处走，但胡海燕是个知恩图报的人，一时不好意思向学校开口。

我挖了人家的骨干，就主动问 19 中需要什么帮助和补偿。19 中校长说，希望二实验支援 3 台电脑。我当即让人买了 3 台新电脑送了过去。

虽然在 15 年前，3 台电脑是一笔不小的开销，但是我觉得人才最宝贵，用金钱是无法衡量的，当时他们就是要 10 台电脑，我也会给的。

胡海燕到二实验后，发挥了很好的作用。她组织的初中腰鼓队多达一千余人，每当举行大型集体活动时，强劲优美的表演都会震撼全场，使二实验文化娱乐活动提升了一个层次。在长春市举办的新中国成立 60 周年各界庆祝大会上，二实验中学应邀表演的百人大合唱荣获特等奖，给观众留下了深刻印象。在二实验更大的发展平台上，胡海燕本人也有了长足进步，被评为省、市教学名师。不久前，又被二实验中学任命为校体育艺术中心副主任，成为学校较年轻的中层干部。

我一贯的用人原则是，有功绩必奖赏，有能力必重用。

对力求上进的老师，我总是想方设法多给他们创造学习提高的机会。2018 年，国家在湖南长沙开办了一个奥数研究培训班，全国共 120 个名额。我想方设法争取了两个名额，安排王天雷与张洪铭两名年轻数学老师参加。走前还特意对两人说，你们平时工作太辛苦了，培训完了别急着回来，在那儿玩一玩再回来。王天雷与张洪铭在培训结束当晚就乘航班赶了回来。回来后他们说："学校花钱为我们提高个人能力，我们要为学校考虑才对；再说课程是别的老师给代的，我们应该早点回来上课。"

我校语文老师丛丹丹是辽宁昌图人，1999 年毕业于长春师范学院。在她很小的时候继父就到了家，待她如同己出。母亲在自己还未毕业时得了重病，继父辛苦侍奉 5 年，送走了母亲又得了病，家里一贫如洗。丛丹丹毕业后急需一份工作，挣钱给继父治病。自己没有什么背景，找了好几家都没成功。

那年春季招聘会上，她在自己的简介后边附了一封信，介绍了家里的窘境。我看了信后批准她到学校试讲。别人试讲都是一次，还有的当时签约，而她却试讲了两次。实际上我是想给她第二次机会，我觉得贫苦孩子出身知道努力，知道疼爱学生。她第一次试讲不算太理想，但她急于找工作挣钱给继父治病，怎么也得再给一次机会。选老师也不能光看才能，还要看品德。像丛丹丹那样有良心、有孝心的老师，教出的学生也会有良心和孝心。

投之以李，报之以桃。丛丹丹虽然并不是班主任，只是一名语文课任老师，却以极大的细心、耐心走进了孩子们的内心，孩子们将不能跟班主任与父母讲的心里话都告诉了她。她成功地帮助孩子们扫除了心里的阴霾。试想，如果丛丹丹不是贫苦出身且经历坎坷，与孩子有着类似的经历，她会有如此的爱心与耐心吗？

丛丹丹 2010 年在省第七届高中教学新秀评选中获语文课堂教学一等奖，2011 年成为了长春市骨干教师。

在学校 200 多名任课教师中，有 88 名来自四平师范学院，现在有 7 人已成为吉林省级骨干、35 人成为长春市级骨干教师。当年稚嫩，甚至哭过鼻子的毕业新生马进、胡明浩、张贤春、成威等人，如今成长为学校的校长助理、教务主任、教研室主任、学年部主任等中层干部，张德辉现在已经成了主管教学的副校长。

三、爱心与责任是教师必备的素养

没有责任的教育是不成功的教育，没有爱心的教育是没有灵魂的教育。

对于教师队伍建设，我有自己的想法。学校有将近 300 名教师，其中共产党员 145 人，还有若干民主党派成员，其余是普通群众。我是共产党员，我不可能让全体员工都信仰共产主义，但我们从事的教育事业是神圣的，必须有一个共同遵守的职业操守：以主人之心爱学校、以父母之心爱学生、以手足之情爱同事、以祖国之需育英才。

许慎在《说文解字》中对教育的解读，对我有深刻的影响。上行下效，"其身正不令而行"。我深知，抓好学生的品德教育，首先必须抓好施教者的品德。

教师是学校改革发展最宝贵的人力资源。师德建设一直是学校工作的重中之重，我们以《长春市中小学教师职业道德规范》《长春市中小学教师行为十不准》为标准，制订了《关于加强领导干部廉政建设的实施方案》和《关于加强教师职业道德建设的实施方案》。通过建立师德工作责任制、宣传先进典型人物事迹、全校教师师德宣誓活动等，在学生和家长中开展了"我心目中的老师""我评老师""我需要怎样的老师"等活动，培养教师树立了科学的教育观、学生观和人才观，努力塑造教师爱岗敬业、无私奉献的优良品质。

学校对老师师德要求的突出特点是，以尊重善待学生，包括家长为基点，并要求教师以身作则，给学生以良好的品德示范。

我始终坚持"以生为本，以师为要"的理念，争取把每位教师都培养成具有责任与爱心的优秀教师。

如同对教师教学质量实行量化考核工作一样，学校对教师的品德行为同样实行了量化考核。《二实验中学教师师德十项量化考核实施细则》，同样实行百分制，并实行师德"一票否决制"，把师德表现作为教师注册、职称评审、岗位聘用之首要条件。

（一）以主人之心爱学校

二实验中学既没有悠久的历史，也没有丰厚的文化底蕴，它怎么会在短时间内迅速崛起呢？我可以自豪地说，靠的就是二实验人的五种精神。

2001 年 3 月，我被教育局党委任命为长春市第二实验中学校长。"没有条件创造条件也要办好学校。"那一阶段，学校为了建新校区，全体员工勒紧裤带过日子，但大家都没意见。我向全体员工提出了二实验人"五种精神"：爱校如家的奉献精神、忠于职守的敬业精神、从严治校的负责精神、克己奉公的自律精神、勇于开拓的创新精神。

这五种精神是我经过认真思考，并结合学校实际提出来的，因而受到了大家的接受并积极奉行这五种精神产生巨大的凝聚力，成就了学校的辉煌。

当时我抓住了省教育厅对重点中学评估的有利时机，于2001年5月以全省第一的排名进入省级重点中学管理系列。由于硬件欠缺，我们唯一整改的措施就是建设新校区。摆在我们面前的是难以想象的困难。学校账面上的资金仅有几十万，教育局帮助贷款5000万，可征地和建成就需要资金两个亿，资金缺口高达1个多亿。审批手续需要盖43个章，仅前期手续费就得一千多万。有人说："你已年近五十，学校建成你就退休了，真不应该干了。"我说："校长的工作时间虽然有限，生命也有限，但教育事业的发展是无限的，自古就是前人栽树后人乘凉，哪怕新校区今天竣工，明天我就退休，我也不遗憾，因为创办人民满意的好学校是我一生的梦想。"

新校区建设期间，我每天在两个校区来回奔波，经常是半夜才拖着疲惫的身子回家。有一天下大雨，工地积了很深的水，车熄火了，我蹚着齐腰深的水，走到工程指挥部，工程指挥部的人见状："校长你疯啦！明天再说不行吗？"我斩钉截铁地回答："不行！"每谈起这些往事时，我总能感受到当时创业的艰辛、喜悦和对梦想的忠诚渴望。

我们用仅有的5000万元贷款，完成了占地18.5万平方米，建筑面积8.1万平方米的新校区的建设。我和指挥部成员做到依法报建，依法施工，克服了重重困难，节省资金上千万元。我对自己和指挥部成员要求严格，严把质量关，拒绝施工单位请吃、送礼，吃了很多苦，遭了很多罪，快节奏高质量地完成了施工任务。省、市领导李锦斌、李述、祝业精、安莉及各局领导多次到南校区视察，对施工质量给予高度评价。为了这座新校区，我流了很多汗，也流了很多泪；为了这座新校区，我吃的苦，遭的罪别人无法想象。但我无怨无悔，因为我的梦想终于变成了现实。

其实我对基建流程也有些想法：

第一，自己并不是要少缴各种配套费，主要是学校经费紧张，没有专项启动资金，账面资金不到100万元。实际上，市政府为二实验新校区建设资金概算1.8亿元，最后只用了1.4亿元，节省了4000多万元。

第二，二实验新校区建设已不是学校自家的事了，它必须在一年内完成，这已经写入了政府工作报告。也就是说，二实验新校区建设不能在限定时间内完成，等于市政府对全市人民的承诺没有兑现。如果政府各部门不鼎力支持，很难完成新校舍建设。

最重要的是，没有市教育局领导的全力支持，我一个学校校长是无能为力的。所以，不管到什么时候，遇到什么情况，我都告诉二实验全体师生员工永远感恩，别忘了当年市政府领导、教育局和各部门的大力支持和爱心呵护。

学校更像一个家，是和谐的一个大家庭。人心齐，力无比；人心顺，方能事业兴。那么，怎样才能使广大教师一团和气，专心致志地努力工作呢？孔子在《礼记》中说："大道之行也，天下为公。选贤与能，讲信修睦。故人不独亲其亲，不独子其子，使老有所终，壮有所用，幼有所长，矜、寡、孤、独、废疾者皆有所养，男有分，女有归。货恶其弃于地也，不必藏于己；力恶其不出于身也，不必为己。是故谋闭而不兴，盗窃乱贼而不作，故外户而不闭。是谓大同。"视自己的儿女为孩子，视所有的孩子都为己出，这才是崇高伟大的。

我的做法就是要取信于"民"。在实际工作中，坚持校务公开，实行一岗双责。制订了《长春二实验中学党风廉政责任制》；严格要求班子成员不用公款请客吃饭；不用公车办私事；中午在食堂与员工一样排队就餐；早晨必须比员工班车早到，晚上延后一个小时下班；要求员工做到的，班子首先做到；要求员工不做的，班子首先不做。把自己置身于群众的监督之下，"察纳雅言，广开言路"。认识我的人都知道，我看上去很"威风"，有着十足的领导气质，但是从不一意孤行。下属领导和普通教师，只要针对学校的某种现象提出意见，我都会虚心采纳。

2017年，为积极落实《长春市大气污染防治行动计划实施方案》的要求，拆除了型煤锅炉，进行了集中供热改造工程。通过"局长一线工作日"亲自与建委、规划局、公用局、环保局领导协调。市规划局曲国辉局长积极协调新城热力公司，破例让700米长供热管线通过益民路、人民大街、南四环102国道，在仅有28天的时间里，夜以继日的施工，在各级领导的鼎力支持下，日全校师生在集中供暖首日感受到党的温暖，我代表全体师生员工及家长亲自到规划局、建委、公用局、新城热力公司送锦旗，并给市委、市政府送去表扬信。

2018年，进一步改善师生的学习和生活环境，学校投入425万元，对博士帽、实验楼公共区域和卫生间进行维修，更换行政楼地砖，把一楼图书馆改造成初中教室，小寝二楼改造成餐厅，教学楼水磨石地面和楼梯翻新。

二实验中学就像我的生命一样，我和全体师生用辛勤的智慧和汗水陪伴它从普通校中脱颖而出，实现跨越式的发展。美丽的校园从一砖一瓦垒起，经过我和班子成员的据理力争，校门前的丁乙路贯通南北，解决了大门前多年拥堵的问题。人民大街修下穿隧道要占用我校669平方米的土地，整个东侧透视墙和78棵大杨树将被拆除，我焦急万分，经多方协调，说服市规划院修改了规划，保住了校园的完整。

（二）以父母之心爱学生

如何把学生当作自己的儿女去对待？这就要求老师，无论是备课，还是上课，要时刻想到学生的需求。各科老师在设计编写学案时要进行分层次教学，有针对性地解决问题。

在给老师开会时，我会以"换位思考"的方式，真正让教师认识到"以父母之心爱学生"的重要性。"想想如果你的儿女要高考了，你怎么对待？""你希望自己的儿女高中时遇到一个什么样的老师？"这里没有什么高深的理论，这是作为一名教育工作者，作为一名教师应该具有的职业道德。

1.爱心责任岗充满对学生的爱

学校坚持实施了多年的"爱心责任岗"，已成为一种温暖的平台。这不仅仅是学生之间的互相帮助，也是教师对学生的一种爱心奉献活动，而且有固定的服务岗位。要求标准体现在二实验特色师德的五句话上：诚信奉献，爱岗敬业，教书育人，廉洁从教，为人师表。

这是二实验独有的，每天都有，一天不落；每个年级都有，年级老师按日排班，每天第九节自习课也有老师在岗值班。我担任爱心责任岗工作领导小组组长，几位副校长担任副组长，各自负责初中部、高一、高二、高三年级的管理工作。

初中部语文组老师房亚泽不但利用中午休息时间辅导，还经常利用下午的自习时间，到班级为学生义务辅导答疑解惑。看到学生的作业本子坏了，他一边批改作业，一边给学生订本子……高三生物老师张宇宁为学生辅导时开展心理工作，寻找学困生身上的闪光点给予表扬，更令人敬佩的是在高龄剖腹产后46天回到教学一线。侯培羽老师的事迹中有这样的话：除了完成答疑任务外，他还利用休息时间帮助学习存在困难的学生，制订学习计划并监督共完成……

学校就是要通过这项活动，时刻提醒、教育教师，不要忘了责任，不要做出有违师德的事情。我认为，辅导收钱不仅对教师心灵是一种污染，对学生的污染更可怕。在二实验，绝不允许老师私下办班赚钱。可是只有要求不行，还要有一种形式，风气和制度的形成，需要载体。爱心责任岗就是我们二实验的载体，爱心加上岗位约束，让责任岗这种形式更加鲜活起来。

爱心责任岗这种形式使教学更有针对性，很好地解决了一些学生的"三不"（讲一遍听不懂的难点、讲一遍记不住的重点、讲一遍不消化的例题）问题，很受学生欢迎。许多家长也感到，现今老师与学生的关系空前融洽。

多年坚持不懈，一项爱心活动由习惯形成了一种风气，一种制度，为了放大爱心责任岗的效益,学校每年都对先进优秀者进行表彰,举行全校师生员工的升旗仪式,由我和班子成员亲自颁奖。

2.爱心家访实现家校共育

家访是教育局党委的号召,活动原本叫"万名教师访万家"。这项活动在二实验坚持多年,最终形成了一种制度。我认为这项活动有两个重要性:

一是家长是孩子第一任启蒙老师,说话是家长教给的,习惯是家庭养成的。一百个家庭有一百种思维方式,一百种生活习惯,教育尤其是品德培育应当有的放矢。

二是家访是教师责任心的体现,通过家访培养教师的责任与爱心。虽然家访这种优良传统有人认为不时尚了,但是我们学校一定要坚持到底。实践证明,家访增进了家长与老师的沟通与了解,增进了师生的感情,也增进了家长对学校的理解和支持。

班主任付新老师家访时自己开着车,带着班干部,像走亲戚一样,一家又一家地进行家访。有一天,付新老师走访到晚上7点多,还有两家未访完。未见到老师的学生,着急的一劲儿电话追问,老师到哪儿了,啥时候能到我家呀?

班主任赵秀娟家访送"三宝":一送理念,针对一些家长重智轻德、重分轻能现象,赵老师与家长共同探讨如何提高孩子综合素质的方法;二送赞美,赵老师认为家访不是去"告状",而是当着家长的面表扬孩子。三送求知方法。

宋丽敏与张鹏缘两位老师家访后都充满激情,写了长篇感悟文章。宋丽敏的文章题目是《在家访中感受快乐》;张鹏缘的文章题目是《家访让我成了暑假里的赢家》。宋丽敏在爱人的陪伴和支持下,走访了十几个家庭,同一味打压孩子的家长进行沟通,改善了家长与孩子的关系。张鹏缘甚至亲自主持了一个由学生父亲与继母一齐参加的家庭会议,帮助他们拟订了美好的家庭旅行计划。

一位老师在家访后含泪说,以往我总是批评一名学生,因为她经常迟到且不按时完成作业,家访使我看到,这么小的一个女孩儿,还要做饭、洗衣,照顾小弟弟,她太不容易,吃了那么多苦。我却一点不知道,对不起她啊。

家访制度,拉近了教师与学生及家长的感情,老师们感到很幸福,家长感到自己的责任,而学生普遍开心无比。教育是学校与家庭的共同责任,犹如鸟之双翅缺一不可。教师深入持久开展家访,为二实验腾飞的翅膀,插上了坚硬的羽毛。

3.爱心帮扶助力成才

自觉地尽其所能履行社会责任,是需要高尚的道德情操与宽阔胸怀的。在二实验,以爱为内核的同情、关怀、善良等传统美德形成了良好的校园氛围,热心帮助他人成为一种风尚。

2009 年，高二·九班学生林式斓患再生障碍性贫血，急需大笔治疗费用。我和领导班子成员、党员教师带头捐款共计 101156 元。此举不仅挽救了一个年轻的生命，而且使全校师生感到了集体的力量与爱的温暖。

2010 年，高二·七班学生庄伟不幸患白血病，巨额医疗费对这个贫困家庭似泰山压顶。我在第一时间，亲自安排发起对庄伟的爱心捐助并带头捐款。短短两天，全校师生共捐款 44098 元。同年，高二·十四班学生孙文强也患白血病，学校师生再次捐款 44156 元。这一年，全校师生还为抗洪救灾、玉树地震等进行了捐款，全年累计捐款额为 330094 元。

温暖捐助，筑梦未来

对患有残疾与疾病学生进行关爱与帮助，只是二实验的几个少见的特例，真正体现二实验师生道德风尚的是，常年对贫困学生的资助。

家住大榆树镇的农村孩子李鸣，中考 590 分被当地中学录取。中考前后，父母先后脑血栓发病，医疗费尚难筹措，学费更无从谈起。申请当地学校减免学费被拒后，李鸣抱着试试看的态度，挨个拨打高中学校电话。他打算，若没有减免学费照顾的学校，就不念书了。询问了若干个学校后，最终李鸣来到了答应提供帮助的二实验。二实验不仅减免了他的学费、宿费，每月还给他 300 元伙食补助费。2014 年 7 月，以 655 分被厦门大学录取的李鸣，给每位老师都发了短信："感谢您在我追求梦想的道路上，给了我一双向上攀登的翅膀，未来的我绝不会让您失望。"

家住富锋镇的张聪考入二实验前不久，父亲不幸病逝，靠母亲打零工和种地供他读书，家里还有年事已高的姥姥与姥爷。到二实验后，学校给他减免了全部费用。

为了加强他的营养，我还时不时给他买水果、牛奶，往饭卡里给他存钱。

第二个学子是父母以务农为生的庄仲，受到了班主任与课任老师的关怀。老师们经常为他买食物和生活用品。进入高三阶段，学校每月发给他100元营养补助费。庄仲说："李校长让我用这钱买牛奶。"接到北京大学录取通知后，我特意为他买了一个新书包。

第三个学子是个女孩，名叫袁冠湘。父母没有固定工作，共生养了姐妹4人，家里困难可想而知。为了不让其因贫困辍学，学校减免了她的校服费、资料费等。除此之外，她的生活用品多是化学老师王丽红给买的。高考前复习十分紧张，怕她身体吃不消，班主任黄薇就把她接到自己家中，照顾她的饮食起居。袁冠湘以686分被北京大学环境科学系录取，现已被保送硕博连读继续深造。

第四个学子是父母以种田为生的景岩，他在学校与班主任赵秀娟的精心呵护下，考上了清华大学。

2011年7月12日《长春晚报》报道张聪、庄仲、景岩、袁冠湘等四名考入北大清华的贫困学子。他们在离校之际每人都获得了由二实验奖励1—2万元的奖学金。很多老师都纷纷向即将迈入大学的贫困弟子送线、送衣物。更难能可贵的是，这种温暖不仅是物资上的付出，更有精神上的给予。

当年，景岩高考以620分名列全省文科前列，进入清华大学国防生录取线。但因为近视，人家不招。当时我就上火了，情急之下，想到了市妇女代表大会上认识的白大校。联系后，白大校让我与孩子家长一块来。我约好景岩的家长，一块儿去省军区招生办。走时还带上了景岩的省、市三好学生等一摞子获奖证书。

得到急信的景岩父亲正在稻田里薅草，与我在省军区门前会面时，挽着的裤角与黄胶鞋上全是泥巴。景岩父亲望着部队大厅里光亮可照出人影的地面，一再表示不进去了。于是，我就代表了学校和"没来得及赶来"的家长。

见到了招生办王主任，我满脸诚恳地介绍景岩，并说，如果是尖端军事科技专业，作为学校咱不能给国防添麻烦，但孩子报考的是新闻专业，电视上那么多有作为的战地记者，都戴着眼镜呢。恳求千万通融照顾一下，何况这孩子近视又不重，入学前我们学校负责出钱给他矫正过来。这孩子一心报效国防，特别想穿军装，父母都很支持他……

受到感动的王主任说，您说的情况与心情我特别能理解，我也想帮您，但我没有这个权力，这种情况需要省军区首长特殊审批。

有了一线希望的我急忙又去找首长……

听王主任汇报，电话那头的将军请我接电话。我连珠炮般介绍完情况后，又诚恳表示，我代表二实验中学 5000 名师生，代表家长和学生本人，向将军您鞠躬了，向吉林省军区鞠躬了。

电话那头传来声音：这么多年，我还是第一次见到一位校长为了一名学生、一个普通农民的孩子这么奔走，令人十分感动。所以，我相信您教育出来的孩子一定是好样的，一定能为国防事业做出贡献。这个字我签了！

2010 年，学校在给高三学生做体检时发现了好几个患肺结核的孩子，医院要求隔离治疗。当时正值高考前夕，孩子与家长们十分焦急。我赶往医院，与有关部门协商，经协商，有关部门同意将这几个孩子留校隔离治疗。之后我同教务、后勤、医务、食堂仔细研究，对孩子们的治疗、教学、住宿、饮食一一做了周密安排。

那段时间，我每天到学校特别早，到校第一件事是走进学生隔离宿舍，逐个拥抱房间里的孩子。跟在我身后的是几位与我抱有同样心情的老师，他们负责孩子们的课业辅导，一直到这几个孩子痊愈回到班级。

有的人曾问我："您当时想没想过自己被染上肺结核？"我知道，我不去隔离宿舍，就没有资格安排其他老师去，可我那一年毕竟年近花甲，一旦被传染上，不如年轻人好治。

但是我当时真没想这些，只是着急把这件事处理好，觉得自己就应该这样做。觉得如果那几个孩子里，恰巧有一个是我儿子，我去不去呢？

2012 年，学校高中部接收过一个 3 岁才会爬、10 岁才会走路的脑瘫男孩，名叫徐永琛。我不仅同意他来校就读，而且凡二实验能做的，都做了。考虑到徐永琛家庭困难，先是免了他 9500 元应承担的自费，又为其每学期提供 1000 元的助学金，无偿提供食堂用餐。

2015 年，徐永琛以 598 分成绩考入吉林大学计算机专业。他用不连贯的语言表达：感谢无微不至照顾我的母校二实验，感谢三年如一日特殊照顾我的老师与同学，二实验是个有爱心的好学校。2017 年党的生日之际，徐永琛与父母、妹妹全家四口人一齐来到了二实验，给我送来，一面锦旗，上边写着"关爱残疾学生，力推教育公平"八个大字。二实验以实际行动，使一个家族感到了党的教育政策的温暖与公平。

（三）以手足之情爱同事

"手足之情"的典故出自宋代苏辙《为兄轼下狱上书》："臣窃哀其志，不胜手足之情，故为冒死一言。"又见于唐代李华《吊古战场文》："谁无兄弟？如足如手。"

我认为兄弟姐妹的情谊，就好比自己手和脚的关系，手和脚长在自己身上怎么能够分开？

让我坚定了这一想法的是 2010 年发生的一件事。那一年，我的学生，大学毕业分到二实验的历史教研组长李颖老师，在理发店理发时，因天然气泄露引起爆炸被烧伤，全身皮肤烧伤面积达到 87% 以上，不幸去世。这件事对我的打击很大，让我真正感到了生命的脆弱。过去，我追求更多的是学校和老师事业的发展，今后，我要更加重视全体教职员工和兄弟姐妹的健康和快乐。

2010 年，我校司机庄严进行了换心脏瓣膜的大手术。他一直在我身边工作，由于家庭经济条件不好，他从未做过身体检查，不知道自己患有先天性心脏病。那年春天的一个中午，我发现庄严打羽毛球时脸色不好，况且只打了 20 分钟球就大汗淋漓，这对于四十来岁的人来说，是不正常的。那年"五一"，我进京参加全国劳模大会，走前特意安排庄严彻底检查一下身体。庄严认为自己身体没事，检查过后也未仔细看体检报告单。我从北京回来后，见到庄严的第一句话就是"检查结果怎么样？"并要来报告单。一看大吃一惊：心包心肌有积液。我立即让后勤主任宋延文带他赶到北京阜外医院会诊。会诊意见让我更加焦急：心脏畸形，主动瓣膜、二尖瓣关闭不全，有赘生物，必须开胸手术，更换心脏瓣膜。

庄严一家的经济条件承担不起到北京阜外医院治疗的费用。那一段时间，我到处打听寻找长春技术最好的医院和大夫，问身边的人，问新老教师，问自己的同学。终于，通过我爱人找到医大人事处的人，再找到白求恩医大二院的柳克祥教授。

柳教授是留学日本的博士后，类似手术做过几千例。我便把自己家里的好烟好酒好茶拿出来送给柳教授，任人家如何推辞也不行。我跟柳教授说，庄严就跟自己的孩子一样。柳教授甚为感动，说我在国内外这么多年，还没见过一个领导这样对自己的下属的。

庄严当时很恐惧这个手术，其实我当时也进退两难。但是，像庄严那种情况不做手术，柳教授说挺不了多长时间。

所有的担惊受怕都随着庄严的苏醒而烟消云散。

庄严做手术花了 14 万元，我号召全体教职员工给他捐款，并倡导校级领导每人捐 2000 元，共捐款近 6 万元。当时为庄严和李颖两人的捐款是同时进行的，给李颖家送去捐款 7 万多元。

黄薇老师是高中学年部的一位主任，2015 年初例行体检，报告单让黄薇大吃一惊：脑部胶质瘤，必须开颅手术。已经过春节了，她怕春节期间打扰我，便做了一个决定，春节后再向我报告并请假，在省里一家医院做手术。

但我还是得知了消息，正月初四去了黄薇家安慰她。告诉她，有学校做坚强后盾，一定要去技术最好的医院，接受最好的治疗。并带去了工会的 1 万元慰问金。在我的鼓励下，黄薇住进了北京天坛医院。

3 月 6 日，我去南京开会；3 月 8 日，我便带着财会科长杜丽文赶到了北京看望黄薇。

这一天，正值妇女节，晚上在一家宾馆见到了黄薇。这个宾馆正在维修下水管，冒出的气体臭气熏天，令人难以忍受，病人更承受不了。我和杜科长在附近又找了一家叫君宜的宾馆，一间客房比汉庭高 40 元。我们给黄薇的丈夫打电话，让他们搬到君宜，每天多出的 40 元学校承担了。

当晚，我和杜科长请黄薇、她姐姐、她丈夫吃饭。受病情的影响，谁都咽不下这口饭。第二天我们回长春，在医院去机场的路上，我整整哭了一路，就是想不开，挺好的人，咋得了那个病……

3 月 24 日，黄薇手术那天，我实在离不开，特意安排学校副书记刘丽娟和高嵩两位老师事先赶到天坛医院，给天坛医院送去锦旗，给医生带去东北特产人参，就为了得到人家的好好照顾。

手术加术后护理费用不菲，我组织学校教工为黄薇捐款了 10 万元。

后来，黄薇告诉我，这么大的开颅手术，要说没有心理负担是不现实的。但李校长有办法让我树立信心，安排我的学生给我写信，让我坚强面对，又组织学生给我折了那么多千纸鹤，祝愿我早日康复。说老实话，人在危局中，领导、同事、亲人和孩子们的鼓励无比温暖、无比感激。

黄薇出院后，我怕她在原岗位身体吃不消，就把她调到相对轻松些的国际部，并特批她享受弹性工作制，可以早走晚来。虽然我也提心黄薇老师的身体，但是觉得不能让她回家，回家一待，精神萎靡了，病反倒找回来了。上班有事干，精神一强大，疾病自然就会往回退。

我校还有一位年轻教师，刚刚 24 岁，得了罕见的疾病——输尿管淀粉样变，全国不足百例，当地医院决定对他进行输尿管改道手术。

我觉得，一个小伙子挂个尿袋，今后还怎么恋爱，怎么娶妻生子？因此，我对这位老师说："我坚决不同意这个手术方案，一定到北京大医院看看，兴许会有好的治疗方法。"

这位老师的父母是农民，家里生活困难。我带头并号召全校员工为他捐款 80900 元，存到他的卡上。此后，安排他到北京大学附属医院会诊。会诊意见果然是先维持保守治疗方案，等待新材料的输尿管出现。

在二实验，老师们捐款既多又频，除了时常的社会捐助，以及给学生捐助外，还有给教师们捐款。仅 2019 年一季度，就为三位老师的捐款三十余万元。其中为患胃贲门腺癌的韩老师捐款 94300 元；为患乳腺恶性肿瘤的高老师捐款 102400 元；为患罕见烟雾病的王老师捐款 100300 元。

每次动员捐款，我都感到深深的内疚。尽管大家自觉踊跃，但老师们工资收入并不高，这些捐款全是学校老师从自己的生活费中省下来的。因此，我下定决心，在可能的权限内，一定想方设法为职工谋福利。

2008 年起，组织全体教师展开了全面体检，并形成制度；2017 年，全校教工健康体检费用已达 65 万元；投资 5 万元建设"员工活动之家"，购置两台大客车，改善教职工上下班交通条件；2013 年，为员工发放交通补贴 11.8 万元、电话费补助 16.96 万元，并作为制度延续下来；2014 年，为全校离退休教师办理房屋补贴，第一批达 115 万元；自 2009 年起，又筹措资金将班主任岗位补贴上调了 20%；现今，为教职工发放生日蛋糕、送慰问信已形成制度。虽然这些福利落实到每个员工身上并不算多，但所有的员工都会感到二实验大家庭的温暖，因而都在努力工作着，也快乐着！

学校有一系列对职工生活上关心扶助的制度。有走访与慰问两种形式走访又有是定期走访和临时走访，在重大节日与老人节，必须走访慰问离退休职工，以校领导带头，将走访对象逐人分配到中层以上干部。

其中，临时走访规定了"五必到"：教职工本人生病住院三天以上，家庭发生特殊情况（如丧事，本人结婚、生子，发生家庭纠纷），或出现其他特殊困难等情况，要求及时逐级或越级向领导报告，以便落实负责解决困难之人。

（四）以祖国之需育英才

一个校长的办学理念，决定了这所学校的教育行为与办学方向。我对二实验的突出贡献是，提出了"以人为本，自主发展"的主体性教育理念，并通过在二实验多年的探索实践，将其打造为一个成功的品牌。

唐代韩愈有言："师者，所以传道授业解惑也。"

陶行知对教师的希望是"千教万教，教人求真"；对学生的希望是"千学万学，学做真人"。

埃德加·富尔认为："未来的文盲不再是不识字的人，而是那些不会学习的人。"

习近平总书记曾指出，"传道"是第一位的。一个老师如果只知道"授业"与"解惑"而不传道，不能说这个老师是完全称职的，充其量只能是"经师""句读之师"，而非"人师"。

这些话语都明确表达了两个意思：一是教育不仅是教授知识，还要教育做人；

二是教学不仅要给予"鱼"，更要给予"渔"。

现今的高考制度，应当说是最公平的，但也存在一些弊端。说它公平，是因它不看背景，不分男女，以知识的积累多寡选拔人才；说存在弊端，是因为它过多地注重知识多寡而缺少对品德的考量。为此，国家提出了应试教育向素质教育转变的战略。

为取得应试的好成绩，少数学校的高考学科挤占了德育教育的课程，使德育成了智育的陪衬。但在我们学校，弘扬中华优秀传统文化与社会主义核心价值观的主题教育，已形成完善的德育体系，并以制度化、常态化的特点规范运作。

仅 2017 年上半年，我校就安排了《德育讲堂》16 课，每课都安排专人备课。3 月份根据"常怀感恩、爱心奉献"主题，安排了"助人为乐""爱护公物"等 4 课；其中"传统美德"课，则由连续 10 年到福利院献爱心的孙黎老师主讲。6 月份临近高考，德育课的主题确定为"立志成才，报效祖国"，共安排了 3 课，其中"应对挫折，完善自我"课，则由心理健康教育中心主任康成主讲。

课堂是教学的主战场，《德育讲堂》的内容，有相当一部分为校本教材，把这些体现核心价值观的内容安排进入课程，体现了学校德育教育与课堂教学深度融合的思想。

新生入学第一周开设国防教育课。老师讲解《弟子规》，学生背诵弟子规，是开学的必修科目之一。不仅如此，在学科教学中能否融入德育内容，也是学校评价老师教学质量的重要标志。

高中语文课《我与地坛》，是描述作家史铁生对母亲的怀念："一路坎坷，母亲走过；一生痛苦，母亲肩负。母亲走了，带着对儿子刻骨铭心的爱和深深的挂念，留给儿子的都是永远无法偿还的'内疚'。"

这篇以表达爱与孝道为主题的文学课，如何同德育教育结合起来？老师总结说："同学们，有些事情我们年轻时无法懂得，当懂得时已不再年轻，同时伴随着父母的老去。这也许是稍纵即逝的眷恋，更是无法重现的痛苦……我们唯有珍惜。"这种德育教育融入学科教学的做法，我曾多次在不同场合予以推广。

班会、团会是学生自我教育的重要方式，每学年都安排主题活动，有针对性地解决实际问题。例如："

三月，弘扬雷锋精神，争做学生楷模"主题活动。

四月，清明节前后，组织学生去烈士陵园扫墓，缅怀英烈。

五月，开展"五四"青年节创先争优活动和母亲节"我与母亲换角色"活动，并写出感想。

六月，端午节组织经典诗词诵读会和14岁学生过集体生日活动。

"七一"之前，"学党史、感党恩、跟党走"主题活动……

除此之外，学校各类社团，例如机器人社、图形计算器社、美术社、光影社、武术社、舞蹈社、班歌唱响、校园好书橱、青年志愿者、原创诗歌大赛等各项充满正能量、有利于塑造美好思想品德的活动，把德育贯穿在全体师生的工作与学习之中。

学校的德育工作月历中，每月一个主题。例如：

二月"文明礼仪常规教育月"。以"礼仪、礼貌、礼节"为主题，开展"校园礼仪讲座""文明礼仪知识大赛"，开展文明就餐、文明乘车教育活动，开展纪律、卫生评比，创无吸烟学校、无手机班、文明寝室。

五月"感恩社会孝敬师长月"。开展升国旗、唱国歌活动，增强学生知我中华、爱我中华、建我中华的热情；组织享受国家助学金的学生召开"感温暖、报国恩"座谈会，激发报国之志。

学校开展的主题教育活动，既把思想品德教育与传统美德、核心价值观相融合；又在细节上把思想道德行为举止落实到具体习惯养成上，实实在在地践行了"立德树人"，以德为先的教育方针。

对于开展德育活动的效果，我有两个观点：

第一，教育是成长性事业，犹如一棵幼苗到栋梁，不可能一蹴而就，这是耐心的缘由与道理所在。急于求成的重锤只能使石头粉碎，而汩汩不停之水滴，终会使石头洞穿成可用之材。

第二，我们所进行的德育活动，每一次教育的作用，都好比那水滴，不可能通过一两次教育活动，就使学生树立起核心价值观，但我们的水滴却一刻也不能停。

我们还把教育的课堂延伸到了课外社会实践，让校园外的活动也别具风采。

伪满皇宫博物馆与我校有多年的合作关系，学校几乎每年"六一"都为伪满皇宫派出32名小讲解员，负责解说"东北沦陷史陈列馆"的版块。这32名小讲解员，是经过层层选拔产生的。得到锻炼与教育的不仅仅是这32名小讲解员，更是初一全体学生。因为竞争小讲解员的过程正是一次受教育与锻炼的机会，"六一"当天，亲耳聆听自己的同学声情并茂地讲解东北沦陷的惨痛历史，一定会给孩子们打下终生的烙印。一名从二实验高中考上吉林大学的学生，毕业论文的题目为《打造长春伪满皇宫博物院文化品牌的对策研究》，就是最好的证明。

实际上，伪满皇宫博物院仅仅是我校社会实践的一个点，长春世界雕塑公园、长春德苑、长春市图书馆、吉林省自然博物馆等十几处社会人文单位，以及一汽与长客等大型工业企业，都是我校学生社会实践的场所。

这些课外社会实践活动，使孩子们收获了在校园与课堂得不到的品德教育。

佛家说"一花一世界，一树一菩提"。一是说世界上每个生命都有各自存在的道理，可以引申为每个人、每个学生都有各自的优长；二是佛家也承认花与树的不同，也可以引申为每个人每个学生能力是不同的，但都有发展的权利。

以人为本，面向全校每一个学生的主体性教育理念的深入贯彻，如今的二实验中学已没有了以往的重点班、快慢班、普通班的划分。新生入学分班，参考原升学成绩，每个班学困生、中等生与尖子生都大致均摊。

四、学校文化是涵养师生成长的沃土

文化涵育思想，价值导引人生。学校经过几十年的发展和积淀，形成了自己独特的校园文化。

（一）主体性办学理念

2001 年，我任校长之初，提出了"以人为本，自主发展"的办学理念。

（二）"三风一训"

在主体性办学理念的引领下，确立了学校的"三风一训"：

校风：文明、勤奋、求实、创新

教风：敬业、务实、严谨、求新

学风：励志、刻苦、勤思、博学

校训：求实、创新、修德、博学

（三）校歌《我们在这里放飞梦想》

我校先前曾请了几位"高手"来创作校歌《我们在这里放飞梦想》，都未获得一致认同。最后由我亲自作词，从 2003 年起，到 2012 年确定，可以说是十余年实践的结晶。

每次听到孩子们稚嫩且富有激情的歌声："雄鹰翱翔在蓝天，我们成长在校园""面对未来，扬起风帆"时，我都激动不已。

歌词"我们在这里放飞梦想，母校永远是矗立咱心中的高山"就是我的梦想，要为雏鹰们插上翱翔天空的翅膀，要做孩子们可以依靠的高山。这不仅丰富了学生的校园回忆，更是学生一生成长的精神动力。

（四）二实验人的"五种精神"

爱校如家的奉献精神，忠于职守的敬业精神，从严治校的负责精神，克己奉公的自律精神，勇于开拓的创新精神。

（五）二实验员工的职业操守

以主人之心爱学校；以父母之心爱学生；

以手足之情爱同事；以祖国之需育英才。

多年来，学校坚持开展文明班级、文明宿舍和文明教研组活动，通过评比，我校崇尚文明蔚然成风。2017 年，学校又开展了创新管理团队评比工作，高三学年部、初二年级、英语教研室分别获得荣誉。

学校分为高中部、初中部和国际部。校园建设具有整体性，制度健全，已按国家级示范校的标准建成八大中心。

校园八大中心一览表

1	行政管理中心	党政一体化管理中心、教师专业发展指导中心、学生自主发展指导中心、学生社团活动中心、后勤财务管理中心、专家指导委员会
2	教学活动中心	多媒体标准教室 84 个，理、化、生实验室 14 个
3	科技创新中心	天象馆、机械人实验室、电子化图书馆通用技术实验室、3D 技术打印实验室、创新实验室
4	艺术体育中心	舞蹈厅、音乐厅、篮球场、排球场、乒乓球馆、武术馆、400 米塑胶跑道的运动场、50 米标准泳道的游泳馆
5	生活服务中心	学生公寓、留学生公寓、餐饮部；食堂建筑面积 5100 平米，能容纳 4000 多人同时就餐；宿舍建筑面积 1.5 万平方米，有 2400 张床位
6	信息技术中心	微机室、绿色网苑、网络中心、多功能报告厅、多媒体教学机房、校园广播中心、电子备课室、语音室、录播室
7	心理健康中心	育心室、释心室、悟心室、同心室、悦心室、理心室、观心室、映心室、2 个心理培训教室
8	国际交流中心	韩国部、国际交流班、中美课程班

学校设有开放式校史陈列室、荣誉墙，班级板报内容丰富，定期更新；校园广播站开设思想教育、时事新闻、校园好声音、心理健康教育、学习园地等栏目；定期出刊《青年之声》《星星草》《心语》等学生报刊以及校刊《翱翔》。

长春二实验中学墙壁文化建设一览表

位置		宣传内容
行政楼	大厅	办学理念、三风一训、校歌、教工职业操守、学校五种精神
		"两学一做"学习教育常态化制度化宣传栏
		党员教师双亮双承诺板
		学校宣传电子屏
	二楼	教育科研主题
	三楼	李国荣校长劳模工作室主题
	四楼	十九大精神学习教育主题
	五楼	心理健康教育主题
		学习田公精神主题
		道德讲堂主题
教学区	楼梯	心理知识宣传板
		党建工作宣传主题
	一楼	心之韵长廊 初中部党员教师承诺板
	二楼	科技长廊 安全教育展板 高一党员教师承诺板
	三楼	优秀中华传统文化长廊 办学理念展板 高二党员教师承诺板
	四楼	国际化教育长廊 高三党员教师承诺板

（续表）

位置	宣传内容
体育中心	体育精神、学校体育活动剪影
学生宿舍	社会主义核心价值观、文明寝室、文明寝室长
食堂	节水、节约粮食、光盘行动等内容
前操场	校风学风
后操场	未成年人思想道德建设宣传板（东）
	社会主义核心价值观宣传板（西）
宿舍广场	安全教育

主体性教育推动学校勇敢面对未来

一、坚持社会主义办学方向，学校要科学发展

主体性教育引领学校高质量发展，办人民满意的学校，要求校长要不忘教育初心，牢记立德树人使命，坚持社会主义办学方向，坚持党对学校的领导。坚持习近平新时代中国特色社会主义思想，深入贯彻党的十九大精神，全面贯彻党的教育方针，以《教育部发展规划纲要》为指导，以"立德树人"为根本任务，秉承"以人为本，自主发展"的办学理念，全面实施素质教育，培育和践行社会主义核心价值观，全面落实新课标、新课程、新教材的理念和要求，找准目标、统筹规划、科学施策、追求实效，全面提高学校的办学水平和教师队伍的整体素质，努力办好人民满意的教育。

作为一校之长，我要求学校领导班子以身作则，始终坚持：以先进的理念引导人；以科学的制度管理人；以正确的思想塑造人；以高尚的品德影响人。

我校在校生近5000人，在市属校中规模位居第二，设有初中部、高中部和国际部，60%的学生走读，40%的学生寄宿。为了确保校园安全，领导和班主任24小时不关手机，我提出了精细化管理新模式：

大法 + 土法 + 创新 = 精细化管理

"大法"指的是教育的几部根本大法：《中华人民共和国教育法》《中华人民共和国义务教育法》《中华人民共和国学位条例》《中华人民共和国教师法》《中华人民共和国职业教育法》《中华人民共和国高等教育法》《中华人民共和国未成年人保护法》。

"土法"就是本学校的各项规章制度。

"创新"就是在观念上实现四个转变：一是从"物本管理"向"人本管理"观念的转变；二是从"封闭管理"向"开放管理"观念的转变；三是从"静态管理"向"动态管理"观念的转变；四是从"命令管理"向"服务管理"观念的转变。

（一）制订《学校章程》和《长春二实验中学制度汇编》

《学校章程》经 2003 年 9 月第四届一次教职工代表大会讨论通过，2010 年 12 月第五届三次教职工代表大会修订，分为总则、行政管理、德育管理、教学管理、后勤管理、环境管理、教师管理、学生管理、附则共九章六十三条。重点在办学过程中体现"以人为本、自主发展"的办学理念。修订办学目标：努力把我校建成"四高""三特"的实验性、示范性、现代化、国际化的国家级素质教育示范学校。明确办学特色，即"一个中心"和"三大特色"。一个中心：以"主体性"教育为中心；三大特色：建成国内一流、国际知名的青少年心理健康教育中心、建成国内一流的全国数字化校园示范校、建成联合国教科文组织教育国际化基地校。制订《长春二实验中学制度汇编》，该《汇编》共分 6 大类 95 个制度，分别是德育篇、教学篇、科研篇、后勤管理篇、党建篇、工会篇。

（二）创新实施三项机制

1. 创建党政一体化管理机制

校级领导同时担任党委委员，把党支部建在年级上。年级主任担任支部书记，两个副主任担任组织委员和宣传委员，年级助理担任党小组长。行政例会和党支部工作会一起开，既部署行政工作，又确保"三会一课"制度的落实，和谐党政关系，确保党建工作高效进行。

2. 创新党员干部量化考核机制

为了确保党员干部在本职岗位上充分发挥先锋模范作用，对党员"八个一"工程进行量化考核，要求党员干部争做"七个模范""六个表率"。

七个模范：为官做人的模范、廉洁自律的模范、师德师风的模范、争先创优的模范、干事创业的模范、甘于奉献的模范、勇挑重担的模范。

六个表率：善于学习，做解放思想的表率；勇于实践，做促进发展的表率；敢于突破，做改革创新的表率；深入基层，做服务群众的表率；以身作则，做廉洁奉公的表率；修身养性，做高尚道德的表率。

要求全体党员做到"三个与众不同""四个模范"。

三个与众不同：在关键时刻与众不同，在困难面前与众不同，在平凡岗位与众不同。

四个模范：思想认识的模范、勤奋工作的模范、为人师表的模范、遵纪守法的模范。

3.创新民主廉政管理机制

严格实施《校长负责制》《教职工代表大会工作制度》《校务公开制度》等各项制度，把学校的一切工作都放到制度的笼子里。

班子成员坚持小事多沟通，大事集体决策的原则。对教职工关心的热点、焦点问题（如教职工的年度考核、评职晋级、新教师的考核录用、新生的录取，财务超过一万元以上的支出必须经党政班子会通过，并在校园网上公示），真正做到公开、公平、公正。学校财务管理严格履行"四个程序"，即部门申报→班子审批→验收上账→会签报销。

项目维修和大宗采购坚持四个关键环节：立项由班子集体研究决定，部门负责人制订技术参数指标，招投标邀请教育局纪检委把关，组织资深专家验收签字入账。

要求党员干部严格执行《八项规定》，党委先后下发了《关于加强领导干部廉政建设的实施方案》等11项规定。

反腐倡廉相关规定

序号	相关规定
1	《关于加强领导干部廉政建设的实施方案》
2	《关于加强学校财务和物品管理的实施方案》
3	《关于加强学校民主管理和校务公开的方案》
4	《关于加强人事制度改革的实施方案》
5	《关于公务用车管理制度》
6	《关于婚丧嫁娶的制度》
7	《关于教师招聘制度》
8	《关于订购教材的管理制度》
9	《关于中层干部选拔任用制度》
10	《关于新生录取、分班和学籍管理制度》
11	《关于基建工程和装备项目管理制度》

班子坚持每周集体巡视、现场办公制度，深入食堂、宿舍、体育中心、科技楼、年级部等实地调研，发现安全隐患，及时拿出具体措施，限时整改。针对项目采购招投标风险等问题，党委明确要求：由一线教师提出需求，各部门负责人制订招标

技术参数指标，主要项目采取校级领导包保责任制，主动邀请教育局纪检委参与监督，集体决策、规范管理。如在直饮水工程项目建设中，邀请职工代表、纪检委员全程参加招标会，学校采纳职工建议，将供水 PVC 管线改为不锈钢优质管，使质量过硬的厂家中标，回避了低价中标、以次充好的风险。

加强学校公务用车管理，杜绝公车私用现象；严格执行办公用房标准，中层以上领导四人合署办公；坚决遵循纪委文件规定，杜绝公款请客现象。

市财政局、物价局评价我校"账目最清楚，办事最节俭"。

要求班子成员"一岗双责"，即既承担各自主体责任，又在基层岗位设立工作点，承担分管责任，做到老师能看得到，学生能找得到。建立了《长春二实验中学谈话制度》，做到校长和副校长之间谈话、老师之间谈话、副校长之间谈话、副校长和老师谈话、党员与群众谈话、教师与学生及家长谈话等多重谈话制度。设立了校长接待日、家长开放日，为促进学校建设努力搭建进言献计的桥梁。

（三）建立有利于教师发展的评价制度

1	课堂教学	主体性课堂教学评价表
2	集体备课	教师集体备课评价表
3	专业发展	教师职业生涯规划、"八个一工程"
4	教师技能	信息技术应用能力等级评价
5	课堂教案	主体性教案评价表
6	作业批改	学生作业批改情况考评表
7	教学质量 （定性与定量）	1. 教学质量自我分析表 2. 利用平均值和贡献效，采取"两项均值，宏观调控""目标管理，定位评价"

（四）建立有利于学生发展的评价制度及评选活动

1. 有利于学生发展的评价制度

序号	评价角度	评价体系
1	学生综合能力	高中学生综合素质评价表
2	课堂表现	课堂观察评价量表
3	学习质量	学生水平学分认定办法
4	心理健康	学生心理健康状况观察表

（续表）

序号	评价角度	评价体系
5	自主管理	学生自主管理评价表
6	社会实践	学生社会实践能力考核表
7	理想目标	高中学生生涯规划
8	研究性学习	学生研究性学习评价量表

2. 长春二实验中学"十项百名"优秀学生评选

序号	项目	评选名额	序号	项目	评选名额
1	三好学生	100 人	6	优秀团员	100 人
2	优秀干部	100 人	7	优秀军训学员	100 人
3	管理能手	100 人	8	优秀科代表	100 人
4	优秀青年志愿者	100 人	9	优秀住宿生	100 人
5	进步学生	100 人	10	优秀礼仪生	100 人

（五）建立有利于特色发展的评价制度

1. 对教师信息化技术水平的评价

等级	指标
初级	1. 能够掌握两种以上文字输入法 2. 能够独立制作和使用 PPT 3. 能够独立使用常用办公软件，如 PPT、WORD、EXCEL、QQ 等
中级	1. 能够熟练使用常用办公软件 2. 能够对已有课件进行二次制作 3. 能够熟练使用教学一体机中自带的常用功能 4. 能够在网络中快速搜索查询目标，并能在允许的条件下将目标下载、保存，并能够上传文件
高级	1. 能够使用带有本学科特点的教学软件 2. 能够独立制作精品课件，并能指导和帮助其他教师完成制作 3. 能够对办公设备进行日常维护，如软件升级和系统安装 4. 能够熟练运用微课录制设备，并能在每学期上传至少 8 节以上的优质微课作品

2. 对教师和学生的心理健康水平测试

（1）对教师进行心理健康水平测试

通过 SCL—90 心理健康自评量表，从十个项目对全体教师进行心理健康水平测试，并对每个教师进行具体反馈指导。

项目	测查内容	分值
躯体化	有心血管、胃肠道、呼吸等不适，有头疼、背痛、肌肉酸痛和焦虑的躯体表现	48
强迫症状	明知没必要但无法摆脱的无意义的思想、冲动、行为等	40
人际敏感	在与他人相比较时的个人不自在感和自卑感	36
抑郁	对生活的兴趣减退、缺乏活动愿望、丧失活动力等	52
焦虑	无法静息、神经过敏、紧张、游离不定的焦虑及惊恐发作	40
敌对	厌烦、争论、摔物，直至争斗和不可抑制的冲动爆发等	24
恐惧	由出门旅行、空旷场地、人群、公共场合及交通工具等引起的恐惧	28
偏执	投射性思维、敌对、猜疑、关系妄想、被动体验与夸大等	24
精神病性	有幻听、思维播散、被控制感、思维被插入等症状	40
其他	反映睡眠及饮食情况	28
总分		360

（2）对学生进行心理健康水平测验

通过中学生心理健康诊断量表（MHT）对每一名高一入学的学生进行心理测量，建立心理档案。量表从八个维度使学生了解自己的心理健康水平。

项目	测查内容	分值
学习焦虑	对考试怀有恐惧心理，无法安心学习，十分关心考试分数	10
对人焦虑	过分注重自己的形象，害怕与人交往，退缩	10
孤独倾向	孤独、抑郁，不善于与人交往，自我封闭	10
自责倾向	自卑，常怀疑自己的能力，常将失败、过失归咎于自己	10

（续表）

项目	测查内容	分值
过敏倾向	过于敏感，容易为一些小事而烦恼	10
身体症状	在极度焦虑的时候，会出现呕吐失眠、小便失禁等明显症状	10
恐惧倾向	对某些日常事物，如黑暗等，有较严重的恐惧感	10
冲动倾向	十分冲动，自制力较差	10
总分		80

3. 国际课程班对学生的评价

国际课程班外教对学生评价表

学科（subject）：　　　　　　班级（class）：　　　　　　学生姓名（name）：

序号	项目 subject	等 级 rank			
		A（85—100分）	B（75—84分）	C（60—74分）	D（60分以下）
1	出勤 presence				
2	课堂表现 Performance in classes				
3	活动表现 Performance in activities				
4	期末考试 final exam				
5	总评 comment				

外教签字（signature）：

操作说明：

1. 出勤：迟到或早退一次扣1分，旷课一次扣5分；

2. 课堂表现：主动发言一次得1分，帮助同学一次得1分；

3. 活动表现：积极参加活动每次2分，承担工作一次得2分；

4. 期末考试：满分以百分计算；

5. 每学期末统计赋分，与普拉瑞中学毕业文凭挂钩。

学校每年都在教师中进行"四星"评选，即在青年教师中评选"德业新星"、在中级教师中评选"德业明星"、在高级教师中评选"德业金星"、在教辅人员中评选"服务明星"。

在学生中进行"六星"评选，即"勤奋学习之星""团结友善之星""文明礼仪之星""爱国诚信之星""自主管理之星""科学创新之星"。

二、坚持"五育并举"原则，学生要全面发展

"以人为本，自主发展"，强调学生人格的全面发展。据教育部统计，中小学生中73%的学生有健康问题，其中90%是心理因素导致的。上海市医学会精神分会了解到，我国约有3000万名青少年心理存在问题，其中心理障碍患病率为21.6%—32%，并呈上升趋势。离异家庭、问题家庭、重组家庭子女增多。早恋、学习压力大，已成为中学普遍存在的问题。因此，心理健康教育在我校的主体性教育中受到了格外重视和关注。

一个好的学校应该是每个学生的精神家园，在二实验，每一位教师都是心理健康的教育者、辅导者。学校一名高三的男生因早恋受到母亲的痛斥，产生了轻生念头。他从学校二楼跳了下去，腰部受了伤，引来众多学生围观，他十分不好意思，流下了羞愧的眼泪。我第一时间赶到了现场，不仅没有责备他，而且大声对大家说："他是因为头晕，不小心掉下来的。"并把学生送进医院，安慰他、鼓励他。在我的呵护下，他以积极的心态面对生活，高考成绩没受任何影响，还考上了重点大学。可见，良好的心理教育，对一个学生的全面发展，有着何等重要的作用。

我要求全体教师学习心理学原理，从心理学的角度分析、解决学生出现的问题。记得有一年高考前，一名学生由于心理压力大，情绪变得焦虑，不但不接受老师的劝导，反而动手打了老师。我把这名学生叫到办公室，给他倒了一杯水，又递上一块糖，学生疑惑地看着我："校长有事？"我说："没事，天太热了，就是想让你喝点水，败败火。"直到学生平静下来，我才苦口婆心地说："你十二年寒窗苦读不容易，就差十天高考了，什么都不要想，安心考试，我相信你一定会考上重点大学。你若相信我，我帮你选择志愿。"心理健康教育使这名学生放下了思想包袱，最终考上了重点大学。

为了学生适应社会需求和未来发展，努力推进创新实践教育与学科教育教学的深度融合，力争为社会输送更多的栋梁之材。

作为春城名校，学校一直致力于促进学生全面、终身、个性发展。多年来，实施基于综合实践活动的生涯教育，以综合实践活动为载体，生涯课程为框架，目标指向学生核心素养，特别是培养学生的认知能力、合作能力、创新能力、职业能力四大关键能力。经过多年的实践探索，学校认为开展科创教育是推进创新人才培育的主要着力点。我校机器人团队多次获得全国比赛冠军。我们认识到：落实国家课程（特别是综合实践活动、劳动教育）与开发校本课程、开展小课题研究、推进项目式学习、实施大中学联合培养，是推进创新人才培育的主要途径；建构导师团队与整合校内外资源是创新人才培养的必要支撑条件；促进评价观念与体系的改革是创设适宜创新人才成长环境的重要因素。

学校德育教育从来实打实，不搞空对空；从细节着手，从一张纸片、一抹灰尘抓起。总值周老师在政教处领导下，负责学生纪律与卫生管理、后进生教育及突发事件处理。学校根据班级纪律、卫生、寝室管理、出间操、晚自习秩序等情况进行评比，评比结果上大榜公布，扣分多了排名就会靠后，不仅涉及班主任政绩考评，更重要的是关系到班级的集体荣誉。看似简单的评比，实际上是学校在培养学生的集体主义精神，也就是"立德树人"。

政教处除了正常组织学生检查教室、寝室外，还时常搞突击抽查。

有的班主任不服气，就来找我评理，一抹灰、一个纸片、几个瓜子皮至于那么严吗？我的观点是：如果学生在走廊里学会走路，既礼貌又规矩，将来开车就会遵守交通规则；知道教室、寝室卫生管理不容易，在家里就知道感恩父母的辛勤劳动，在马路上尊重环卫工人的劳动。一屋不扫何以扫天下？一个房间都管不好，一定管理不好一个班级，将来就管不好一个部门、一个单位。为什么我们学校出去的学生，到了大学那么多人当上学生干部，甚至当上了全国青联干部？因为在二实验他们学会了管理自己、管理班集体以及参与学校的管理。很多学生走向社会，担任了重要岗位，这跟学校的培养目标、养成教育、价值观教育有重要的关系。

学校的政教除了抓学生纪律，比如上课睡觉、讲话、玩手机、抽烟及维持教学秩序的评比外，还有一项重要的工作是抓突发案件与问题学生处理，尤其是学生之间吵嘴打架。开始总值周刘强老师总是很生气，我发现了就跟他说，有啥事别着急，别生真气，慢慢地，什么事都能得到解决。他记住了我的话，以后在管理学生方面少了急躁情绪，多了耐心和细心，工作越来越得心应手。

其实作为教育工作者，我们都应该明白一个道理，孩子不犯错误还叫孩子？孩子不犯错误要学校干啥？学校就是教育孩子不断改错与成长进步的地方。

在教育学生的过程中，我最恨老师打学生、体罚学生的行为，这也是我的底线。

我要求任何老师都不许打骂学生。

对顽劣的孩子，别动辄用纪律与大道理压他，现今的孩子多为独生子女，在家里是小霸王、刁蛮公主。学校必须补上遵章守纪这一课，日后他们走上社会，才会自觉地遵章守法。这是我们学校德育养成的重要内容。

现为副校长的张德辉曾是班主任、政教处主任，有丰富的教育管理能力，曾经为了一名学生的头发，耗时七八个月，终于使其符合规范要求。

学校男同学头发长度一直不符合要求。在尊重学生个性的同时，张德辉不断地做学生的思想工作。按教育部中小学生行为规范第40条之规定，男孩子头发前不过眉、后不过颈、左右不过耳。

这事经过了七八回往返拉剧，一个半学期之后的一天，以前不敢上学校操场，千方百计躲着张德辉的这个男孩子，主动跑到了张德辉面前，终于把头发剪到了合格标准。

也许有人会问，作为一名副校长，抓住一个学生的头发不放，算不算小题大做？我觉得这绝对不是。这样的"小事"是学生养成教育的必经之路。

第一，进行守规教育的需要。仪表规定是一种行为规范，当所有人遵守规定，只有一个人公然违反时，对大多数遵守规矩的人是一种不良诱导，制度规定的紧固链条便会松弛直至脱落。就其本人来说，公开违规而得不到纠正，就会在幼小的心灵中滋生对抗法规纲纪的不良苗头，这对一个孩子的成长是极为不利的。

第二，统一的仪表着装是集体主义精神养成的重要方式。这个男孩子因头发不合规已五次给班级扣了分。一个生活在社会中的人，必须为集体负责。现今是抱团闯天下的时代，为集体负责也是为个人负责。

第三，培养正确审美观的需要。一些学生看到不少男艺术家长发飘飘，以为标新立异就是美。他们没看到，无论长发或短发，真才实学才是本质内核。

我一再强调，"立德树人"一定要务实，要从日常生活行为习惯抓起，从细节抓起，德育教育才能取得扎实的效果；而只有扎实的德育，才能把人才树起来。

针对不同的学生，要采取不同的教育方式，老师在关键环节上对学生的态度，会影响学生的一生。所以，为师者出言一定要谨慎。

高中生早恋是让学校与家长共同头痛的问题。面对这样的问题，我采取不躲不闪的方式，让心理中心主任康成开设了"未来爱人"的心理课，可算作"预则立"之举。

这些年来，我校处理过许多学生早恋事件，有一件我觉得处理得非常人性化。记得男孩是班级团支书、学习优秀、多才多艺，女孩是班级文娱委员。因工作关系，两名优秀的学生接触频繁，关系很好。于是，学生中传出了"早恋"的说法。年轻的班主任找男生询问、谈话。男生坚决否认，拒戴"早恋"帽子。恼怒的班主任要撤掉男生团支书职务，女生压力陡增，张罗着转学。一时间山雨欲来。

主管德育的副校长知道了这件事后，立马叫停了年轻班主任的凌厉攻势，理由一是即便是"早恋"，也要循循善诱，稳妥处置，简单鲁莽弄不好会毁了两个孩子；二是"似早恋"被逼急了，有赌气成为"苦恋"的概率。由于及时采取了温和细致的工作，一场风波得以顺利平息。

这件事后，我向全校班主任提出"四要四忌"：

要客观面对，正确分析，忌先入为主，妄下定论；

要消防影响，保护自尊，忌歧视排斥，舆论谴责；

要指点迷津，晓以利害，忌不置可否，自生自灭；

要迁移情感，释放激情，忌因噎废食，强行封杀。

高尔基有一句名言：谁爱孩子，孩子就爱谁，只有爱孩子的人才可以教育孩子。

我对这句话的理解：一是没有爱就没有教育，爱是教育的灵魂；二是爱是具体的，体现在师生关系上，教师就是那个跟学生没有血缘关系，却能做到跟有血缘关系一样，去爱那些孩子的人。反过来看，对爱的唯一检验标准，就是孩子爱不爱他的老师。

我让全校几乎所有老师都体验过班主任的岗位，让他们爱孩子，同时创造孩子爱他们的机会。

我认为这是老师的价值与幸福所在。如果只教书不育人，应该是为师的最大缺憾。许多刚毕业的大学生，没有半点儿带班的经历，但我的教育观是，让他们当班主任，是因为经验与技巧同爱心比起来是次要的。只要有了爱心，有了责任，什么经验、技巧都会随之而来。但是，如果教师没有爱心，我绝对不让孩子受半点委屈。

在二实验的老师中，几乎人人都知道一件事。一个男老师动手打了一个违犯纪律的学生，下手比较重，被我叫到办公室时，他自己满脸怒容，气得手还在发抖。

我问：你自己有没有孩子？！

他回答：妻子怀孕五个月，还没生。

我说：你不要讲你有什么理由，暂时别当班主任了，今天就交班！等你的孩子出世后，咱俩再交换看法！

孩子出生后多半年，这个男老师主动找到我说，抚养孩子太不容易啦。我说，知道养个孩子含辛茹苦就好，自己的孩子知道爱护，别人家的孩子也是父母的宝贝啊。

教育会赋予班主任多重角色：既是班级这座大船的舵手，又是慈母严父，还是亲人、朋友，所有这些和谐的师生关系，均源于爱。

我校坚持德智体美劳全面发展的方针，组建了 80 人的学生铜管乐团，规模仅次于东北师大附中；组建了校田径队，2021 年取得了长春市乙组第二名的好成绩；培养了国家级教练邓广超，他带领的机器人社团连续六年在各级比赛中为学校获得殊荣。

2011 年，我校初中篮球队在省市两级比赛中夺得冠军。

脑瘫学生徐永琛不仅优先享受了优质的教育资源，而且得到更为人性化的关爱，和所有的孩子一样健康快乐成长，并在高考中以 598 分的成绩考入吉林大学计算机专业。

学校被教育部评为中国青少年机器人竞赛优秀学校。学校科技社团自 2015 年组建以来，在全国、省、市级各项机器人竞赛中连创佳绩。

2016 年第十七届中国青少年机器人竞赛，学校代表队获得 VEX 机器人工程挑战赛吉林赛区高中组冠军、亚军、季军三连冠。

2018 年第十八届中国青少年机器人竞赛吉林赛区中，学校代表队荣获全省 VEX 机器人工程挑战赛项目高中组冠、亚、季军三大奖项，包揽全部奖项，实现此项目自 2015 年以来的四连冠。

2021 年，我校高中、初中队伍在 VEX 世锦赛中国区选拔赛中均晋级 VEX 世界锦标赛；在世锦赛总决赛中高中组再次获得"最佳创新奖"。社团毕业生纷纷考入北京理工大学、上海工业大学、长沙理工大学等国内重点高校。

在 2019 年高考中，毕业学生韩知泉由于机器人竞赛成绩优异，被哈尔滨工业大学计算机科学与技术专业降 20 分录取，开创了我省学生通过机器人竞赛被高校自主招生录取的先河。

2021 年 4 月，为深入贯彻落实习近平总书记"抓好青少年学习教育，让红色基因、革命薪火代代传承"的重要指示精神，落实教育部《关于在中小学组织开展"从小学党史永远跟党走"主题教育活动的通知》要求，由长春市委教育工委、长春市教育局组织的党史学习教育进校园暨"东北抗联铁血少年"主题教育活动，在我校隆重举行。二实验学生代表向全市青少年发出"从小学党史永远跟党走"的宣言，倡议青少年学生争做担当民族复兴大任的时代新人。我校学生张宇轩在接受记者采访时说："我感受到了东北抗联那种艰苦奋斗、自力更生、视死如归、勇赴国难的精神，对我今后的学习生活起到了一种积极的引导作用，激发了我的斗志，让我知道我要为祖国的明天添砖加瓦。"

习近平总书记指出："让信仰之火熊熊不息，让红色基因融入血脉，让红色精神激发力量。"为扎实推进党史学习教育，激励学生牢记使命，学校团委组织开展"缅怀革命先烈、传承红色基因，献礼建党 100 周年"清明节主题活动，学生在清明节祭奠革命先烈。作为新时代社会主义接班人，牢记烈士们的遗志，踏着烈士们的足迹，不忘初心，牢记使命，红心向党，砥砺前行。在弘扬优秀传统文化的同时，进一步激发学生爱国主义情怀。

学校有四名学生成为 2021 年"英才计划"正式培养学员。

"英才计划"是中学生科技创新后备人才培养计划，是中国科学技术协会和中华人民共和国教育部共同组织实施的人才培养计划，是促进中学教育与大学教育相衔接，建立高校与中学联合发现和培养青少年科技创新人才的有效模式。旨在数学、物理、化学、生物、计算机共五个学科范围内选拔一批品学兼优、学有余力的中学生走进大学，在自然科学基础学科领域的著名科学家指导下参加科学研究、学术研讨和科研实践等活动。学校力求培养出具有创新能力的"新青年"，助力优秀学子努力成为堪当民族复兴重任的时代新人。

2021 年末，我校在高二年级开展"英才计划"的遴选工作，经班级推荐、校内筛选、网上报名、网上统一测试及大学导师面试等环节，最终有四名学生成功入选吉林大学"英才计划"名单。其中物理学科入选 2 人，生物学科入选 1 人，计算机学科入选 1 人。四名同学将在 2022 年 1 月—12 月，走进吉林大学，在相应导师的指导和引领下，体验科研过程、提高创新能力，进而树立远大的科学志向，成为具有学科特长、创新潜质的优秀中学生。

三、坚持智慧校园建设，管理要数字化发展

国务院颁布的《国家中长期教育改革发展规划纲要》指出："信息技术对教育发展具有革命性影响，必须予以高度重视。""鼓励学生利用信息手段主动学习、自主学习，增强运用信息技术分析问题和解决问题能力。"2019 年中共中央、国务院印发了《中国教育现代化 2035》，突出改革创新，充分运用新机制、新模式、新技术激发教育发展活力，确保教育现代化目标的实现。

2012 年我校被国家教育部评为千所数字化校园示范校；2013 年又被中央电教馆定为百所数字化校园建设项目校。

2013 年在基础教育二司卡西欧公司和长春市教育局装备处的大力支持下，卡西欧公司赠送我校一部分图形计算器和 Casio 电子辞典。我校又投入 272 万元建成了近

400平方米的数理探究实验室、装备了80个装有交互式一体机的多媒体教室。我们购置了200台计算机、200台图形计算器、100台Casio电子辞典以及满足实验所需的教学模型。

现代文理实验项目的开展，给我校数学和英语教师拓展了更开阔的教学视野，为课堂教学拓展了新的空间，也为我校在课程改革、课堂教学模式改革，特别是在打造主体性高效课堂和学生高阶思维的培养方面的探索与创新提供了强有力的支持，并取得了令人瞩目的效果。

为了与世界教育接轨，实现远程教育目标，学校建设了覆盖全校三网合一的网络系统，营造了一个现代化的工作和学习环境。全国一流的心理健康教育科研基地为学校的多样化和特色发展提供了最有力的保障。

专业化教室建设表

	物理探究实验室	电子辞典探究实验室（2个）
特色实验室（28个）	化学探究实验室	天象馆
	生物探究实验室	机器人探究实验室
	通用技术探究实验室	录播教室
	历史探究实验室	微课录制室
	国学探究实验室	微机室（2个）
	数学探究实验室（2个）	电子钢琴室（2个）
	地理探究实验室	心理健康功能室（9个）
网络中心建设	网络中心光纤百兆专线、千兆桌面、万兆主干	
	84个教室安装了70寸液晶多媒体教学交互式一体机	
教学一体机	10个多功能室安装了84寸液晶多媒体教学交互式一体机	
智慧教室	3个智慧教室，推进主体性智慧课堂落地	

2015年，配置万兆主干、千兆网络到桌面、三网合一的管理系列，为学生配备电子书包，建成两个管理平台：学校行政管理平台、教学资源整合平台。

2016年，建成三个互动平台：教师与学生互动平台、家庭与学校互动平台、教学联盟校互动平台。

2017年，学校把重点放在"三通""两平台"的建设上。实现了光纤百兆专线、千兆桌面、万兆主干，大力推进信息技术与教育教学融合发展。

（1）信息化教学平台建设。

运用五项技术，实现七个系统的建设：希沃技术、UMU 技术、猿题库、作业盒子、91 淘课网等。学校进行八大信息模块建设，现已经建成教学资源平台、教学管理平台、智能题库、学生测评系统、综合素质评价系统、选课走班系统、学生生涯指导系统七个信息模块。

（2）实验室功能提升建设。

进行物理、化学、生物常规实验室改造。实现了常规实验、探究实验、创新实验全方位一体化的科研教学服务平台。

（3）运用卡西欧电子词典、图形计算器开展教学研究，培养学生高阶思维。

2018 年，在第七十七届中国教育装备展（青岛）上汇报了学校信息化建设优秀成果。

2018 年，完成了教学管理平台、智能题库、选课排课系统、微课平台、学生发展指导系统、智能测评系统、综合素质评价系统等八个信息模块建设。利用云课程、升学 E 网通、91 淘课网等使 19 门课程实现了网络化。

2019 年，中国首批航天员赵传东大校和"全国航天科普进校园公益"活动一起走进我校。我校聘请航天专家李天麒工程师为航天 STEAM 教育专家，每周四下午为学生开设卫星智造课。

2021 年，我提出主体性智慧课堂模式。2022 年，学校新投入了三个智慧化教室用于全面推进主体性智慧课堂落地。从未来课堂教学模式的变革趋势来看，智慧课堂有着传统课堂无法比拟的优势。初级应用上可以提高学生的课堂听课体验，提高听课效果。高阶应用上可以即时实现"教学评一体化"教学，在课堂测试上可以实现对每一个同学，每一道试题，每一套试卷的过程性评价和总结性评价。这极大地提升了教学效果，加速了"一二三四五"主体性教学模式的深入落实。

四、坚持学习型学校建设，教师要专业化发展

（一）师生共筑书香校园

2003 年，我向全体师生提出了校长寄语："校长读书，老师读书，学生读书，积淀数年，水滴石穿，共筑书香校园。"仅 2010 年这一年，学校就向教师赠发图书 152 种、271 册，其中有《教师职业生涯规划与发展设计》《新课程下我们怎么当老师》《教师必备的十大职业精神》《在北大听讲座》《改变世界的 100 大科学发现》……

2018 年 4 月，"开展全民阅读，共筑书香校园"活动启动仪式暨读书报告会召开，

这也是为促进学生全面发展的战略思考。为推进活动的长足开展，学校聘请了吉林省全民阅读协会赵云良会长为学校的高级顾问。

2019年盛夏，学校挂牌书香吉林讲书堂，开设的"先生讲堂""弟子讲堂""家长讲堂"精彩纷呈，让全校师生和家长兴致勃发，积极担纲，踊跃主讲。

2020年7月，中小学阅读委员会落户我校，这是我校的一大盛事，更是一大幸事。阅读活动，为我校学习型学校建设强基固本，为莘莘学子搭建了实现梦想的金桥。

2021年7月，吉林省全民阅读协会书香校园阅读联盟成立仪式在我校隆重举行。本次活动的主旨是，为书香校园建设注入深刻而持久的内容系统，为新时代培育热爱读书、善于实践、拥抱社会、自由快乐、面向未来的青少年。

学校高中语文组本着拓宽学生的知识面，激发学生读书的兴趣，培养学生想读书、爱读书、会读书的良好习惯和能力，同时起到发展学生智力、陶冶情操的目的，制订了《"建设书香校园"高中语文阅读教学计划》，强调"语文课外阅读活动是语文学习的重要组成部分。阅读，使学生进入一个闻所未闻，见所未见的奇妙世界。它指导学生认识人生，热爱生活；它召唤学生张开思考的风帆，在书海中遨游；它启迪学生仰以察古，俯以观今，寻求信仰的力量、精神的支柱；它引导学生获取知识，发展个性，建立自己的知识结构。"

此阅读计划中，详细列出了读书内容、指导措施、具体安排和主题阅读实施策略，采用阅读指导课、读物推荐课、阅读研讨课、阅读欣赏课、读书汇报课等多种课型进行阅读指导训练，激发学生阅读兴趣，提高阅读能力。另外，强化"不动笔墨不读书"的方法：（1）圈点勾画；（2）做批注；（3）写读书笔记；（4）做读书卡片；（5）摘抄精彩片段；（6）撰写读书札记。并在读书期间开展丰富多彩的活动，如优秀读后感评选、精彩片段朗诵比赛等以巩固成果。倡导与学生一起读书，及时交流读书心得。每周每班一个学生利用课前进行读书交流分享，篇目在教育部发布的《中小学阅读指导目录》的90篇里任选。根据各年级的学生特点，分别指导阅读方式：高二主题群众阅读＋整本书阅读；高三名著导读＋热点时评阅读＋散文阅读与写作。

本计划在实施过程中，会根据学情适时调整进度、节奏和探究的内容，以学定教，让阅读课为学生语文素养的提高和终身发展奠基。

"腹有诗书气自华"，阅读是传承经典文化的最佳途径。2020年，中共中央提出全面复兴传统优秀文化，2025年，中华优秀传统文化传承弘扬体系基本形成。多年来，我十分重视经典的阅读和传承，把营造书香校园作为一个优良的传统。学校开展了"弘扬传统文化，构建书香校园"系列读书活动。学校开设"先生讲堂""家长讲堂""弟子讲堂"，奇文共赏，质疑思辨，为打造学习型团队开拓新路。

2021年3月，新学期的第一次"先生讲堂"如约而至，高一语文组潘庆龙老师进行了"重读《西游记》"的阅读分享。

让经典照亮现实，经典才会有持久的生命力。有的学生对经典敬而远之，针对这种误区，潘老师就必读书目《西游记》做出深入浅出的解读，既引经据典，又联系现实，学生们不时发出会心的微笑，献上热烈的掌声。

一本好书就是一把开启智慧大门的金钥匙，潘庆龙老师巧妙引导学生思考这部经典著作带给我们的人生启迪。在漫长的历史演进中，《西游记》已成为一部人生之书，无论你走到哪个人生阶段，无论你的学问达到何种境界，它都会从上方照亮你。读一本好书，可以帮助我们重新认识自己，看清世界，厘清心头百思不得解的疑惑，并最终成为一个更好的自己。

"一个人的精神成长史就是他的阅读史。"作为教师，我们不仅要把阅读的种子播撒在学生的心田，还要将它珍藏在自己的梦里。时逢建党100周年的历史节点，党和国家提出复兴传统文化，具有深远的历史意义：回望经典，弘扬经典，传承经典，创新经典。愿全校师生以经典为伴，为创建学习型学校助力；携经典同行，以办"人民满意教育"为建党100周年献礼！

语文组是我的负责区域，我特别重视打造书香校园，重视学生阅读与写作能力的提升，积极督导语文组通过"先生讲堂""亲子讲堂""经典有约"及微信公众号等形式落实并推进全民阅读的进程。

2021年3月，为更好实现"立德树人"的教育目标，提高语文教师的写作教学素质，培养学生在写作中抒发真情、提升情怀的能力，我校邀请了吉林省全民阅读协会赵云良会长为全校初高中语文老师做了一场精彩的讲座。

此次讲座是语文组本学期的第一次大组教研活动，力求以解决一线教师在教学实践中出现的问题和困惑为重点，从教师的需求出发，探索行之有效的教学路径，不断提升教师的教学研究水平和将教学理念转换为教学行为的能力。整场讲座围绕陶行知先生的"千教万教教人求真，千学万学学做真人"的箴言展开，为我们呈现了"五真写作"（人）的真正内涵。

习近平总书记曾强调："要把'立德树人'融入思想道德教育、文化知识教育、社会实践教育各环节，贯穿基础教育、职业教育、高等教育各领域。"那么如何才能"立德树人"呢？我们在赵会长提出的"五真写作"中找到了答案。写真事，让我们生命淋漓畅快；做真人，让生命个体变善变美。

赵会长提出：写"假"文章，写到山穷水尽，贻害无穷；写"真"文章，写成通天大道，受益终身。"五真写作"让教育回归本真，也让教育者与被教育者学做真人。

写作的真情能打动读者，但前提必须是打动自己。真情实感应是健康的、积极的、美丽的，更应该是负责任的。写作的真知需要我们用心体会，写作给我们提供了一个媒介让我们去透过它洞察、体悟生活的某种感觉。写作的真理并非佶屈聱牙的大道理，而是一个个朴素的事实，而写作的真我就是"我就是我，不一样的烟火"，文章千人千面，独特的色彩，独特的表达。

赵会长也为我们提供了实现"五真写作"的具体路径。其中的方案目标让与会人员回味良久，是的，"让每一名学生都带着一部专著离开校园"这个伟大的目标解决了学生们终身成长的问题，它既打通了学生们未来的求学之路，也让他们的就业有了光明之路，更让他们向着优秀有了一条卓越之路。

语文学科主任李敏在讲座结束后表示：语文组教师会一起通过"五真"写作实践引导学生抒真情、写真意、悟真理、寻真我，让学生的写作能力和素养更上一层楼！展现二实验的办学特色，促进学习型学校的发展，实现"立德树人"的教育总目标！

2021年4月，为贯彻习近平总书记"抓好青少年学习教育，让红色基因、革命薪火代代传承"的重要指示精神，落实学校的"学党史、知党情、感党恩、听党话、跟党走"的具体要求，我校以"先生讲堂"为载体，开展了"学史明理，学史崇德"主题系列讲堂活动，将党史学习教育进校园、进教材、进课堂，真正融入同学们的学习与生活中。

主讲教师是高一年级政治组王攻博，他主讲的题目是"学党史奏响主旋律，扬正气凝聚民族魂"。

王攻博老师从对比别人的路、回望自己的路、远眺前方的路三个角度，阐明了中国共产党是中国特色社会主义制度的最大优势，以及党如何带领各族人民实现从站起来、富起来到强起来这一伟大飞跃。

讲堂的最后，王攻博老师播放了庆祝海军成立72周年的视频，"山东舰"向1921年的红船致敬："今日之盛世，如你所愿！"这也彻底激发了现场同学的爱国主义情怀。

2021年9月，学校举办《以书香庆贺盛世华诞，用经典传承红色基因》红色经典诵读会。

此诵读会分三个篇章进行，第一篇章《青春如火，初心如炬——抉择之路》长征是宣言书，长征是宣传队，长征是播种机。任凭时代变迁，永不磨灭的是不惧困难、无坚不摧的长征精神。

第二篇章《植厚情怀，拼搏奉献——奋斗之路》。安享岁月静好，不负先烈重托。

英灵虽逝，浩气长存；风范永垂，精神不朽！

第三篇章《薪火赓续，伟业长青——复兴之路》。锤镰焕彩，与时俱进，永砺初心辉日月；筑业奋斗，九州铺锦，使命担当耀中华。

阅读活动春风浩荡，万千学子茁壮成长。语文组以阅读为核心，开展大单元教学设计研究，有16位教师参加"先生讲坛"活动；从2017年11月至今，长白山文学社团坚持开展"经典有约"师生读书推介活动，高中部师生通过微信公众号共推介54期，并组织"阅读经典，书香校园"读书报告会。开展了群文阅读及整本书阅读活动，包括殷悦老师的整本书阅读汇报课《莫泊桑短篇小说》，李敏老师的群文阅读汇报课《杜甫诗歌群文阅读》，国辉老师的《写秋散文群文阅读》和芦影老师的《古诗词群文阅读》。

2016年张琳琳老师专题讲座《一个贫寒书生沦落三部曲》。

2018年潘庆龙老师读书分享报告《让灵魂永远发光》《理想映照现实——文学作品中的隐喻》；2021年潘庆龙老师做了题为"梧桐叶上三更雨，几回魂梦与君同——重读《西游记》"的读书报告。

2018年4月，语文组举办"传诵文化经典，共筑书香校园"师生诗词朗诵比赛。

2018年9月，参加城市晚报教育官微——《校园传媒》举办的"绿叶对根的情意"教师节学生主题征文活动，取得优异成绩。

2019年9月，庆祝建国70周年，高中语文组举办"爱国诗词朗诵活动"。

2020年5月，开展"先生讲堂"：姜华《世说新语》，殷悦《故事新编》，董琳《我们仨》，胡明浩《三体》。

2020年9月，开展"家长讲堂"及"弟子讲堂"。

2020年10月，吉林省中小学阅读委员会首届语文年会，吴巍老师主讲小初高同课异构《归园田居》。

通过开展全民阅读活动，我校2020年高考成绩再创辉煌，高俊瑞、郭俊言等同学考入北京大学、复旦大学、中国人民大学、浙江大学等名校，近300名学生被211以上高校及双一流高校录取，600分以上比例位居市直高中前列，提高率名列市直高中之首。

我校与吉林省全民阅读协会共同合作，以我校为龙头，带领全省198所学校共同开展省级规划课题《以读写讲做成才计划推进未来新型学校建设》研究。

在全民阅读活动的引领下，我校荣获第十六届、第十八届"叶圣陶杯"全国中学生新作文大赛"写作教学先进单位"称号和"优秀团体奖"；我校教师李敏、董琳、陈涛、于静波、国辉、汪苗、朱莉、殷悦、李静、邢顺利、韩英群获优秀指导教师奖；

我校学生参加"叶圣陶杯"作文大赛，每届都有100多人荣获一等奖。

阅读是人生阶梯，助学生登高望远；阅读是精神之钙，让民族挺直脊梁勇往直前。阅读活动推进了我校教育教学成果，催生了菁菁校园文明花开。我校启动"星星之火，卓越教师培养计划"，聘请孙立权等省市专家为特聘导师，有32名教师荣获吉林省教学精英、吉林省教学新秀、省市名师称号，我校是获奖人数最多的学校。卓越教师培养计划特聘导师，激发了全体二实验人以阅读为犁深耕教育沃土，以阅读为翼助力学子翱翔的信心和决心。

习总书记强调指出，实现中华民族伟大复兴的中国梦，必须全面提升全民阅读的深度、广度与厚度。在教育转型的关键时期，在全民阅读尚且任重道远的时刻，书香校园建设使命艰巨，空间巨大，吉林省一批勇于探索的学校为了一个共同的目标，抱团发展，必将为全省乃至全国的书香校园建设和书香社会建设开一时新风，领一时潮流。

阅读活动是学校落实党的教育方针的重要举措，是实现学校发展目标和学生培养目标的强大推力，我非常急切地希望全民阅读的习惯能够推广下去，希望阅读活动的蓬勃开展，使广大师生和家长成为中华民族伟大复兴中国梦的筑梦者、追梦人。

（二）打造德业双馨的教师队伍

当人类以坚定的步伐迈入21世纪的时候，二实验中学也在短短的几年里，创造了长春市教育的奇迹。现在我校已经成为长春教育园圃中一朵灿烂夺目的奇葩，在教育改革的大潮中昂然立于潮头，各方面发展都达到了一所示范性高中的标准。在一片赞扬声中我清醒地认识到：学校是否有广阔的发展前景，是否能在未来的竞争中创造更辉煌的业绩，关键在于学校是否具有可持续发展的能力。这种可持续发展的能力、好的生源和优良的教学设施，更依赖一支具有可持续发展能力的优秀教师队伍，以及与之相适应的教师培训制度和管理制度。

师资力量是一个学校发展的重要因素。我是从基层走过来的，对此感触最深，学校的硬件建设固然重要，但教师才是学校最宝贵的财富。我在担任教学副校长以后，一手抓教学改革，一手抓师资建设。鉴于当时学校一大批有丰富经验的老教师即将退休，而青年教师由于缺乏锻炼机会尚未成长起来的现实，我首次在学校里提出了师徒"结对子"的策略。特别是在新校区落成、办学规模不断扩大的情况下，并没有出现教师队伍青黄不接的危机，我觉得这就是狠抓教师队伍建设的结果。

师德建设一直是师资建设工作的重中之重。通过建立师德工作责任制、宣传先进典型人物事迹、全校教师师德宣誓活动等，在学生和家长中开展了"我心目中的老师""我评老师""我需要怎样的老师"等活动，培养教师树立了科学的教育观、学生观和人才观,努力塑造教师爱岗敬业、无私奉献的优良品质。目前,在全校教师中,求进步、讲奉献、爱学生、讲实干、勤探索、讲创新、重师表、讲团结,守纪律、讲廉洁已经蔚然成风。

教学水平是衡量教师的重要标准。为此,我在学校通过开展"八个一""二五七"工程,实施"12345"主体性课堂教学模式等,推动教师苦练基本功,掌握现代的教育思想和教学手段,增强教师驾驭教材和课堂的能力。同时,以科研课题为导向,优化了教育教学模式,提高了教育教学质量,促进了全体教师的专业化发展。为适应教师发展的需求,学校鼓励教师利用业余时间,通过不同渠道实行学历提高培训;组织教师外出学习考察,开展教师论坛,把他人的先进经验和理念纳入到办学和教学理念当中去,既增长了教师阅历,又提高了教师修养,更好地促进了教育教学工作及个人素质的提高。团队建设、教育科研,不但激发了广大教师积极探索的热情,同时也提升了教师队伍的综合素质。

1.针对大学毕业生提出了"二五七"蓝青工程

"二五七"蓝青工程,即两年成为合格教师,五年成为骨干教师,七年成为优秀教师。

五年骨干教师教学效绩考核标准:期中、期末、会考、毕业考试成绩的及格率、优秀率超过同学年的平均分数;每学期承担一次教研课,参加校、市竞赛并获奖;在教研能力的要求上,每学期写一篇论文,在市级以上报刊、杂志上发表文章两篇以上。跟两年合格教师相比,这个标准是合适的。

五年是在两年基础上计算的,也就是说在两年合格基础上,今后三年要在校、市教学的竞赛中获奖,在市级以上刊物发表文章五篇以上。

七年优秀教师教学效绩考核标准:期中、期末、会考、毕业考试成绩的及格率、优秀率达到同学年最高分数段,能独立制作教具,改进和补充教学实验;每学期承担一次研究课或示范课,参加校、市级竞赛获一等奖;在教研能力方面则提出6条要求:在校级以上研讨会、年会上主旨发言,承担校级以上研究课、观摩课,市级以上论文获奖,市级以上刊物上发表文章五篇以上,在市级以上研究团体任职,承担市级以上教改实验课题研究。

我要求入职教师在七年之内,要达到相当于市级骨干教师的水平。

2.面向全体教师提出了"八个一"教师素质提升工程

①制订一个规划:《教师职业生涯发展规划》;

②上一节研讨课;

③参加一项课题研究;

④读一本书（与自身发展有关）；

⑤写一篇论文（与专业发展有关）；

⑥开一门选修课或指导一个学生社团；

⑦做一次教师论坛发言或给学生做一次讲座；

⑧编写一部导学案或制作一部课件。

促进全校教师成长的还有"八个一"考评机制。从"五个一"到"八个一"，最大的变化是，第一条增加了"教师职业生涯发展规划"，说明进入二实验的老师，在职的所有学习提高都已在规划指导下进行。另一个显著变化是，"八个一"比"五个一"更贴近教师本人实际。比如，读一本书，以前"五个一"要求的是一本教育理论的书，现今"八个一"要求读一本职业生涯规划与自身发展有关的书。又比如，写一篇论文，以前要求写一篇教育改革的论文，现今则是写一篇与本人专业有关的论文。

学校的"八个一"同教师发展规划与切身利益紧密相连，得到了教师们普遍接受。

一是精神层面的，"八个一"与学校"四星"评比挂钩：在青年教师中评选德业新星，在中级教师中评选德业明星，在高级教师中评选德业金星，在在勤人员中评选服务明星。入职二实验的所有员工，都有追求上进与荣誉的空间。我深知，人追求的不仅是物质，更在乎精神生活。

二是物质层面的，校内名师工程在评聘国家教师正式职称时，起到很大影响作用。对教师晋级升档，学校实行了四个倾斜：同等条件下倾斜教学一线；同等条件下，倾斜班主任；同等条件下，倾斜贡献突出的；同等条件下，倾斜年龄偏大的。

教师必须做的"八个一"工程中，每年上一节研讨课、参加一项课题研究、写一篇论文、读一本书等，都离不开教育科研。学校十分注重教师研修能力的提高，无论学科展示，还是培训内容设定，以及优课计划，都注意与国家、省、市规划研究课题相结合。国家"九五"到"十三五"期间，学校共承担国家规划研究课题达30项，有12项获得了国家优秀科研成果奖。

3. "星星之火"卓越教师提升工程

学校在教师培训提高上采取走出去、请进来的方式，把教师业务能力提升放在新高考改革重要位置，通过外聘专家，充分依托省、市卓越的教育科研力量，利用校内外优质师资资源，发挥骨干教师的核心引领作用，搭建促进教师可持续发展的成长平台，帮助教师科学规划职业生涯，协助教师实现职业成就感。培养学校的德业金星教师、德业金星教师培养德业明星教师、德业明星教师培养德业新星教师、高中骨干教师培养初中教师。

经过三年，我校的骨干教师队伍翻了一番，达到在岗教师的 60%，发挥省级示范性高中的示范和辐射作用，以优质教师"星火"之势，助燃教师专业发展繁荣昌盛、蓬勃永续，为长春基础教育的发展，办好人民满意的教育做出更大贡献。

多年来，学校特别重视对教师的培训，每年投入 20 万元作为教师培训的专项经费，倾力打造骨干师资团队。仅 2008 年，校级领导全部完成了新课程通识培训，11 名教研组长参加了国家级培训，24 名骨干教师参加了省级新课程培训，高一年级所有任课教师全部参加年级新课程培训。全校参加市级以上培训人数占全校教师总数的 80%。聘请专家来校讲座 9 次，学校集中组织校本培训 4 次、教研组长培训 6 次，校级培训率达 100%。

学校把外出学习当成对追求上进教师的奖励。2013 年，投入资金达 46.7 万元，主要用于聘请专家来校讲座与教师外出考察。全年学校集中组织培训 24 次，以教研组和课题组组织培训 46 次，学习培训时间达 80 学时。一批骨干教师赴国内教育先进城市北京、南京、上海等地学习考察，部分教师还去了美国、新加坡、日本等地学习。

学校从培训第一天起，就鼓励教师把学到的知识用在学科建设上，为此全校开展了广泛的学科展示活动。仅 2009 年，学校开展教师论坛 10 次，全年教学公开课 252 节，11 个学科开展教学展示活动，安排学生参与活动 25 项，率先推动语文、英语、物理学科面向长春全市公开展示。胡明浩、赵锦红等人就是通过学科展示，获得了长春市骨干教师专业发展论坛金星奖。

教师们的进步发展，与"八个一"与"二五七"两项工程制度密不可分，刚性的制度不是万能的。制度只能要求人必须那样做，解决不了人们自觉自愿做的积极与热情。

在学校，老师们追求进步与发展是自觉的，而且充满了至高的热情。不论你是新教师还是老教师，不论你的水平是高还是低，必须力求上进，谋求提高。因为，你周围的人都在不断努力，不断进步。

我常说"喊破嗓子，不如做出样子"。为了给全体教师做出榜样，我以身作则，求进步、谋发展。二十年来，我时刻不放弃对自己的要求。2014 年，我在繁忙的工作之余，仍然完成培训 120 小时。

在长春市教育局举行的校级领导新课程理论考试中，按规定我可以免试。但为了带动大家积极参与学习，我带头参加考试，两次成绩均进入前 10 名，获"新课程大赛十佳校长"称号。二实验领导班子成员名列前茅，获"最佳团队奖"。在微机使用上，一些中老年教师有畏难情绪，我也带头参加培训，参加继续教育考试。我制作的网页《二十一世纪中美关系展望》被英特尔未来教育评为特等奖，在长春市教师网页大赛中又获特等奖。

由于我的带头效应，学校全体教师通过了微机初级考试，168 人通过中级考试，24 人通过高级考试。在长春市课件大赛中有 203 人次获奖，是长春市各学校获奖人数最多的学校。

2011 年，我主持编写的两本书《中国心理健康教育活动课程》高中分册与初中分册出版发行，并获得长春市普通高中优秀校本教材一等奖。同年，我主持开发的校本教材《科学与创造》《人文与社会》也获普通高中优秀校本课程一等奖。

2013 年，为促进中层以上干部教育观念加快更新，我组织领导班子与部分骨干全年学习 42 次；开办"创新管理论坛"，让 21 名教学骨干进行交流。对照先进教育理念找差距，剖析问题原因及解决办法，有效提高了全校领导与骨干思想观念更新，开阔了视野。该项成果已整理成稿，编入《创新管理》文集，由吉林人民出版社出版，为学校及长春市教育留下了一笔宝贵的精神财富。

在学校里，教师们的常规"内功"是会备课、会说课、会讲课、会评课。每个教师在参加基本功训练后，一方面，要写总结回顾自我评估报告；另一方面，要参加校内技能研讨。研讨分层次进行："三新"，即新招聘到校的，新调入校的，初中新接高中课的教师要上汇报课；青年教师要上研究课，谈教学体会；优秀教师则要上示范课或精品展示课。这就将所有教师学习培训成果与教学水平，完全公开展示于全校老师面前，逼得你不得不想方设法提高自己。

2015 年，二实验全年搞了 13 个学科教学活动周，99 位教师上了研讨课，专家评审委员会评选出 10 位教师获"三星奖"，并做了示范展示。在"一师一优课，一课一名师"竞赛活动中，109 名教师参加"晒课"活动，86 名教师参加微课活动。

同年，马进、孙磊被评为长春市"十佳"教师，胡明浩获长春市微课大赛一等奖，杨艳慧获吉林省教学新秀称号，全年 169 人获各级各种荣誉奖励。其中获全国奖项的 11 人次，获全省奖项的 5 人次，全校 72 名教师被认定为长春市骨干教师。

2016 年，全年 15 个学科开展了教学活动周，53 名教师上了研讨课，13 名教师上了选修课，全校参与教师 229 人次，听课教师达 2068 人次。

2008 年至 2017 年 10 年间，二实验教师获奖人数与获奖级别呈现倒金字塔式上升。获市级以上奖励荣誉的，最初几年仅为几人、十几人，到后几年，每年获奖上百人次。例如 2016 年各级各类荣誉获奖达 225 人次，2017 年全校仅获得省级教学精英、省教学新秀、省级科研骨干称号的老师达 160 人次，说明学校教师队伍素质水平发生质的飞跃。

我校化学教师刘峥曾深有感触地说："我刚来校时，面对人人向上的氛围，压力特别大。不过，在这个压力环境中我成长得很快，从一名普通教师成长为吉林省化学骨干教师。"

我对教师们进步发展的要求是无止境的，尤其对"尖子"教师，希望他们赶上甚至超过自己。

我校物理老师菊花，蒙古族，是一位勤奋上进，又对学生充满爱心的老师。菊花 1995 年毕业于东北师范大学，2012 年评上了高级职称，并获得省、市物理学科骨干教师称号；多次在省、市论坛做发言，出模拟试题，听评青年教师公开课，代表长春市出席首届全国中小学科研兴教研讨会介绍经验；同时，还承担了高三年级三个班的教学任务。可以说，教学与交流活动忙得她只剩下睡觉时间。

2017 年，吉林省评选首届教学精英，从时间与工作量上看，菊花没有时间备考：2 月份长春市高一物理学科集体备课，3 月份长春市高三年级二模考试质量分析，4 月份三年级三模考试质量分析。此期间，校内还举办物理核心素养论坛，5 月份要承担省优秀教研组长培训讲座任务。

因为时间不充分，菊花就没有报名。我就找菊花，要求她必须参加省教学精英选拔赛。

吉林省教学精英规定从省骨干教师中选拔，学校里一些想参加的人不够资格，自己够资格"不参加"这话，菊花觉得对我说不出口。既然参加了，就必须评上，不然跟校长交代不过去。怎么办？

菊花说，白天时间占没了，就只能挤睡觉时间。那一段，自己规定的作息时间是，夜里 12 点前为备课时间。实际上，多半是到第二天 1—2 点上床，6 点闹铃叫醒，7 点前必须到校。对付困的办法是，每天晚上喝两三次浓咖啡。那一段，真是拼命了。待到吉林省首届教学精英拿到手，筋疲力尽的菊花长出了一口气，高兴地找我汇报说，今后终于可以松口气了。

我说了两句话，让菊花松弛下来的神经发条，陡然又被拧紧了：第一句是，我就知道没有你菊花达不到的目标；第二句是，你还不到松劲的时候，你还不是特级教师呢。

2018 年的菊花，不负众望，以突出成绩，再次获得了吉林省与长春市教学名师荣誉称号。

我校语文教师朱莉工作很努力，是比较早的省级与市级骨干教师，获高级职称已有 10 年。2015 年在东北三省四市教研会上论文获一等奖，并在市语文教研课进行了示范展示。2017 年，省选拔首届教学精英，即菊花报考的那一次，菊花为物理科，朱莉为语文科。当时朱莉找到我说，全省只有 6 个名额，我怕自己考不上，这次就不报名了吧。

但我丝毫未松口，6 个名额挺多嘛。即便只有一个名额，你也要考上。

就这一句话，把朱莉"逼"了上去。没有了退路的朱莉寒假中恶补了一个半月，终于评上了首届吉林省教学精英称号。继评上省教学精英后的第二年，朱莉毫不松弛，奋勇争先，又被评为省级语文学科带头人。

学校的老师都说我"严"，让主要不是态度严厉，使人难以接近，而是要求严格。对一般老师，尤其是学生，我总是和颜悦色，几乎从未发过火。而对中层以上干部，尤其是离自己越近的，往往说话直来直去。这应当是多年感情与熟络的缘由。好比一个人在外人面前一般会彬彬有礼，说话讲究分寸，而回到家里则毫无掩饰。对我的校长助理兼校办主任闫玉波，多半是这样。因为我觉得跟他的个人感情不一般，说情同母子毫不为过。

当时闫玉波兼两个班的数学课，办公室里的事也很多，省级骨干教师参评就未报名。我知道后立马动了火：你不报名不行！报名了评不上也不行！口气对一般老师是动员及要求，对闫玉波就是下命令。

后来，闫玉波对我说，工作忙是一方面原因，主要还是自己懒惰和畏难情绪。省级骨干有一定数量限定，那一年不是洗牌重评，而是有退休和调走等减员，是补缺。长春全市只有 6 个数学骨干名额，要上去也挺难的，结果幸运评上了。

学校不仅是培养学生的毓秀之地，也是名优教师发展的广阔天空。多年来，在"以人为本，自主发展"办学理念引领下，通过"八个一"工程、"星星之火"卓越教师培养计划、"先生讲堂""青蓝工程""学科活动周"等丰富多彩的教研活动及多层次的课题研究引领教师专业发展，学校已打造出拥有省市级骨干名师、省市教学比赛获奖、高学历高素质、年龄结构优化的教师队伍。

2018 年，在长春市学科骨干教师重新认定遴选中，我校有 83 名教师成为新一轮学科骨干教师培养对象，人数居长春市直学校之首。现在我校市级以上骨干教师约占全部教师 50%；在长春市普通高中教学名师、教学新秀评选中，我校有 26 名教师荣登榜首，占长春地区名师、新师总数的 10%；在长春市课程指导委员成员评选中，我校有 21 名教师入选；在新一轮长春市初中毕业学业考试命题人才库成员考试选拔中，学校有 11 位教师获得中考命题人才库成员资格，标志学校教师队伍建设再上一个新台阶。

2020年，长春市基础教育研究中心普通高中"十佳教师"评选活动暨"四改一体"教学评价能力大赛中，我校教师经过笔试、评课两轮选拔脱颖而出，取得了优异成绩。我校共18名教师参赛，有16人获奖。其中9人获得长春"十佳教师"称号，7人获得"四改一体"教学评价能手称号。我校入选人数在长春地区全部参赛校中名列前茅。

2021年，在长春市教育局开展的中小学"学科骨干教师"评选活动中，我校共有102人被认定为长春市骨干教师！

此次102位市骨干教师的认定进一步证明了学校师资教研水平，强化了学校学科基础建设。接下来，我校将进一步发挥市骨干教师的示范辐射作用，促进教育教学质量不断提升。积淀承厚韵，风华铸丰碑。学校将持续以优质的师资力量成就卓越名校，为学生成长成才增值赋能。

现在全校有教职工340人，任课教师260人。其中特级教师8人，正高级教师4人，高级教师83人，国家、省、市骨干教师158人，毕业和在读研究生101人，同时拥有全国劳动模范、全国模范教师、全国优秀教师、省市专家、省优秀教师、省级科研型名校长、省级科研型名教师、"十佳"教师、"师德标兵""德业双星"等各级各类教学能手达百余人。

五、坚持示范校辐射作用，推动学校高质量发展

（一）现为长春田家炳教育共同体理事长单位

为促进内地与香港地区教育交流与发展，2016年4月1日，长春市田家炳教育共同体成立，学校为理事长单位，我任共同体理事长。

现成员为：长春二实验中学、五中、六中、七中、八中、十七中、一中、希望中学、养正高中等十所学校。

长春市田家炳教育共同体成立之时，我代表田家炳教育共同体与香港仁爱堂田家炳中学正式签署结成姊妹校协议，与东北师范大学田家炳书院签署合作交流协议。

（二）现为长春市教育第六联盟龙头学校

2017年12月8日，在平等自愿、资源共享的原则下，打破城乡、校际、性质、隶属关系界限，建立普通高中学校联盟协作体。这一举措就是微观层面实现"一校一案"，建立"高中联盟"宏观层面推进"名师云课"。建立普通高中联盟，多元借鉴、多措并举，能有效在全市形成协调发展的高中教育格局，从根本上破解学校办学水平参差不齐等难题。这是事关百姓福祉的民生工程，也是事关社会和谐的发

展大事，我校为第六联盟校龙头学校。

第六联盟：市二实验联盟。

成员单位：长春市第二实验中学、长春市第七中学、长春市第九中学、长春市第一三六中学、九台区营城第一高级中学、九台区师范高级中学。

（三）现为吉林省 BEST 教学协作体理事长学校

2006 年，长春二实验中学与四平一中、通化一中、白山二中建立了协作体。教育教学的各个领域广泛交流与合作，相互学习，相互提高，促进了学校的发展。特别是在新课程改革的探索实践中，迈出了新课改的坚实一步。

（四）现为"两学一做"学习教育联合体理事长学校

为了扎实开展好"两学一做"学习教育，全面落实从严治党要求，强化学习型基层党组织建设，共享联合体学习教育资源，围绕学习教育开展经验交流，提高党员学习教育实效性，形成党员教育常态化和制度化。组建"两学一做"学习教育联合体。

成员为长春二实验中学、长春综合实验中学、长春东光学校、长春艺术实验中学。

（五）学校承担长春市教育局影子校长培训任务

连续承担六期长春市骨干校长影子培训任务，为长春市市直属各类学校培养刘丽娟等 22 名优秀校长。2019 年，承担在长春市第九期"影子培训"工作，承担了为职业学校培训优秀校长的重任，长春市职业技术学校王文举校长、长春市特殊教育学校王洪亮校长、马文玲书记、东北科技职业技术学校郎晓明校长作为培训对象参加了跟岗学习。我多次在中小学（初中校长）骨干校长高级研修班做讲座。

（六）2017—2020 年全国各地学校参观学习

三年期间，学校共接待来自海南、青海、江苏、安徽等全国 20 多个省市教育界同行 2000 余人次来校参观。我和心理中心康成主任为国培、省培讲座近百场，辐射作用远播全国。

（七）2017—2020 年承办市级以上现场会和调研工作情况

近三年，学校共承担市级以上现场会和调研任务 19 次。其中，承担国家级调研任务 5 次。我校作为吉林省高中学校唯一代表，承担国家督导组对基础教育首次调研任务时，调研组组长、南京大学邢定钰院士表示："我一辈子生活在南京，一直以为东北经济落后，但今天，我看到了一所比南京还好的学校。"

2020 年 2 月 14 日，我校代表全省基础教育承担国务院疫情防控第七指导组对我省基础教育学校疫情防控工作的调研。调研组组长，原国际卫健委监督中心陈锐主任认为："二实验校长政治站位高，工作经验多，行动速度快，宣传有方法。"

2020 年 3 月 31 日，学校作为全省基础教育唯一代表，接受吉林省委书记景俊海对疫情防控工作检查。景俊海书记认为："李校长不愧是教育家型校长，二实验中学的经验可以作为全省典范加以推广。"

我曾在一次培训动员会上讲过这样一段话："大家知道当今社会最可怕的事是什么吗？"看到不少老师面面相觑，我接着说，"并不是来自美国、日本的威胁，而是比我们优秀的人，比我们强大的人，还在努力奋斗，还在自强不息……"

附录

【我的文章】

关于基础教育学校集团化办学的思考

金秋十月，有幸参加了长春市教育局基础教育处和教研室组织的赴上海、杭州教育考察，通过访问座谈、参观校园、深入课堂听课，完全置身于新高考改革的探索之中，徜徉于学校集团化办学的成果分享之中，真正是感悟至深、受益匪浅。下面仅就基础教育学校集团化办学的一些思考向局领导汇报，并与各位同仁分享，恳请批评指正。

一、基础教育学校集团化办学的背景

从 20 世纪 90 年代末起，上海闵行区率先引进华东师范大学叶澜教授团队开展了长达十几年的区域性整体推进"新基础教育"研究，叶澜教授强调"新基础教育"并不是为最好的学校准备的一项改革方略，而是为所有愿意改变自己，愿意实现更好发展，愿意完善自己的教育群体服务，从改变最基层学校师生的生存状态切入，打下"新基础"，从而使区域教育共生性发展，"所有学校是一个'共同体'，每一位师生都是主动研究的主体"。

2011 年 8 月，中国教育学术委员会通过《区域持续推进"新基础教育"研究》实验方案。据了解，在具体推进"新基础教育"的过程中，很多学校本着"自愿参加，自主选择"的原则，组成了教育集团、教育生态区、教育联盟等形式的学校集团化办学模式。

二、基础教育学校集团化办学的范例

目前，基础教育学校集团化办学在上海、北京、成都、长沙等一些城市里雨后春笋般发展，在教育改革和实施素质教育的过程中创新发展，并呈现出多元化、包容性的特点。

1. 上海市建平教育集团

浦东杨浦大桥下的建平中学创建于 1944 年，是上海市首批实验性、示范性高中。1996 年，上海市建平教育集团成立，成为上海最早走上集团化办学之路的学校。"建平"飞入寻常百姓家，满足社会对优质教育的需求。现任中国发展研究院副院长、中国教育学会《中国好课堂》组委会执行主席的冯恩洪，1985—2003 年任建平中学校长，正是他把这所学校的 LOGO——科技之果、卓越之果的"金苹果"带到了建平中学。他说："我把当时 1400 人的建平中学办好是不够的，老百姓需要更多的建平。"

1996 年，由上海市浦东新区教育局批准，在浦东新区范围内，以建平中学为核心、公立学校为主体、多种办学模式并存、实施多层次多类型教育的集团学校。集团学校实行"理念一致、目标统合、资源共享、独立发展"的办学模式。集团各所属学校依法享有独立法人资格。

根据上海市浦东新区教育局统一布置，建平教育集团的成员校有十二所，其中包括高中、初中和小学，既有公办校，也有民办校，有学生 18160 人，教职工 1560 人，行政班 512 个。

上海建平教育集团

序号	名称	序号	名称
1	上海市建平中学	7	上海市民办金苹果学校
2	上海市建平中学西校	8	上海市民办建平远翔学校
3	上海市建平实验中学	9	上海市建平中学南校
4	上海市建平世纪中学	10	上海市浦东中学
5	上海市建平实验小学	11	上海市第六师范附属小学
6	上海市建平香梅中学	12	上海浦东新区特殊教育学校

十二所学校在相互尊重、共同商议的基础上，达成了在学校规划发展、教师专业发展、课程开发建设、管理制度建设、环境文化建设等方面的全面合作。

（1）构建高效合理的组织机构

集团理事会是领导核心，实行集团理事会领导下的校长负责制，这是一种"分权制衡"的新型管理模式。它有利于管理的民主化、科学化；有利于校际间的公平竞争；有利于和谐关系共同发展。理事会下设秘书处，由各校代表组成，负责协调各校之间的联系，组织召开集团各校领导的会议，以及集团的干部培训和全员培训。

（2）构建"规范＋选择"的管理文化

先进科学的管理文化的构建和渗透，对整个集团学校的常规运作发挥引领、凝聚、激励和控制功能，为集团的成功合作、稳步发展提供了坚实的保障，其思想内涵也得到了提升和验证。

（3）构建和谐统一的运行机制

性质：建平教育集团是在浦东新区范围内，以建平中学为核心，公立学校为主体，多种办学模式并存，实施多层次多类型的教育机构。

校际关系：建平中学校长担任集团理事长，集团与成员校签订相应协议，以规范各自行为，保障各自的权利与义务，适当调整控制规模，以内涵式发展为主。

人事管理：集团成员校保持相应的独立性，干部任免、教师聘用、人才流动按上级主管部门有关规定进行管理。

人员培训：集团按照市教委的统一要求对整个集团进行规范管理，建立自培基地，开展分层次、多渠道的培训活动。如每年九月份的教育集团全员培训，每年十二月份的教育集团干部工作会议，每三年一轮的教育集团青年干部培训班。

通过共享、共建的形式，探索一条在区域层面上有效推进教育质量提升的新途径，为浦东教育均衡发展、优质发展、超常规发展，以及有效落实上海市教育中长期发展规划做出贡献。

2. 上海市七宝中学教育集团

七宝中学位于上海市西南的千年古镇七宝镇，2005 年成为上海市首批示范性高中。为有效利用七宝中学的优质资源，带动辖区基础教育学校优质均衡发展，进一步实现"教育强镇"的目标，2005 年 9 月 28 日成立了七宝中学教育集团。该集团由14 所学校组成，包括高中、初中和小学，既有公办校，也有民办校。

七宝中学教育集团采用"欧共体"模式，义务帮助集团成员学校同步优质发展，保持集团核心学校法人地位不变，遵循"资源共享，优势互补，和衷共济，共同发展"的原则，通过项目合作的形式促进各校共同发展。在七宝中学"全面发展，人文见长"办学理念的引领下，集团内各校进行基于共性而又有个性的办学，呈现出各具特色，百花齐放的局面。

序号	名称	序号	名称
1	上海七宝中学	8	上海市文来实验学校
2	上海市文来中学高中部	9	上海市航华中学
3	上海市文来中学初中部	10	上海市七宝外国语小学
4	上海七宝德怀特高级中学	11	上海市七宝三中
5	上海七宝二中	12	上海市金汇高级中学
6	上海市田园高级中学	13	上海市航华第二中学
7	上海七宝实验	14	上海市马桥文来外国语小学

　　文来高中通过开设学生人生导航课程、实行全员导师制，教学生学会选择；田园高中通过创设"文化创意工作坊"为培养文化创意产业人才奠定基础；金汇高中的"责任"教育是其发展的重要支点；文来初中通过课程实验班和理科实验班，发展学生学科特长和创新素养；文来实验学校通过"双语或多语种皮影"增强学生的民族意识，提高综合能力；七宝德怀特高中以"七德"价值追求引领师生精神成长，利用国际校区资源拓宽大师生的国际视野、形成多元文化意识；七宝二中通过航天科技、绿色环保、足球、曲棍球、文化探访、创意作品秀等特色项目，发展学生个性特长；七宝实验中学通过活力课堂激活师生创造活力，通过"诗韵校园"提高师生的文化品位和精神境界，通过"六维创优体系"引领学生全面发展；航华二中用海洋文化引领师生不断超越自我；航华中学通过"基础＋特色"，养成学生良好习惯，凸显艺体特色；七外小学则是把"为培养具备国际意识的'有教养的、有竞争力的国际型人才打好基础"作为学校培养学生的发展目标。集团十四所学校逐步形成"教育科研优质平台、课堂教学示范基地、教育人才发展高地、人文特色核心区域"的格局。

　　为了满足家长们对优质教育日益增长的需求，集团通过项目合作的形式促进各校共同发展，将各种优质资源共享。

　　（1）"一对一"带教助青年教师成长

　　集团成员学校的青年骨干教师、特级教师、学科带头人与青年教师"一对一"结对，带教一年。

　　带教涉及中层领导教学管理、班主任班级管理、学科教学、教研组、备课组建设等多个层面。通过示范引领、理念渗透、资源共享、项目推进、平台搭建、多种形式、多种渠道，有效促进了结对教师乃至整个教工队伍的师德建设与专业化发展。

　　（2）"诊断式督导评估"提升成员水平

　　集团理事长带领教育集团督导团成员走访各个成员校，听取一学期发展的新思考。通过听、看、访、谈，并就学校改革发展中遇到的一些问题和困难，现场办公予以解决，并提出建设性的意见。

　　（3）集团内留学

　　集团内普通学校的优秀学生，可到集团内的优质学校留学，学籍保留在原校，学费交到原校。这种选择是学生和家长自愿的，如果觉得不适应，可以选择回到原学校。

　　一所学校带动周边学校的发展，体现了七宝中学教育集团的责任与担当。集团所走过的每一步，不仅促进了上海市教育优质均衡的发展，而且成为中国基础教育发展的一面旗帜，为基础教育集团化发展提供了成功的范例。

3．成都七中教育集团

成都七中创建于 1905 年，是全国著名的重点中学。百年积淀，形成了"启迪有方，治学严谨""人文滋养，个性成长"的办学传统和"着眼整体发展，立足个体成长，充分发挥学生主体作用"的"三体"教育思想。学校以突出的成绩和良好的荣誉荣获全国"五一"劳动奖章。国家级示范性高中建设项目样板学校，全国首批科技创新十佳学校，全国现代教育技术实验学校等百余项荣誉称号。

2007 年，成都市实施名校教育集团工程，由最开始的"结对子"模式，逐渐发展为现有模式：

种类	类型	合作模式	集团学校
1	领办型	七中派校长，用七中品牌	育才初中、七中初中
2	合作型	用七中品牌，不派领导	七中实验、两所民办学校
3	支持型	可以随时到七中听课交流	

政府投入资金，专项扶持外派干部和教师，合作型与支持型学校给七中加盟费。

三、基础教育学校集团化办学的启示

上海市建平教育集团、上海市七宝中学教育集团、成都七中教育集团的创新发展为"新基础教育"改革增添了动力、注入了活力，使它充满生机、朝气蓬勃，为中国基础教育集团化办学提供了成功的范例，也给予我们长春市基础教育的改革与发展很多启示与思考。

启示一：学校集团化办学促进了教育的均衡发展。

集团内的校长们改变了狭隘的办学观念，变竞争为合作；教师们改变了专业发展观，乐于资源分享；集团内各个学校之间资源共享、优势互补，呈现出一种良性的共生发展，无片面的竞争。

启示二：学校集团化办学促进了教育的优质发展。

学校集团化办学，以一所优质高中为龙头带动成员学校共同发展：优质课程资源、优质教研资源、优秀教师资源、校舍场地资源，共享互惠、整体多层级、多维度去提升学校发展的水平。

如今的七宝中学教育集团，不仅各成员学校取得了同步优质发展，七宝中学、文来中学的管理团队也不断成长成熟，教师的教育修养和境界持续提升，教育质量持续攀升。七宝中学以学生自主招生的出色表现、100%的二本率、94%左右的一本率，进入上海高中第一方阵；文来初中以学生在足球、篮球、乒乓球、羽毛球、游泳、舞蹈、古诗文、科技创新和汉字书写方面的卓越表现奠定上海市优质初中的地位；文来高中以跻身市级实验性示范性高中的升学质量、规范的国际课程管理航距民办高中发展。三所学校分别是全国、上海市和闵行区文明单位。

启示三：学校集团化办学必须以优质学校为龙头。

优质的学校拥有先进的办学理念、优质的教育资源，有能力担当帮助其他成员校发展的重任。而在帮助其他学校的过程中，龙头学校也需要不断加强自己的实力，才能真正承担这一重任。龙头学校的校长和整个团队要有社会担当意识，具有开阔的胸怀，愿意为办好人民满意的教育承担责任。建平集团理事长杨振峰说："一花不是春，独雁不成行。只有让整个教育都好，才能让老百姓享受优质教育资源，这也是负责任学校的教育情怀。"

启示四：学校集团化办学需要地方政府的支持。

新生事物的成长需要一个良好的生态环境，需要政府各部门的大力支持。建平教育集团的创业者们心里最明白，如果不是在浦东新区，如果没有新区党政领导的支持，就绝对不会有今天的教育集团。建平集团开办，政府给予了一定的经费投入。在学校人员配备、学生学籍管理等方面，政府都给予了政策性的支持。而最大的支持，则是给建平集团发展创造了一个宽松的环境。

启示五：学校集团化办学适合长春教育的发展。

目前，长春市区共有 576 所学校，其中小学 381 所，初中 140 所，普通高中 47 所，特殊教育学校 7 所，工读学校 1 所。由于历史原因，学校在发展的过程中形成了类别和等级的不均衡状况。

习总书记指出：时代越是向前，知识和人才的重要性就愈发突出，教育的地位和作用就愈发凸显。要实现"两个一百年"奋斗目标，实现中华民族伟大复兴的中国梦，必须重视教育，努力培养出更多更好的，能够满足党、国家、人民、时代需要的人才。

市委十二届九次全会提出要把长春建设成为东北亚区域性中心城市，为此王君正书记从全局和战略高度提出：努力将长春建设成为东北亚区域性教育中心。这为长春教育的改革与发展指明了方向。长春教育正面临着千载难逢的机遇和挑战，我们应该树立大教育观，立足吉林看自身、放眼全国看自身，走向世界看自身，在建设东北亚区域性教育中心这个发展目标找准自己的方位，发挥省级示范性高中的引领、带动示范和辐射作用，为逐步取消校际之间的差别，促进教育的均衡发展和优质发展，创办人民满意的教育做出突出的贡献。

心理健康教育是加强中学生思想道德建设的有效途径

一、站在民族复兴的高度，认识加强中学生思想道德建设的重要性

中学生是祖国未来的建设者，是中国特色社会主义事业的接班人。他们的思想道德状况如何，直接关系到中华民族的整体素质，关系到国家前途和民族的命运。实现中华民族的伟大复兴，需要一代又一代人的不懈努力，需要培养千千万万具有高尚思想品质和良好道德修养的合格建设者和接班人。学校是对学生进行素质教育的主渠道，必须按照党的教育方针，把德育工作摆在素质教育的首位，以学生的可持续发展为本，从提高基本素质做起，促进学生的全面发展，努力培养学生的劳动意识、创造意识、效率意识、环境意识和进取精神、科学精神以及民主法制观念，增强他们的动手能力、自主能力和自我保护能力，引导学生保持蓬勃朝气、旺盛活力和昂扬向上的精神状态，激励他们勤奋学习、大胆实践、勇于创造，使他们的思想道德素质、科学文化素质和健康素质得到全面提高。这是一项长远而又紧迫的战略任务。为了加强学生思想道德建设，多年来我校一直坚持全方位实施心理健康教育，并把它贯穿于教育教学的各个层面和各个环节，起到了其他教育活动所不能达到的特殊作用。

二、全方位实施心理健康教育，促进学生良好思想品德素质的形成

《中小学心理健康教育指导纲要》指出，心理健康教育的主要任务是全面推进素质教育，增强学校德育工作的针对性、实效性和主动性，帮助学生树立在出现心理行为问题时的求助意识，培养学生健康的心理素质，维护学生的心理健康，减少和避免对他们心理健康造成不利的影响；培养身心健康，具有创新精神和实践能力，有理想、有道德、有文化、有纪律的一代新人。心理健康教育是 21 世纪中国基础教育改革的一个突破口，更是我国基础教育在实现人性化上的一种回归，它必将促进学生的健康成长，促进学生健全人格的塑造，是加强中学生思想道德建设的一种有效途径。

1. 以科研为先导，寓心理健康教育于学科教学之中

1995 年我校就参与了国家基础教育实验中心"九五"重点课题《面向 21 世纪基础教育课程改革研究》的子课题《中学生心理健康教育的研究》的研究，主旨是探索学校心理健康教育的基本途径、模式和目标定位。为此，我校开设心理健康课，在毕业年级开心理健康教育讲座，聘请东北师大教科院心理系的硕士研究生来校兼课。在心理课教学中，坚持贴近实际、贴近生活、贴近未成年人的原则。既遵循思

想道德建设的普遍规律，又适应中学生身心成长的特点和接受能力，从他们的实际情况出发，深入浅出，寓教于乐，循序渐进。采用鲜活通俗的语言，列举生动典型的事例，多用疏导的方法，参与的方法，讨论的方法，增强吸引力和感染力。为了促进学生良好心理品质的形成，我们还坚持寓心理健康教育于各学科教学之中。各科教师在学科教学中履行好班级团体领导者的角色，通过新型师生关系的确立和鼓励学生合作式学习，渗透心理教育因素，促进学生成长。语文教师周瑜在讲《我和地坛》一课时，与学生情感交融，声泪俱下，所有听课者都受到了心灵的震撼。我校的心理课深受学生的欢迎和认可，在问卷调查中，有97%的学生认为开设心理课非常必要，最喜欢的教师是心理教师。1999年，国家教育部卫生检查团来我校听了丁爱华主任的心理课后，给予高度的评价："二实验中学的心理健康教育已能与国际接轨。""九五"课题的结题，被长春市教科所评为优秀课题，荣获国家基础实验中心一等奖。

2. 以高校为依托，建立心理健康咨询中心

心理咨询是通过教师和学生一对一的沟通，对学生在学习和生活中出现的问题给予直接的指导，排解心理困扰，并对有关的心理行为进行诊断、矫治的有效途径。

为了确保心理健康教育的质量，我校聘请了东北师大心理系张嘉玮教授，教科院副院长周国韬教授来校指导心理健康教育工作，建立心理健康咨询中心。中心首先对全校学生进行了心理素质测评，建立了学生心理档案，对学生中存在的普遍心理问题进行了归类。通过归类我们发现学生存在盲目早恋、厌学、焦虑、忧郁和普遍的亲子沟通问题。其次，中心有针对性地开展心理咨询活动，将个体咨询和集体辅导，课内指导和课外指导，当面指导和书面指导有机结合，突出个性化，因材施教，因人施法。

1999届一名高三男同学，是全年级的尖子生，在毕业前夕出现了早恋问题，班主任和各科任老现都密切关注，分别与他本人、家长、女同学沟通。由于处理方法得当，他在高考中取得668分的好成绩，居长春地区第二名，考上了清华大学。还有一名初中女同学，因父母闹离婚而产生了自卑轻生的念头。心理老师发现后，及时对她进行心理调适，使她摆脱自卑，产生自信。

心理咨询不仅解决了个别学生的心理问题，更重要的是，它能让我们反思我们的教育：大多数学生的心理问题正是因我们的教育方法不利而产生的。这也是课程建设的重要内容。

3. 立足校本，加强对教师心理教育能力的培训

在学校全方位实施心理健康教育，首先需要领导的重视，其次整个教师队伍

必须具备心理教育的能力，因为学校要将心理教育渗透到学校教育的全过程中，在这一过程中，单凭心理老师是不够的。教师心理教育的能力一般应包括：培养学生观察力、记忆力、想象力、思维力的能力；上好心理教育课的能力；进行心理咨询的能力；培养学生自我教育的能力；在学科教学和实践活动课中培养一般心理素质的能力；对学生家长进行心理教育的能力；对学生心理素质发展进行评估的能力；等等。

我们聘请专家来校讲座，派教师外出学习、考察。经过针对性的培训，一批具有心理教育能力的教师脱颖而出。心理健康教师康成是省"十佳"教师，他的心理课多次在各级岗位练功竞赛中获奖，在省中小学心理健康教育实验校培训会上做观摩课。今年暑假，康成代表长春市在新疆维吾尔自治区心理健康教育培训会上做现场答疑，并做了两节心理示范课，受到了与会者并的一致好评。我校还在吉林日报上开设心理咨询专栏，由康成老师解答来自社会面的心理咨询。

4. 探索实践，编写心理健康教育校本教材

校本教材是校本课程的一种重要物化标志，但校本课程决不能局限于本校教材。它应该扩大教育活动的空间，全方位促进学生的全面发展，使学生学会学习、学会生存、学会关爱、学会创造、学会适应、学会交往。因此，正确的校本课程应是以开放的、接纳的、发展的态度来对待所有能够促进学生成长的教育活动和手段，只有这样，我们的教师才有活力，我们的学生才会有生机，我们的学校才会有发展，我们的教育才会有成效。

心理健康教育一直是我校的优势和特色资源。经多年积累，我们编写的《中学心理健康课程导学读本》，由安莉市长作序、吉林大学出版社正式出版，在全国发行，填补了我国中学心理健康教材的空白。

5. 延伸社会，创办家长心理学校

家庭教育在中学生思想道德建设中具有特殊重要的作用，为了引导家长树立正确的家庭教育观念，掌握科学的家庭教育方法，提高科学教育子女的能力，我们针对家庭教育中存在的突出问题，创办了家长心理学校。为家长开办心理教育讲座，引导家长以良好的思想道德修养为子女做表率。学校还特别关心单亲家庭、困难家庭的学生。在对初中两个班级调查中，我们发现单亲家庭的学生比例达到 25%。为了解决这些问题，我们坚持定期举办《家长论坛》，围绕着亲子沟通、家庭教育等问题展开讨论，使学校教育和家庭教育相结合，收到了事半功倍的效果。

经过近十年的探索和实践，我校全方位心理健康教育形成了系统操作模式。

```
┌─────────────────────────────────────────────────────────────┐
│                  ┌──────────────────┐                        │
│         ┌───────►│   学校教育教学    │◄──────────┐            │
│         │        └────────┬─────────┘            │            │
│         │                 ▼                      │            │
│         │        ┌──────────────────┐            │            │
│         │        │   心理健康教育    │            │            │
│         │        └────────┬─────────┘            │            │
│    ┌────┴────┬────────────┼───────────────┬──────┴────┐       │
│    ▼         ▼            ▼               ▼           ▼       │
│ ┌────┐   ┌────┐       ┌────┐          ┌────┐      ┌────┐     │
│ │面向│   │面向│       │面向│          │    │      │    │     │
│ │教师│   │学生│       │家长│          │    │      │    │     │
│ └────┘   └────┘       └────┘                                 │
└──────────────────────────────────────────────────────────────┘
```

面向教师	面向学生	面向家长
心理专题研讨　心理讲座	心理健康课　心理咨询　心理档案　心理活动小组	家长座谈　家长心理培训

心理咨询 → 团体辅导　个体咨询

心理活动小组 → 心理互动　心理调查　心理校报　心理板报

发现问题

学校教育科研

学校教育教学决策

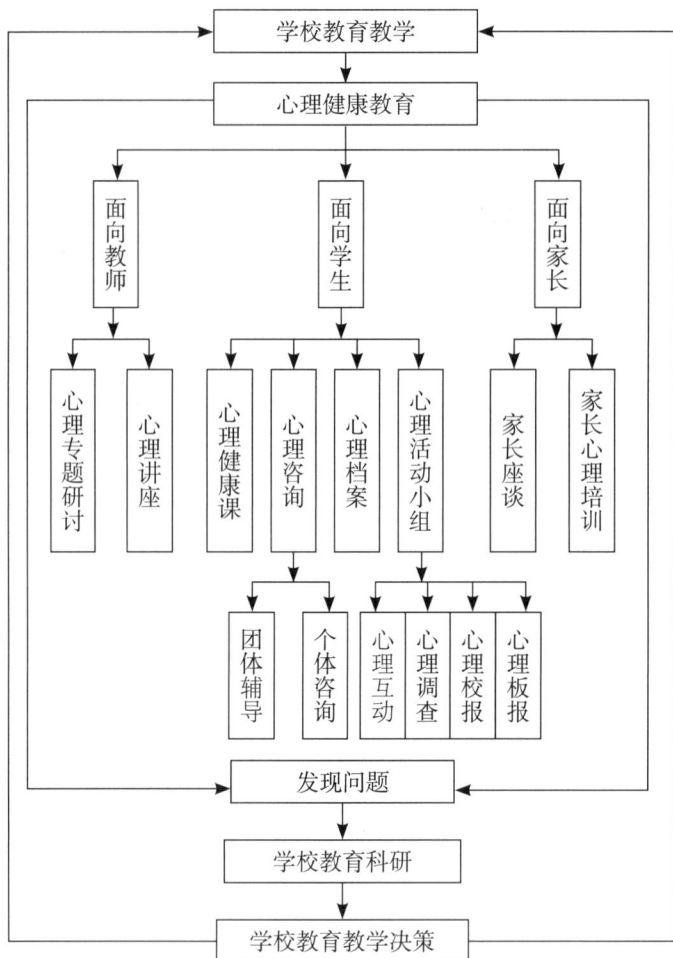

三、坚持与时俱进，对全方位实施心理健康教育的反思

经过多年的研究和实践，我校心理健康教育工作取得了一定的成果。

2001 年，我校以"十五"重点规划课题《中小学校全方位实施心理健康教育研究》再次立项，作为领头羊在长春地区做了开题报告。这次立项是在我校主体性教育理念的统领下，在超越"九五"课题的广度和深度的基础上的再研究，突破了原有的仅为学生提供调控自身心理健康状态的方法局限。我们的目标不仅指向对学生进行有效的心理健康教育以培养健康个体的方式，还要达成引导学生确立主体意识，发展健康自我的目标；不仅指出每位教师遵循心理学规律，尊重学生人格、接受学生个体差异的教育观，探索在学科教学和各项教育活动中塑造学生健全人格的模式，还要达成教师自身的心理健康，实现自我，体验教育工作带来的成就感和幸福感以至主体能力不断提升的目标；不仅创办家长心理学校，让家长针对学生的心理特点配合学校教育，还要通过定期的家长心理健康教育讲座，最大限度地用我校科学的办学理念影响家长，使家长了解和掌握心理健康教育的方法，注重自身良好心理素质的养成，营造家庭心理健康教育的环境，以家长的理想、追求、品格和行为影响孩子，从而发挥学校在全社会弘扬先进文化的作用。

1. 在探索和实践中的感悟

建立健全心理健康教育的机构是前提；学校领导的高度重视是取得成效的保证；寓心理健康教育于学科教学之中是主渠道；提高教师心理教育的能力是关键；全方位、多层次的参与是成功的必需。

2. 面临新形势而感到的困惑

缺乏懂心理健康教育的老师；对学生的心理障碍如何确认；学生心理档案建立后怎样科学地运用；如何运用新课程理念指导心理健康教育；心理健康教育的校本教材怎样适应学生的需要；对学生心理素质的发展怎样评价；等等。

十年树木，百年树人，中学生的思想道德建设不是权宜之计，而是一项长期的战略任务。心理健康教育工作必须持之以恒，既要有爱心，还要有耐心，更要有恒心；要善于在实践中不断总结经验，掌握规律，既要坚持已有的经验和特色做法，又要根据新的实践不断加以丰富和发展；用新的思路研究新情况，用新的办法解决新问题，用新的举措开创新局面。在全面实施心理健康教育的工作中更加注重体现时代性、把握规律性、务求实效性。

走教育科研导向的办学之路
——我的办学理念

"校长有思路，学校才有出路。校长有作为，学校才有地位。"这是我在工作实践中的切身感悟，也是我的座右铭。

我于 1975 年毕业于东北师大历史系，从事中学教育教学工作二十多年。二十多年来，我几次放弃去高校和机关工作的机会，把全部智慧和心血无私奉献给我所忠诚的教育事业。我一直对自己高标准、严要求，力争做到德才兼备，既教书又育人。我从一名普通的历史教师、班主任，被破格晋升为中学高级教师，被评选为特级教师，又被聘为东北师范大学历史系兼职教授暨硕士生导师。从教研组长、年级组长、教导主任、主管教学工作的副校长、校长，一步一个脚印地实现自己的人生价值。

一、学校的改革与发展要以教育科研为导向

1996 年 8 月，我被派到长春二实验中学做主管教学和教育科研工作的副校长，

当时正值基础教育由应试教育向素质教育转变的起始之年，如何转变教师的观念？如何实施素质教育？如何使学校在教育改革中形成自己的特色，办出自己的风格？我认为关键是要有科学的理论做指导，因为教育科研是学校发展的第一生产力。我组建了学校的教育科学研究室，挑选那些经验丰富、改革意识强的教研组长和年级组长做教研员，任用教学理念先进、教科研眼光前卫的丁爱华老师做教研室主任。为了培养教师的科研意识，我聘请了东北师大教科院的周国韬教授做顾问，帮助策划学校的整体改革和培训教师。为了强化教师的科研水平，我在学校实施了"五个一"工程：要求每位教师每学期参加一项教改实验；上一节研究课；读一本教育理论专著；写一篇教育科研论文；做一个教学课件。随着学校的奖励机制和教改的深入，老师们发表在各级各类刊物上的论文越来越多，仅1999年至2000年不完全统计，在各级各类刊物上发表的教研论文就达324篇。研究方向也由最初的教法研究，深入到课程教材课堂教学改革的各个层面。

为加大科研力度，我以东北师大教科院和省教科院为依托，争取到各级各类课题20多个，学校的科研工作从无到有，由寡到众，围绕实施素质教育形成了一个完整的体系。

我校的中心课题《探索整体改革，实施素质教育》是在应试教育向素质教育转轨的关键时期启动的，是为建立健全科学的切实可行的学校工作评估体系，以实现优化办学模式的课题应运而生的，其重点是对教师的教育教学工作进行量化考核。现已将翔实的成果资料提送省教科院规划办，其中包括：《教师教学工作量化考核细则》《主体性教育课堂评价标准》，以及《班主任工作量化考核标准》；整理集结的两册《教师论文集》；一本校本教材及数篇在报纸杂志上公开发表的论文等，现正在进行评估鉴定即将得出结果。

我主持的隶属于东北师大、国家基础教育实验中心"九五"重点课题《面向21世纪基础教育课程教材改革》的子课题《中学生心理健康教育》，被市教科所评为优秀课题。课题研究过程中的相关论文《中学心理健康教育的实践与理论探索》已于1999年由《吉林教育》杂志刊登发表。依据课题工作经验，我校在2000年召开的长春市第一届心理教育学会上做大会中心发言。2000年9月，我校的第一本校本教材——《中学心理健康课程导学读本》已交付印刷，并提交总课题组作为结题重要成果。

教育科研给学校的发展带来勃勃生机，也给我校的素质教育指明了方向。几年来，我校的教育科研工作在以下三个方面取得了突出的成绩。

一是课程的改革。

课程改革是基础教育改革的核心。面对体制、资金、师资、中考、高考等几方面的压力，我明确提出：开好必修课，开设选修课，拓展活动课。必修课发挥主体作用，选修课保证质量。活动课作为课题加以研究，在实施过程中，明确了它的目标；划清了它与学科课、课外活动小组的界限；分为四种类型、坚持五个原则、做到六个落实。实践证明，活动课提高了学生的综合素质，促进了学科课程改革；有利于后进生的转化；提高了师生的素质。市教委在学校召开长春地区活动课现场会，对取得的成果给予了高度评价。

时至今日，心理健康教育课已成为二实验中学的特色和品牌课程。几年来，学校一直在初一、初二、高一、高二四个年级开设心理健康课，开设心理咨询室，建立学生心理档案，出版心理健康杂志《心语》。无论是团体咨询还是个别辅导，都取得了较好的效果。1996年以来，心理咨询室的作用日益突出。每学期都要接待近百人的个别咨询，帮助学生解决学习、交往、早恋、亲子沟通，以及如何缓解神经衰弱等问题。经过咨询的学生，绝大多数能够克服心理问题，安心地生活和学习。

二是构建了主体性的课堂教学模式。

我认为素质教育是一种以创新精神为核心的教育，要通过课堂教学，培养学生的创新思维、创新意识和创新品质，要求教师必须具备创新的观念和创新的素质。我校的主体性课堂教学模式，就是在创新与实践中逐步形成的。

1996年启动的省级课题《电化教育优化课业结构，减轻负担，促进学生素质发展》解决了多媒体辅助教学的问题。1997年启动了国家教委"九五"重点课题《启发式教学》，主要解决了课堂教学原则和方法的问题。1999年启动了国家高校级课题《青少年学生创造性思维培养》，把课堂教学改革推到了一个新的层次对学生进行发散性思维训练，挖掘学生潜能，培养学生求新求异的思维能力。在实验的过程中，我们对现代的课堂教学理论进行了探索研究。我们请国家教育部基础实验中心熊梅博士作关于《主体性教育理论》的报告，请东北师大教科院心理学教授李孝忠老师作关于《发散性思维训练》的报告。还组织了针对性极强的理论学习，使教师们在极短的时间内了解了课题研究中的基础理论，强化了教师们的改革意识，使他们头脑中固有的传统教学观念受到了严峻的挑战。我还对现代的教学方法和现代教学手段进行了大胆的实践，构建了"一二三四五"主体性课堂教学模式。

确立一个思想：以学生发展为本。

落实两个重点：培养学生的创新精神和实践能力。

进行三个转变：教师角色的转变，即教师由单纯的知识传授者转变为知识的主动探索者；学生地位的转变，即学生由知识被动的接受者变为知识的主动探索者；教学手段的转变，即多媒体辅助教学转变为学生学习的工具。

采取四种方法：

激发学习兴趣，培养学生学习的主动性；教会学生学习，发展学生的自主性；营造创新教育氛围，培养学生的创造性；面向全体，让不同层次的学生都有所得。

体现五个特点：建立平等、民主、和谐的师生关系；寓德育于学科教学之中；创设恰当的教学情境启发学生思维，鼓励学生质疑问难，将发展学生的自主性、独立性和创造性作为教学的重点；采用多媒体进行教学，调动学生多种感官参与教学过程；注重对学生学法的指导，培养学生自我选择、自我监控、自我调节等自主学习的能力。

主体性课堂教学模式的推行很难，以小班重点为实验对象。两年来，教师的观念发生了根本性变化：转变了教学价值观、教材观、教学及课程观，转变了对学生的评价观。学生的发展更是令人惊喜，他们已多次接受公开课的任务，并到电视台制作专题片。课上，他们落落大方的举止，旁征博引的口才，活跃积极的思维，给听课的专家和教师留下了深刻的印象。他们的个性和创造性得到了充分发挥。主体性课堂教学给学生创设了宽松、自由的想象空间，有力地保护了学生的奇思异想。他们会问：生活在沼泽地的丹顶鹤为什么单脚站立而不下沉？人血的密度怎样测量？心理老师在讲变通性时提问："申"字能拆出多少字？普通班的学生只拆出 17 个，心理老师拆出 25 个，而实验班的孩子拆出 34 个。

三是提高了教师的整体素质。

从 1996 年起，我校先后聘请东北师大教科院的张嘉玮、周国韬、熊梅、王洪路，省教育科学院院长聂海清、栾传大，吉大心理学教授贺岭峰等数位专家教授到我校做心理学、教育学、教育技术、科研基础等专题讲座。同时，创造机会让教师走出校门，向全省、东北地区以及全国的兄弟学校学习。充分开发信息渠道，创办校内刊物《教育之窗》。坚持对现代教育思想的学习使我校教师普遍认识到，结合自己的教育教学工作开展教育科研活动是为自己开辟了一块新的领域，每一位教师都能在这里得到更充分发展，提升自己的人生价值。

为实现教育教学及教育科研的技术现代化，我校利用寒暑假，连续举办了九期教师计算机培训班。1999 年，全校 60% 的教师就已掌握了 Word 文字处理软件，同时能够运用 Ani 制作相应的教学动画课件。2001 年，按计划参加计算机初级水平培训的教师已达全校教师总数的 93%，他们全部通过了市继教办计算机初级考试；取得计算机中级水平的教师 85%；被推送到市里参加高级水平培训的有 14 位教师。我校先后有 20 多名教师获得国家、省、市级模范教师、优秀教师等荣誉称号；30 多人在长春地区教师基本功大赛中获奖；多名教师成为国家、省、市级学科带头人。

二、校长要有先进的办学理念和明确的办学目标

2000 年下半年，我有幸到上海华东师大参加国家教育部省级重点中学校长第 20 期研修班的学习，这是教育部为培养中学教育的改革家和带头人而创办的，被称为"教育的黄埔军校"。在 3 个多月的时间里，我有幸聆听了著名专家、学者的精彩讲座，徜徉于中国教育改革与发展、现代教育理论科学与管理科学；中国基础教育改革的理论与实践的研究之中。在专家们的指导和启迪下，我原有的陈旧的教育观念被荡涤，思维被激活。我考察了江、浙、沪、闽的 37 所中学，在实践中看到了鲜活的办学理念、改革的特色和成功的经验，我的心灵受到了强烈的震撼。2001 年初，我开始担任校长工作。我认为，在 21 世纪要实施高素质的教育，不仅需要高水平的教师，更需要高水平的校长。一个校长必须跳出学校的圈子，站在世界的高度看教育，站在国家的高度看学校，这样才能准确把握时代的脉搏，根据时代发展的需要，结合本校的实际情况，遵循教育的发展规律，给自己学校以恰如其分的科学定位，从而明确自己的办学目标、办学宗旨、办学方略。

我们二实验中学原是一所名不见经传的"六一"学校，改革开放使其在 20 世纪 90 年代迅速地崛起。经朱再新、韩利明、何平、白承熙几位校长的努力，于 2001 年初经省政府督学验收，二实验被正式纳入了省级重点中学的管理序列，实现了二实验几代人的梦想。但我意识到，新世纪教育的中心话题是创新，创新没有止境，创新没有模式，创新就意味着风险。我深知，教育要与时俱进，创新才能发展。我们二实验中学要敢于面对 21 世纪的挑战，同时也要抓住历史赋予我们的机遇，在改革中求发展，从管理中求质量。经多方征求意见，我起草了学校的第四个发展规划：《以学生发展为本，实施主体性教育》——长春二实验中学创办全国千所实验性、示范性高中发展规划，被称为"三四三一"发展战略，也叫现代化工程。办学目标是全校教职员工要在邓小平理论的指导下，全面贯彻党的教育方针，全面推进素质教育，以"面向未来，开拓进取，深化改革，求实创新，提高质量，争创一流"为指导思想，努力把我校建成"四高"（管理高效益、队伍高水准、学校高素质、学校高层次）、"三特"（学校有特色、教师有特点、学生有特长的现代化实验性、示范性的一流学校）。行动策略是深化三项改革（德育、教学和内部管理体制改革）加强四项建设（领导班子、教师队伍、科学管理制度建设、新校区建设），落实三个提高（教育科研水平、教学手段和教职工福利待遇）提高，实现一个开放，即开放办学。此规划经校第四届一次教代会正式通过，给全校教职工以极大的鞭策和鼓舞。我之所以提出主体性教育，是因为主体性教育是一种以培养和发展受教育者主体性为主要特征的教育。它重在启发和引导学生内在的教育要求，创设宽松、和谐、民主的教育环境，有目

的、有计划地规范和组织各种教育行为和教育活动，从而把学生培养成为能够自主地、能动地、创造性地进行认知活动和实践活动的社会主体。主体性教育是现代多元教育的交汇点、结合点，当代倡导的创造教育、成功教育、和谐教育、情境教育等，在不同侧面都体现了主体性教育的思想。

我深知，这种新的办学理念从实施到形成学校的特色，不是一朝一夕所能完成的，它需要相当长的一段时间，但我相信经过二实验人的不懈努力，主体性教育一定会成为我校的办学特色。目前，我已经围绕这一整体目标从德育、教学、管理等方面进行全方位的改革。

三、教育要与时俱进，学校要实现跨越式发展

作为一校之长，我始终坚持以教育科研为导向的办学之路，只有这样，才能使教育野跟时代的步伐，才能教育出具有时代精神面貌的国之栋梁。

教育要与时俱进，学校要实现跨越式发展。

2001 年 4 月，二实验中学由一所普通中学正式进入省级重点中学的行列。

2002 年下半年，学校将参加省级示范性高中的评估。

2002 年—2003 年，在市政府和市教育局的大力支持下，我校在长春明珠以南，省国联花卉基地以北征地 16.5322 万平方米，委托清华大学建筑设计院、北京安地建筑设计有限公司规划设计新校区。新校区完全按照国家千所实验性、示范性高中建设的，它将是向全市、全省甚至全国展现素质教育成果的重要窗口。作为我市一所寄宿制学校，二实验将承载着全新的教育理念呈现在世人面前，未来将真正实现跨越式的发展。有人提醒我，等新校区完全竣工，你也快退休了，何苦挨这份累。我认为，校长的工作时间有限，但学校的发展无限，为了教育和学校的发展，我将无怨无悔。

创新是进步的灵魂
——在主体性课堂教学改革中的体会

我校在实施素质教育过程中，以《把握时代精神，实施主体性教育》作为改革的总课题，从德育、教学、管理三个方面进行了全方位的改革。课堂教学是实施素质教育的主要内容。转变观念，构建一种全新的课堂教学模式是教育领域的一场深刻革命，是时代赋予我们基础教育义不容辞的使命。

一、转变观念，在素质教育中构建主体性课堂教学模式

我们进行的素质教育，是一种以创新精神为核心的教育，要通过课堂教学培养

学生的创新思维、创新意识和创新品质。这就要求教师必须具备创新的观念和创新的素质，努力做到教学思想新、教学方法新、教学手段新。在此基础上，改革传统的教学模式，并在改革中探索新的课堂教学模式。

1. 以教育科研为先导

我校的主体性课堂教学模式是在教育科研的实践中逐步形成的。

从 1995 年起，我校便启动了市级以上科研课题 13 项，其中有相当一部分是对课堂教学改革有直接指导和促进作用的。在科研实践的过程中，我们对现代的课堂教学理论进行了探索研究，并请教育学、心理学专家做了关于《主体性教育理论》和《发散性思维训练》的报告。我们还组织了针对性很强的理论学习，使教师们在较短的时间内了解了课题研究中涉及的基础理论，增强了教师们的改革意识，使他们固有的传统教学观念受到了严峻的挑战。大家认识到，主体性就是突出"人"的地位，主体性发展是人的最高层次的发展，主体性课堂教学必须以学生为主体。教师要由演员变为导演，把课堂当作舞台，让学生充分表现、思维、探索、质疑，真正发挥他们的独立性、主动性和创造性。同时，我们还对现代的教学方法和现代教学手段进行了大胆的实践，在新的课堂教学模式中，突出一个思想，落实两个重点，进行三个改变，制订四个目标，体现五个特点，具体如下。

突出一个思想，即以学生为主体的思想。

落实两个重点：挖掘学生潜能，发展学生的个性；培养学生的创新精神和实践能力。

进行三个转变：教师角色的转变，教师由单纯的知识传授向教学活动的指导者、组织者转变；学生地位的转变，学生由知识被动的接受者向知识的主动探索者转变；教学手段的转变，由媒体辅导向学生的学习工具转变。

制订四个目标：看学生的激情是否被调动起来；看能否创设学生主动参与学习和激发其创新精神的氛围；看是否让学生积极参与思维活动；看不同层次的学生是否都有所得。

体现五个特点：建立平等、民主、和谐的师生关系；寓德育于学科教学之中；创设恰当的教学情境启发学生思维，鼓励学生质疑问难，将发展学生的自主性、独立性和创造性作为教学的重点；采用多种媒体进行教学，调动学生多种感官参与教学过程；注重对学生学法的指导，培养学生自我选择、自我监控、自我调节等自主学习的能力。

2. 以课程设置改革为突破口

新教学模式的推行十分困难，主要是因为存在升学率的压力，教材、教参的束缚，以及教师已养成的习惯等。尤其在学科课上进行新教学模式改革，更是难上加难某干些，我们就以课程设置改革为突破口，首先在心理课和活动课上改。为了推动课堂教学改革，我校提出了"开足必修课，上好选修课，增设活动课"的方针，在全校四个年级开设心理健康教育课和活动课，聘请东北师大教科院心理系硕士研究生到我校任课。我们讲授将、检测、集体讨论（包括专题讨论、辩论、分组讨论）、角色扮演等几种教学方法有机结合，非常受学生的欢迎。这些方式能创造和谐融洽的教学气氛，建立民主平等的师生关系，让学生真正感觉受到了尊重。学生们不仅喜欢心理课，更喜欢活动课。活动课的灵活性和趣味性，极大调动了学生学习的积极性，能使学生在愉快和谐的气氛中增长知识、开阔视野。它给学科课以极大的启示，许多教师转变了在学科课上的传统教法，也开始像心理课、活动课一样去相信学生，让学生真正成为课堂的主体。

3. 以小班作为实验重点

在由心理课、活动课向学科课推进时，我们选择了初中的小实验班。因为它学生少、空间大、师生关系近、任课教师年轻，观念比较新。同时，我们得到了市教委领导的大力支持，朱再新主任多次来校听课，让学校领导和教师解放思想，让我们到白山、滨河小学去学习。市教研室的教研员也多次听课、指导，推动了我校课堂教学改革不断向深层次发展。

二、大胆改革，在课堂教学改革中形成一种新型的师生关系

1. 教师的观念发生了根本性的变化

（1）转变了教学价值观

课堂教学改革的实践使我们认识到，开发学生的创造潜能，弘扬人的主体精神，促进人的个性和谐发展才是当代基础教育的根本宗旨。这就是说，要在传授知识的同时，灵活地去发展学生的智力，培养他们的能力。只有把学生的潜能充分激发出来，使他们在主动积极的状态下，学会学习、学会做人，不断体验成功，增强自信，追求新知，才能从根本意义上说我们完成了课堂教学任务。

（2）转变了教材观

在课堂教学改革的实践中，改革受到了教材、教参、教学大纲以及封闭的学科知识的束缚。教师们习惯于以纲为纲，以本为本。但主体性课堂教学要求我们的教师对教材重新进行审视。例如：数学教师在讲授《同位角、内错角、同旁内角》时，根据教材、教参的提示，要从三条直线组成的图形引入，进而分析三种角各自的位置、特点和相互关系。为了引导学生深入探讨，解决深层次的问题，增强学生创造性思维能力，授课教师改变了传统方法，改用课件在大屏幕上展示出大量的相关图形，让学生观察、判断。通过独立思考、小组讨论，学生们在由线段、射线、直线所组成的各种相应的图形中，不仅找到了这三种角，而且还能画出教师没有列举出来的几种图形。这样，教材对学生创造性思维培养的使用价值就被充分地挖掘出来，教师灵活而创造性地使用教材、活化教材，把教材变成教师训练学生思维的有力工具。

（3）转变了教学观

主体性课堂教学改革的实践确立了学生的主体地位。教师变灌输式教学为启发式教学，使学生真正成为学习的主人。主体性课堂教学模式把教学目的进一步明确为培养学生创造性的个性，要求教师对所教的每一节课都要精心设计。语文教师孙黎在设计教读杨朔的散文《荔枝蜜》一课时，改变了先阅读、后分段、再归纳中心的传统方式，采用了巧设障碍→激发兴趣→引导发散→得出结论的新思路。教师一上课就在黑板上写了一个鲜明不同的文题《蜜蜂赞》，并简明扼要地告诉学生，本文是赞美蜜蜂的佳作。学生看到教师竟敢给著名散文家的作品改题目，还振振有词，听起来颇有道理，立刻来了兴趣。为了对教师的"高见"进行验证，他们自觉地进入研读课文阶段。从情节到线索，从内容到立意，经过认真的研讨、激烈的争论，多数学生认为文章是以"我"为蜜蜂的感情变化为线索来赞美蜜蜂的，同时也歌颂了像蜜蜂一样忘我劳动、酿造甜美生活的人们，作者以蜜蜂酿造的甜美的"荔枝蜜"为文题标新立异，比《蜜蜂赞》更有特色，更含蓄，更能引发读者的联想。但也有少数学生坚持主张作者应该改写文题，他们的理由是开门见山直截了当更能突显主题。教师对他们表示赞许，并且鼓励他们这种敢想敢为，能阐明自己观点的行为。

（4）转变了对学生的评价观

如何评价学生的优劣，教师心中的标准往往是成绩的好坏。教师一般都比较厚爱智能型学生，这些学生的共性是成绩好、不迟疑、老实听话、循规蹈矩。而对那些求新好异、突发奇想的学生，教师常觉棘手。小实验班有名男生叫张臣明，平时上课坐不住凳子，被许多教师视为调皮鬼。但在数学课堂上却总能提出比其他学生更奇特的问题。如数学课讲内错角时他认为一定还有外错角，讲同旁内角时他认为一定还有同旁外角，这使教师发现了他身上存在着创造性潜能。于是数学教师在课堂上积极调动他的潜能，现在他被同学们称为数学怪才。这类学生不止一个，他们身上的创造性个性，如好奇心、独立性、自信心等，正是我们在课堂教学中应通过各种途径去挖掘的可贵品质。

2.学生的学习品质发生了根本性的变化

（1）敢想敢问

创造性个性的一个典型表现是有充分的自信心强烈的好奇心和表现欲。小班学生最突出的变化是思想上的开阔和深刻。主体性课堂教学给学生创设了宽松、自由的想象空间，有力地保护了学生的奇思异想，许多想法是我们成年人都想不到的如生活在沼泽地的丹顶鹤为什么单脚站立而不下沉？人血的密度怎样测量？心理老师上课讲到变通性时，提出如果把"申"字拆开，能拆出多少个字的问题普通班学生只拆出 17 个，心理教师拆出 25 个，而小实验班的孩子们竟拆出 34 个。

（2）敢作敢为

如果说敢想、敢问仍停留在畏缩品质上的话，那么敢作敢为就是学生在行为上创造性的实践。如实验班学生梁家桐，为完成老师布置的读后感，在寒假期间阅读了大量的相关资料，别出心裁地以话剧中场景的设计及人物对白的形式完成了作业，手法之流畅让老师感到惊叹。再如，语文老师设计的培养学生想象力和发散思维的作文《wang》，以单字拼音为标题要求学生通过查字典来，选择他们自己欣赏，并且有话可说的一个"wang"进行创作。有的学生以渔网的"网"为题：有写网络的，有写人情网，关系网的……角度很多，立意很新。还有的同学选择来往的"往"，叙述一段往事；有的选择"惘然若失"的"惘"，描写一种心情；有的选择徇私枉法的"枉"，把视角伸向了社会的阴暗面，表明他们对一些社会现象的独特看法……总之，在作文课中，从实验班学生创作的作品上所体现出来的惊人的想象力和创意是其他班级的学生无法相比的。

另外，在日常生活当中，实验班的学生也比一般的学生具有更强的表现欲，更敢作敢为。在适当的场合，他们敢于表达自己的见解，表达自己的情感，那种自信与热情是装不出来的。如上学期我校组织学生观看来自河北唐山残疾人演出团的表演，全校师生都被残疾人演员表现出来的巨大精神力量与艺术魅力所感染。大家除了欢呼鼓掌外似乎再没有表达情感的其他方式，这时唯有全校年纪最小的实验班的学生自发地掀起"人浪"表达他们的兴奋心情，并奔上台去"毛遂自荐"，与演员同台欢唱。此情此景既让学员们感受到了孩子们的热情，又充分体现了改革对孩子们的影响。

对主体性教育理论的探索与教学模式的构建，不仅为我校培养了一批具有现代教育理论，敢于创新、善于创新的青年教师队伍，同时也为学生创造性思维品质的塑造和发展提供了有效的训练范式。

春风化雨育美德　润物无声洒春晖
——以"四个深度融合"加强中华传统美德教育

党的十八大提出的教育方针：坚持教育为社会主义现代化建设服务、为人民服务，把立德树人作为教育的根本任务，全面实施素质教育，培养德智体美全面发展的社会主义建设者和接班人，努力办好人民满意的教育。中华传统美德是中华民族优秀的道德品质、优良的民族精神、崇高的民族气节、高尚的民族情感以及良好的民族习惯的总和。加强中华传统美德教育是完成"立德树人"根本任务的主要载体，是实施素质教育的系统工程。长春二实验中学为了实现创建国家级素质教育示范校，办好人民满意教育的目标，把加强中华传统美德教育融入学校整体改革和发展的全过程，实现了"四个深度融合"，即与学校的培养目标深度融合、与学校的课程改革深度融合、与学校的心理健康教育深度融合、与学校的师德师风建设深度融合。

一、中华传统美德教育与学校的培养目标深度融合

1. 以中华美德为标准，确立培养目标

党的教育方针是通过学校对学生的培养目标来实现的，党的教育方针明确了：为谁培养人，培养什么样的人，怎样培养人，的正确方向。依据党的教育方针，并结合中华传统美德教育的核心要素"仁义礼智信"，我校针对初中、高中不同时段的学生，提出了切合实际的科学的培养目标。

针对初中（7—9 年级）学生，达成"四学会"的总目标，总目标下又分为 16 个具体目标。

学会做人：有爱党爱国情感；有勤奋学习精神；有诚实守信行为；有孝长敬亲情怀。

学会学习：有自主规划能力；有高效学习方法；有时间管理能力；有共享资源意识。

学会创造：有创新求异精神；有创新发散思维；有创新实践技能；有创新实际成果。

学会生存：有防灾避险能力；有适应生存能力；有协调沟通能力；有自我保障能力。

针对高中（10—12 年级）普通层面学生，确立了"五具有"的培养目标。

一是具有学习精神，励志成才；

二是具有文明素养，诚信友善；

三是具有创新精神，奉献爱国；

四是具有实践能力，求真务实；

五是具有健康心灵，公正无私。

随着国家经济体制的改革，人们的世界观、人生观、价值观也发生了变化。一些考入清华、北大的高才生出国留学后，不愿意回国，我们培养的人才不愿意为中华民族的复兴去效力，不愿意为中国社会的发展去奉献。为此，我们对精英层面学生的培养目标又增加了"三具有"培养目标。

一是具有良好的学习素养和优秀的成绩；

二是具有奉献国家和社会的公益之心；

三是具有领袖的胸怀和气质。

2.以中华美德为规范，引领行为养成

我校依据栾传大教授"中华民族传统美德德目体系构建研究"课题研究成果，确立了加强中华传统美德教育框架，围绕孝敬父母、尊师敬长、团结友爱、立志勤学、自强不息、谦虚礼貌、诚实守信、严己宽人、崇荣知耻、见义勇为、整洁健身、求索创新、敬业尽责、勤劳节俭、见利思义、清正廉洁、爱国爱民、天下为公等美德教育内容的18个项目，将美德教育贯穿于日常生活的每个细节，引领学生行动养成。学校汲取《弟子规》精华，引导学生品读践行。学生在违反校规时，"先静读弟子之规，回顾事件经过，躬身自我反省，及时矫正行为"。

二、中华传统美德教育与学校的课程改革深度融合

1.加强文化建设，确保美德教育规范化

"以人为本，自主发展"是我校的办学理念。楼宇烈先生在《中国文化的根本精神》一书中指出：与西方文化相比，以人为本的人文精神是中国文化最根本的精神，也是最重要的特征。中国传统文化强调人的主体性、独立性、能动性。学校坚持以生为本、以师为要。以强调人的"主体性、独立性、能动性"的主体性教育思想，确立了"以人为本、自主发展"理念体系的"三风一训"，不断深化"12345主体性课堂教学"模式的探索，不断进行"德育三自主主体性育人模式"，即自主管理自己、自主管理班级、自主参与学校管理。开展了"传统美德进校园"活动，促进了美德教育规范化开展。

2.加强课程建设，确保美德教育科学化

课程建设是学校发展的核心，是实现培养目标的重要载体。学校确立"以学生发展为核心"的全课程理念，把学生在校期间所有的校内、校外、课上课下的活动都纳入新课程范畴之中，坚持课程、教材、课题、教师的四位一体，实现"六化"发展，即所有活动课程化，国家课程校本化，校本课程生本化，课程开发课题化，课程建设精品化，教师成长专业化。

学校开发八大类168门校本课，主要包括信息技术类、人文素养类、心理健康类、德育国学类、国际教育类、科技创新类、体育艺术类、社团活动类。

2014年，《关于全面深化课程改革落实立德树人根本任务的意见》颁布，提出"各学段学生发展核心素养体系，明确学生应具备的适应终身发展和社会发展需要的必备品格和关键能力"，还提出"把核心素养和学业质量要求落实到各学科教学中"。随后高中课程改革工作正式启动。中华传统美德教育是新课程改革的重要内容，是德育工作的永恒主题，在落实立德树人中发挥着关键作用。

学校构建了以传统美德教育为核心的课程模式：

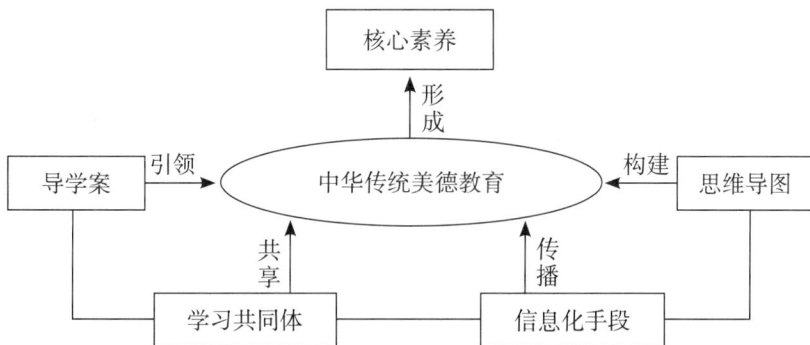

为加强中华传统美德教育，开发了六门课程：

（1）文明礼仪课程

不学礼，无以立。礼教恭俭庄敬，乃立身之本。有礼则安，无礼则危。礼仪是隐性的美德品质的显性表达。随着我国向现代化社会迈进，人们对精神文明的要求越来越高，这就需要学校在培养"达礼"之人时吸取中华民族优良传统礼仪的宝贵历史经验，增加新内容，赋予新内涵。

为此，我校以行为规范养成教育为根基，以《长春二实验中学学生一日常规》为行为准绳，把初一、高一新生入学第一课确立为《美德教育课》，学《弟子规》，尊弟子礼，认真落实"课前礼""课后礼"，把居家、在校、社会、交往等礼节规范纳入《学生手册》，并通过科学的监督机制，将学生美德行为纳入《长春二实验中学学生综合素质评价体系》。这样做极大促进了学生的知行合一。

（2）传统节日课程

以过中国节的方式传承中华民族优秀传统文化，在传统文化教育中传承中华美德，是我校一直以来提倡的课程理念。依据教学实际，结合初高中学生年龄特点，学校对春节、元宵、清明、端午、中秋、重阳等六大"我们的节日"进行校本课程建设，形成了"我家春节""元宵谜会""清明怀远""端午诗会""团圆中秋""重阳敬老"等品牌主题活动。在《离骚》名句"路漫漫其修远兮，吾将上下而求索"学习中，强化对真理的追求；在了解端午习俗来历中，明确"爱国"是中华民族亘古以来的共同价值观；在传统文化和民族精神教育中，强化情感培育、丰富实践、增强认同，形成品质。

（3）美德书香课程

任何一种品德都包含一定的道德认识、道德情感、道德意志和道德行动习惯等心理成分，这些心理成分是彼此联系、互相促进的。一般来说，中华传统美德认识是美德情感产生的根据，在品德形成过程中是重要的开端。

我校把传统美德教育与书香校园建设进行了有机整合。通过开办"先生讲堂""弟子讲堂""家长讲堂"的讲书活动，让学生在阅读中掌握道德概念、认识道德特征、理解道德行为的社会意义和个人意义。学校把传统美德教育纳入省级课题"以读写讲做成才行动促进未来新型学校建设"研究中，并作为课题研究龙头学校，带领全省 33 所中小学进行深入探索。

《中华优秀传统文化教育公益普及课》教学大纲（学生版）

第一课	问道立志（志）	第九课	正直大公　（廉）
第二课	向道好学（学）	第十课	知耻后勇　（耻）
第三课	感恩孝亲（爱－孝）	第十一课	文武之道（武、兵）
第四课	尊师乐群（敬－悌）	第十二课	和谐之生（医、养）
第五课	夷夏之辨　（忠）	第十三课	琴书之美（美、友）
第六课	无信不立（信）	第十四课	三达之德（智、仁、勇）
第七课	人禽之辨（礼）	第十五课	知行合一　（行）
第八课	义利之辨　（义）	第十六课	修身立德　（成）

《中华优秀传统文化教育公益普及课》教学大纲（家长版）

第一课	书香家庭与经典教育（理念篇）
第二课	书香家庭与经典教育（实践篇）
第三课	书香家庭与经典教育（分享篇）

（4）党校团校课程

中华民族历来就有"苟利国家生死以，岂因祸福避趋之"的高尚情怀。热爱祖国、热爱中国共产党是中华民族精神的核心理念。把中华优秀传统美德教育纳入团校、党校课程体系，使之与理想信念教育、爱国主义教育、时事教育进行有机整合，传颂美德故事，传承文明瑰宝，引导学生牢固树立"天下兴亡，匹夫有责"的担当意识，大力培植"以天下大事为己任"的英雄主义气概，弘扬"重大义、识大体，公正廉洁，克己奉公"的大局观念，培养"利于国者爱之，害于国者恶之"的是非观。这些极大推进了党的教育方针的贯彻和落实，为传承红色基因，铸就时代新人，为实现中华民族伟大复兴，为培养社会主义建设者和合格接班人做出了贡献。

（5）劳动实践课程

劳动是创造人类文明的鼻祖，热爱劳动和劳动人民是每个公民应该具备的高尚品德。中华民族始终弘扬"劳动光荣"，把"敬业"作为社会主义核心价值观的重要内容。在五千年的文明长河中，流传着无数讴歌勤奋劳动的诗句。学校认真贯彻落实党的教育方针，加强劳动教育课程体系建设，把劳动教育作为培养社会主义建设者和接班人的重要途径，在劳动教育中开展中华传统美德教育的探索和实践。

学校确立了德育"三自主"育人模式，即自主管理自己、自主管理班级、自主参与学校管理。在这个育人模式下，建立了"劳动值周服务"制度。全校学生通过参与学校建设、维护学校卫生、开展校园清洁、义务奉献社会等形式，完成每学期一周的劳动课课时。在劳动中，培养了学生天下为公的博大胸襟，团结友爱、互相帮助的仁爱之心，爱校为荣、以国为家的家国情怀。教育学生发扬中华民族吃苦耐劳、勇于奋斗的光荣传统，培养学生的公共道德观念和社会责任感。

（6）家庭德育课程

教育大计，德育为先。家庭教育、学校教育、社会教育并称为教育的三大支柱。家庭是学生的第一所学校，家长是孩子的第一任老师。家庭教育曾经是中国文化的优势资源，孝文化、君子文化都是中国式家庭教育的正面结果。家庭传统美德教育是家庭教育的重要主题，是破解重智轻德社会现象的重要手段，是家庭教育的普遍趋向。把中华传统美德"忠孝仁义礼智信"中，"忠""孝"是最基本的。忠是立国之本；孝是立家之本。"忠""孝"两字，支撑着这个国家、民族以至于整个家庭的"大厦"。"仁义礼智信"称之为"五常"，是立身之本。

习主席亲自参加孔子诞辰纪念大会，接连几次出席全国道德模范表彰大会，事无巨细谈及家风问题，这些都是对传统美德文化的弘扬和号召。我校把"家风"教育作为家长学校课程体系的核心内容，通过开展讲座、座谈、家庭教育辅导等形式帮助家长提高仁爱孝悌、谦和有礼、诚信感恩、尊师敬长等重要内容的教育能力。

三、中华传统美德教育与学校的心理健康教育深度融合

1. 找准中华传统美德教育与心理健康教育的契合点

学校注重在积极体验性心理健康教育活动中利用中华美德文化资源，结合学生生活体验，将传统美德培植为学生的积极心理品质，再以积极心理品质促进传统美德的"生长"。例如，"严己宽人"，是孔子提倡忠恕之道的推己及人伦理思想的理念。孔子主张"己所不欲，勿施于人"，说的是一种换位思考。学生在"学会理解"的课程模块中，通过有计划的体验性活动设计，产生"己欲立而立人，己欲达而达人"的积极情感体验，更加有利于该品质的培养。为推进"团结友爱教育"内容的落实，在心理健康教育中注重引导学生学会从积极的角度认识世界、解读事件、赋予意义。在"点赞自己""感受美好""学会感恩""珍惜拥有"学心理教育模块中，把传统美德与时代精神进行融合。

2. 构建寓心理健康教育于中华传统美德教育的新模式

学校在《中学生积极体验性心理健康教育活动探索》课题研究中，致力于整合36个积极心理品质和18个内容德目，把传统美德教育纳入心理健康教育课程八大体系。八大课程体系如下：

课程系列——开设系统的心理健康课程，组织心理主题班会，使学生在体验中感受自己的改变和提升。

活动系列——组织学生团体心理训练、心理小组互助活动等，达成学生之间的互助成长。

辅导系列——进行学生个体辅导，帮助学生走出心理困惑。

渗透系列——在各学科中渗透心理健康教育，达到全面育心的效果。

教师系列——在教师中间开展教师讲座、团体辅导、专题研讨等活动

家长系列——继续开展家长心理学校，开设家长心理系列培训，进行家庭心理辅导。

文化系列——完善《心之韵》心理长廊，出刊心理刊物《心语》，开展校园心理剧大赛。

辐射系列——继续承担长春市"121"心理健康教育培训工程任务，全年向全市免费培训10000名教师、20000名学生、10000名家长。通过心理咨询热线、面对面心理辅导、网上心理辅导等方式，为全市中小学师生及家长提供心理咨询，并做好东北师大研究生心理教育实践基地工作。

四、中华传统美德教育与学校的师德师风建设深度融合

习近平总书记强调："今天，中华民族要继续前进，就必须根据时代条件，继承和弘扬我们的民族精神、我们民族的优秀文化，特别是包含其中的传统美德。"中华传统美德是实现中华民族伟大复兴的重要思想支撑，高尚师德涵盖了中华民族优秀传统美德（仁、义、礼、智、信、孝、悌、忠、廉、耻、勤、勇、敬、恕、谨、俭、忍、友、慈、和等重要元素），是"修身""齐家""治国"的根基，是团结奋斗、凝聚精神力量的重要载体，是形成良好社会风气的重要保障，是个人立身成才的重要条件。

1. 以员工的职业操守，涵养中华传统美德

百年大计，教育为本；教育大计，教师为本。

师德修养自孔子开始就成为历代教育者探究和实践的课题，"四有"好老师的标准就是对《论语·述而》中"志于道，据于德，依于仁，游于艺"的现代诠释，体现了对中华优秀传统文化思想的传承和创造性吸收。我校始终致力于将中华优秀传统文化融入师德教育，传承中华民族的"根"和"魂"。

学校有300多名员工，中共党员占百分之五十，其余是民主党派成员和党外人士。为了加强师德师风建设，树立风清气正、斯文在兹的良好氛围，我们把中华传统美德和习近平总书记提出的"四有"好老师标准高度融合，制订了二实验中学员工职业操守准则（以主人之心爱学校；以父母之心爱学生；以手足之情爱同事；以祖国之需育英才），把不同信仰的人凝聚起来。

2. 以员工的五种精神，弘扬高尚师德风范

中华传统美德是长春二实验人五种精神（爱校如家的奉献精神，忠于职守的敬业精神，从严治校的负责精神，克己奉公的自律精神，勇于开拓的创新精神）的核心元素。五种精神充分体现了新时代人民教师"心有大我，至诚报国"的家国情怀和精神风貌。

学校坚持开展"爱心与责任"主题教育。全体党员利用中午和下午第九节自习时间，坚守"党员爱心责任岗"，为学生义务辅导，答疑解惑；为突破学生"听一遍不懂、讲一遍不会"的学习瓶颈，党员教师利用业余时间开设"爱心网站"，5000节微课为学生丰富了知识宝藏，为家长减轻了经济负担。在党员教师的带领下，义务奉献在我校蔚然成风，全体教师"老吾老，以及人之老；幼吾幼，以及人之幼"，爱生如子，爱岗敬业，克昌厥后，斯文在兹，一心为学校发展，全情投入教育事业。亲其师，信其道，教师的清风正气赢得了家长和学生的信任，学校教育教学质量连年提升。

加强中华传统美德教育，是时代赋予学校教育的历史使命。这是一项伟大而深远的系统工程，需要我们久久为功，持之以恒；需要我们不断引领教师在博学审问中传承中华民族传统美德文化，在慎思明辨中形成美德自觉，在躬身笃行中加强美德行为的养成，并以之为立德树人的有效载体。我们要在习近平新时代中国特色社会主义思想的指导下，以"四个深度融合"的行动策略继续加强中华传统美德教育。坚持春风化雨育美德、润物无声洒春晖，为实现中华民族伟大复兴做出更大的贡献。

【我的讲话】

庆祝长春市政府喜迁新址代表市民致辞

尊敬的各位领导、各位来宾：

上午好！

金秋十月，硕果飘香。值此市政府喜迁新址之际，我荣幸地代表731万长春市民，向各位领导和全体工作人员表示最热烈的祝贺！向为南迁工程做出贡献的人们，表示最衷心的感谢！

58年来，特别是改革开放以来，长春市依托有利的地理形势，实现了快速发展，取得了辉煌的成就。在振兴东北老工业基地的战役中，市政府加快老城区的改造，南部新城区迅速崛起，城市面貌发生了翻天覆地的变化。今天，这里交通便利，环境优美，满目绿树成荫，鲜花掩映。能够生活在这样一座文明、和谐的城市里，我们感到非常自豪。同时，我们也意识到，城市的快速发展、人口的迅速增加，给城市中心区交通、资源、环境带来了越来越大的压力。政府迁移对一个城市发展重心的转移、空间布局的调整具有重大的推动作用。市政府搬离市中心区，进军南部新城，对于带动南部新城建设、拓展城市发展空间、实现土地利用效益最大化、促进城市中心区解密外疏，将产生重大而深远的影响。这一战略选择，充分体现了市委、市政府领导的恢宏气魄、远见卓识和营建现代化城市的先进理念。

今天，一座设施完备、功能齐全、美观大气的政府新楼正式启用，这是我们全市人民的大喜事，这是我们新发展的机遇和起点，她将永远载入长春城市建设和发展的史册！

热爱长春，热爱政府、支持政府工作，共建美好家园，是每一名市民应尽的义务。我们将一如既往地支持政府工作，努力为长春的建设和发展贡献自己更大的力量。

最后，祝长春市政府新楼新起点、新址新篇章，祝长春的明天更美好。

在长春市心理发展中心成立大会上的讲话

尊敬的各位领导、各位专家、各位家长、同学们：

我代表长春市青少年心理健康教育发展中心对各位的到来表示最热烈的欢迎。

下面，我简要介绍中心建立的情况：

一、市委、市政府领导的高度重视

长春市委、市政府领导对心理健康教育高度重视，成立了以崔杰市长和郑文芝副市长为核心的长春市心理健康教育领导小组，以长春二实验中学心理健康教育中心为基地，投资近100万元，建成了2000平方米，拥有12个功能室，可以用于个体心理咨询、团体心理训练和面向各种群体的相关培训中心，通过沙盘游戏、催眠放松、负向情绪的宣泄等辅助手段最大限度地保障各项工作的有效实施。中心配备了雄厚的专业师资；成立了以我省著名心理学教授张明、张向葵为核心的来自吉林大学、东北师范大学等高校的心理健康教育专家支持体系；建立了以长春市教育局局长王树彬为主任的中心领导机构，完成了长春市中小学心理健康教育三级管理体系的构建。

二、发挥重点校的示范辐射作用

早在1995年，长春二实验中学就把"全方位实施心理健康教育，构建和谐校园"确立为加强未成年思想道德建设的基本策略，把"确立主题，塑造主体，实现主体，发展主体"作为培养目标，经过"探索—发展—成熟—拓展"四个阶段的砥砺，构建了较为完善的心理健康教育体系和运行机制，多次承担省市乃至国家级现场会，发挥了省首批办好的示范性高中的示范和辐射作用。全国中小学心理健康教育咨询委员会主任，著名心理学专家林崇德教授来我校考察后说："长春二实验中学的心理健康教育能与国际接轨，堪称全国的典范，他们的经验应该在全国推广。"在此，我要衷心感谢市委、市政府领导对青少年心理健康教育的高度重视，衷心感谢各位专家在我校以往的工作中，以及中心筹备过程中所给予的悉心指导，衷心感谢各位家长对心理健康教育工作的大力支持！我要负责任地说，我们已做好了领跑长春市心理健康教育工作向更快更好方向发展的充分准备！

三、打造积极心理品质，培育健康心灵

1. 阳光心网

为了使长春市青少年心理健康教育发展中心能够更好地为青少年心理成长服务，为提高广大教师和家长心理健康教育能力和水平，使他们能够更广泛、更便捷地接受心理健康教育，在长春市电教馆的大力支持下，中心建立了以"长春市青少年心理健康教育网"为名的网站，网站域名为：sunshine2060（阳光2060），我们希望将网站建设成学生心灵成长的大书，丰富教师教育教学能力的教案，提高家长教育能力的学校。网站设有留言板块、心理咨询信箱，心理健康教师将给予及时回复。

2. 心灵热线

中心开通了心理咨询热线电话，以满足广大学生、教师和家长心理辅导与咨询所需。

我们对热线电话接听教师进行了严格的资格审查和岗前培训，以确保服务质量。热线服务时间为周一至周五 14：00 —17：30，周六、周日：8：30 —16：30。我们将坚守岗位，认真接听，并信守以下承诺：诚恳，尊重、理解、接纳，为你负责，为你保密。

3. 心理咨询与辅导

请大家关注这样一组数据：2008 年，来自青岛的数据显示，13—16 岁的青少年心理问题检出率是 15.3%；2010 年，来自北京的数据显示，有 31.3% 的中学生存在轻度心理问题，6.5% 存在中度心理问题，0.5% 存在严重心理问题！可见，青少年的心理状况不容乐观。

为此，我们将面向全市广大学生、教师和家长开展免费个体及团体心理辅导与咨询。我们的工作愿景是：让教师幸福生活、快乐工作，体验成功；让家长以科学的理念对孩子进行心灵抚育；让学生在成长遇到困惑，生活遭遇无助，情绪跌入低谷，有心事需要倾诉时，在中心找到打开心扉的钥匙、心灵休憩的港湾、成长旅程的加油站！我们聘请了二十余名长春市心理健康教育骨干教师利用周末到中心进行公益服务。对于他们个人的专业背景和咨询方向我们将通过网站向社会公布，以方便大家了解和预约。

4. 开展教师心理培训

在工作中我们将充分发挥中心的一级管理功能，对各市直学校、课题先进实验校、各区县心理健康教育主管部门等二级管理机构进行指导和示范，并鼓励他们向长春市各县区属学校等三级点校发挥辐射作用。

5. 开展学生心理培训

我们将充分利用学生心理社团和心理健康教育志愿者资源，在寒暑假开展学生心理培训，例如开设心理成长训练营，培训各校心理委员，团体心理辅导等，引导孩子注重积极心理品质的培养，为他们下一时段的生活和学习鼓劲加油。

同时，我们还将对在我市生活、学习的外籍学生开展心理辅导，用"宽容大气"的情怀，使他们体会到中国长春这个"最富有人情味的城市"的温暖和关爱。

6. 开展家长心理培训

开办家长心理学校，开展"萨提亚"牵手家庭心理咨询活动。

7. 开展公益讲座

我们中心的工作宗旨是"打造积极心理品质，培育健康心灵"，我们将认真遵循积极心理学原则，发展性辅导原则，师生、家长共同成长原则，创设对青少年成长有利的教育氛围和成长环境。

莎士比亚说："上天生下我们，是要把我们当作火炬，不是照亮自己，而是普照世界。"我们将不辜负长春市委市政府的期望，让孩子们心灵的火炬燃得更旺，为建设繁荣、和谐、开放、美丽的长春做出更大的贡献!

在田家炳教育共同体成立仪式上致辞

尊敬的韩民主任、戴希立先生、吴洁容校长、肖开廷先生,尊敬的各位领导,各位同仁:

大家好! 在这春日融融, 万象更新的美好季节, 在市教育局领导的亲切关怀和大力支持下, 长春市田家炳教育共同体正式成立了! 在此, 我谨代表教育共同体七所学校两万名师生, 向将一生心血都倾注于教育事业的田家炳老先生致以最崇高的敬意! 向秉承"兴学育才, 推广文教, 回馈社会, 贡献国家"为宗旨的田家炳基金会所有工作人员表示最衷心的感谢! 向我们田家炳教育共同体的成立表示最热烈的祝贺!

"大学之道, 在明明德, 在亲民, 在止于至善。"在筹备教育共同体的三百多个日夜里, 我们始终铭记田老先生"中国的希望在教育"这一殷殷嘱托, 以"弘扬田家炳精神"为主线, 潜心思考, 众筹智慧。每一天、每一节课都关乎孩子和国家的未来, 为此, 我们不敢懈怠, 上下求索。依托《共筑成长路》, 聚焦核心素养, 点燃心灵火炬。培养"勤、俭、诚、朴"的品质, 挖掘每个生命的精彩!

长春市田家炳教育共同体的成立, 不仅是各成员校的幸事, 也是春城教育的里程碑。我们将努力践行共同的教育理念, 为香港和大陆架起一座教育国际化交流的平台。让我们多一个角度, 审视教育; 多一块阵地, 交流思想; 多一个渠道, 提升能力; 多一份效益, 回报社会; 多一份影响, 走向世界。期盼"爱国重教、惠群致公、诚实守信、自强不息、克勤克俭"的田公精神泽被莘莘学子, 惠及千家万户!

各位同仁, 正如李克强总理在政府工作报告中说的那样, 奋斗才能赢得未来。让我们在田公精神的指引下, 在市教育局的正确领导下, 励精图治, 戮力同心, 共襄教育伟业, 共赢美好未来!

最后, 衷心地祝愿田家炳先生德高寿长、幸福安康, 祝愿田家炳基金会蓬勃发展, 再续辉煌! 祝愿我们田家炳教育共同体在春城大地昂然屹立、不辱使命、不负众望, 为中华民族的伟大复兴, 为伟大祖国的繁荣昌盛, 为办人民满意的教育做出更大的贡献!

在吉林省委教育工委
普通高中青年党校省级示范校揭牌仪式上的讲话

尊敬的各位领导、专家、老师、同学们:

我校是首批办好的省级示范性高级中学, 设有初中部、高中部、国际部。现有

84 个教学班，近 5000 名学生。多年来，学校坚持党的教育方针，实施铸魂育人固本工程，在校党委的领导下，把高中青年党校建设成广大学生的政治摇篮、为党组织培养后备力量的红色基地，始终引领共青团员及全校师生树立崇高理想、坚定理想信念、厚植爱党爱国情怀、奠定坚实思想基础，努力培育社会主义建设者和接班人。具体做法汇报如下。

一、领导嘱托，指引方向

习总书记在党的十九大报告中指出：教育是民族振兴、社会进步的重要基石，是功在当代、利在千秋的德政工程。报告从新时代坚持和发展中国特色社会主义的战略高度，做出了优先发展教育事业、加快教育现代化、建设教育强国的重大部署。

2018 年 9 月，总书记在全国教育大会上发表重要讲话，再次强调教育是国之大计、党之大计。讲话从党和国家事业发展全局出发，动员全党全国全社会为加快推进教育现代化、建设教育强国、办好人民满意的教育而努力。

时代是出卷人，我们是答卷人。各级领导的嘱托，为我们答好这张卷指引了方向。

原国家副主席李源潮曾接见并鼓励我校高中青年党校学员；国家教育部副部长刘利民，副省长安立佳，副市长贾丽娜，国家、省、市各级关工委领导以及国家督学都对我校高中青年党校工作给予过亲切关怀和具体指导。

2019 年新年伊始，省委教育工委副书记李晓杰主持的省教育党工委、省教育厅中小学党建工作座谈会在我校召开。李晓杰厅长在讲话中指出：教育是有方向的，只有加强党对教育的全面领导，才能真正坚持社会主义育人方向；责任是有分量的，我们一定要提高政治站位，坚持把党对学校工作的全面领导贯通于幼、小、初、高各学段；育人是有规律的，要以"功成不必在我"的境界，做好教育的奠基工程。

市委教育工委副书记、市教育局梁国超局长多次到我校对我校党建工作给予了"风清气正、精益求精、亮点纷呈"的高度评价。

市教育局党组成员杜影副局长多次来校，对我校"三早"育苗工程的实施给予了极大肯定，对高中青年党校工作进行具体指导。

二、健全组织，保驾护航

我校运用毛泽东主席"把支部建在连上"的宝贵经验，坚持党政一体化管理机制。李国荣校长同时兼任校党委书记、高中青年党校校长、党委委员兼任副校长和青年党校副校长、校团委书记兼任初中团校校长、各党支部书记分别兼任学年部主任和青年党校、初中团校的分部负责人。这不仅确保了青年党校工作和党务、政务工作同部署，更使"早教育、早传承、早培养"三早育苗工程能够抓在平常、干在经常、落到实处。

为健全高中青年党校运作机制，成立了管理部、教研部、宣传部等三个部门，坚持以理想信念凝聚学员、以科学管理规范学员、以优质课程教育学员。聘请了时代精神教育专家——"大国工匠"李万君、理想信念教育专家——市委党校王健教授、革命传统教育专家——原市政府秘书长李发锁。

学校建立了一支以思政课老师为骨干力量的政治强、情怀深、思维新、视野广、自律严、人格正的高中青年党校和初中团校的辅导员队伍。要求他们旗帜鲜明上好党课、率先垂范彰显党性，做好政治启蒙、思想引领，激发引导党校学员知党史、明党情、听党话、跟党走。

三、拓展课程，强基固本

为加强高中青年党校建设，我校党委确立了"四个深度融合"工作思路。

一是与立德树人根本任务深度融合。

二是与实现三早育苗工程深度融合。

三是与学生生涯发展规划深度融合。

四是与开展一学一做活动深度融合。

并扩展课程，开发了八大类校本课程。

一是课堂教学。把每一个课堂都打造成传播红色基因的基地。要求文科课程与国家成就紧密结合；理科课程与科技强国紧密结合。

二是红色课堂。科学管理党课授课课堂。通过专家授课、教师授课、学生研讨等方式，用马列主义思想武装学生的头脑。

三是德育活动。以培育和践行社会主义核心价值观为核心，全面开展爱国主义、集体主义、传承中华民族优秀传统文化等主题教育活动。

四是社会实践。组织学生到一汽集团、中车集团、空军飞行学院、65370部队、省科技馆、博物馆、伪满皇宫博物院等社会实践基地参加活动。教育学生不忘国耻、继往开来，坚定对中国共产党的拥护，深刻体会"没有共产党就没有新中国"。引导学生知行合一，把对党和祖国的无限热爱化作刻苦学习的不竭动力。

五是志愿服务。组织学生到省孤儿学校、长春市社会福利院、高速公路客运站等开展志愿服务活动，引导学生在实践中践行党的宗旨，培养他们服务他人、服务社会的美好情操。

六是生涯指导。指导学生制订政治思想发展规划，确立不同年段发展目标，引导他们向党组织靠拢，并对他们持续进行关注和培养，做好与大学党组织的沟通，做到"墙内开花、墙外结果"，努力培养一批担当民族复兴大任的时代新人。

七是家校共育。充分发挥家长学校的阵地作用，向家长宣传社会主义核心价值观，通过开设家庭教育讲座、家长讲书堂、家访等形式面对家长开展理想信念教育、党史、国情教育，提高家长素质，根植家庭红色基因，帮助孩子扣好人生第一粒扣子。

八是宣讲社团。一是请进来，邀请学校机关工委"五老"宣讲社团定期来校为党校学员开展"传承红色基因、争做时代新人"宣讲活动；二是走出去，青年党校学员进班级、进社区开展党的方针政策宣讲活动。

四、三早育苗，喜结硕果

多年来，我校始终坚持贯彻党的教育方针，落实立德树人根本任务。学校对高中学生确立了"五个具有"培养目标：具有学习精神，励志成才；具有文明素养，诚信友善；具有创新精神，奉献爱国；具有实践能力，求真务实；具有健康心灵，公正无私。

为做到早教育、早传承、早培养，在"五个具有"基础之上，对高中青年党校学员又提出了更高的发展要求：具有良好的学习素养和优秀成绩；具有奉献国家和社会的公益之心；具有领袖的胸怀和气质。使他们能够成为担当中华民族伟大复兴大任的时代新人。

党校学员孙天瑞同学高考时考取了654分的高分，面对北京大学的邀请，他毅然选择了北京航空航天大学飞行动力学专业。他说，政治老师在党校上课时给我们讲到了南海问题，我深刻地意识到，维护中国主权，必须走科技强国之路。我要在专业领域有所建树，为国效力，为国争光。带着这样朴素的家国情怀，孙天瑞同学以优异成绩在国外博士毕业后，再次决定，放弃优厚待遇，回国建功立业。

党校学员张志鑫同学在十一月结冰的湖水里，勇救三名落水儿童，被长春市政府评为"见义勇为先进个人"。当时任市长崔杰把政府颁发的奖金递交到张志鑫手里时，这个家境并不富裕的孩子说，我要把这笔奖金捐助给社会，让那些比我更需要的人有更大的用途。

党校学员谢斯儒同学在高中被评为吉林省优秀团干部，大学期间连续三年获得国家奖学金，当选为全国学联执行主席，并被保送至清华大学社会科学学院攻读硕士研究生。

党校学员孙吉宇同学在校期间任舍务部部长，热心公益，服务同学。在中国传媒大学就读期间当选为北京大学学生联合会副主席。

梁甜甜同学毕业后以极高的政治素养和工作能力被新华社录用，参与了2017年国家派两架专机奔赴加勒比海地区，接回被困的400多名中方人员的新闻报道——祖国接你回家、2019年中美贸易战等重大新闻报道。她的诗歌《我们并不是生活在和平的年代，只是有幸生活在和平的中国！》在全国上下得到极大的反响。

优良传统，薪火传承。党校学员黄梦琳以长春市理科第一名的成绩被北大医学院硕博连读录取。她表示，毕业后，一定要坚持医者仁心，为人民服务。

2019年6月，我校荣获了省委教育工委颁发的"普通高中省级示范性青年党校"荣誉称号。这是一份光荣，更是一份沉甸甸的责任。

在今后的工作中，我们一定不辜负各级党组织对我们的信任，在习近平新时代中国特色社会主义思想的指导下，不忘初心、牢记使命，加强我校青年党校建设，和其他获奖高中青年党校一道，相互学习，加强教研，充分发挥辐射和示范作用，解放思想，锐意创新，让党的思想理论"进课堂、进教材、进头脑"，深入落实早教育、早传承、早培养"三早"育苗工程，树立"四个意识"，坚定"四个自信"，做到"两个维护"，为实现"两个一百年"奋斗目标，为中华民族的伟大复兴做出更大贡献！

创建长春市青少年心灵港湾
助力中小学生安全健康成长
——在长春市青少年心灵港湾成立大会上的讲话

尊敬的各位领导、各位专家、各位同仁：

大家好！长春二实验中学作为长春市关爱未成年学生安全健康成长"护蕾行动"试点单位，深感意义深远，责任重大，我们牢记习近平总书记的"要加强社会心理服务体系建设，培育自尊自爱、理性平和、积极向上的社会心态"的教诲，聚焦学生自我伤害预防的新途径，创建了"长春市青少年心灵港湾"，为助力中小学生安全健康成长提供了一个节奏快、效率高的信息化平台。

一、教育守望生命，心灵港湾应时而动

当前中小学生自我伤害现象屡屡发生，它反映出中小学生存在的心理问题无法得到及时的疏导和援助。特别是在2020年面临新冠疫情的严峻局面时，如何在线上解决学生和家长的心理需求，使学生的心理问题及时得到疏导，自我伤害及时得到干预，这是值得关注的问题。我校参加了黄宪昱局长领导的"护蕾行动"，承担了国家规划课题《高中生心理问题疏导实施途径研究》。在教育局学校安全处的指导下，在课题的前期，我们做了大量的社会调查，回收学生、教师、家长有效问卷3357份，疏理出15个方面的问题。作为课题的中期成果，我校依托原有的长春市青少年心理健康教育发展中心，采用现代信息技术创建了长春市青少年心灵港湾，这是面向全市中小学生和家长的一个网上心理服务平台。

平台的建设得到了市委市政府的高度重视，王凯书记指示发改委：把"加强中

小学心理健康教育，办好长春市青少年心灵港湾"写入长春市社会经济发展"十四五"规划，并在《关于开展关爱未成年学生安全健康成长"护蕾行动"的实施意见》中进一步强调要发挥"长春市青少年心灵港湾"网上心理疏导平台作用，提升学生抵御和化解心理危机能力。

二、教育呵护心灵，心灵港湾尽显优势

在教育局体、卫、艺处的指导下，心灵港湾由四大团队组成。

一是东北师范大学以盖笑松博士为首的心理专家团队。

二是东北师范大学心理学院的硕士、博士研究生团队。

三是长春二实验中学以康成为中心的 36 名教师团队。

四是长春市各中小学遴选的 56 名心理教师团队。

高素质、高层次、高水准的专业师资团队，为守望每一名学生的健康成长保驾护航，达成培根、铸魂、启智、润心的教育目标。

为了保障学生心理健康，呵护学生心灵，我们以平台为载体，注重多角度布局，实现了五大功能。

一是组织教师心理健康教育培训。面向全市心理兼职教师、班主任及学科教师系统开展三级心理健康教育培训工作。

二是开办家长心理学校。面向全市中小学家长开办线上线下结合的家长心理课堂活动。通过活动，家长掌握了正确的教育理念和方法，家庭成为孩子温暖的心灵驿站。

三是开设学生心理课程。通过线上线下结合的方式对学生开设心理健康课堂，普及心理健康知识。目前已上传 20 余节心理健康课程，提高了学生自我心理保健意识和能力。

四是进行学生个体和团体心理辅导。全面开展学生线上线下结合的个体心理辅导和团体心理辅导活动。

五是进行心理测评及危机筛查。通过平台对学生进行网络心理测评及心理危机筛查工作，对测量结果显示存在心理危机的学生进行合理的心理干预。

心灵港湾从 2 月 1 日开通以来，举办了专家讲座 6 次家长心理讲座 8 次；针对中考、高考考前辅导 3 次；接受学生和家长线上咨询 1600 多人次；处理心理危机事件 23 起。其中一名初三女生由于父母离异，缺乏亲情关爱，导致心情抑郁，多次自杀，值班老师启动一级心理危机干预响应，及时与其父母沟通，及时制止了伤害的发生。

三、教育立德树人，心灵港湾不辱使命

2020 年 11 月 25 日，教育部在答复"关于建立中小学生心理危机精准识别机制的建议"中表示，教育部高度重视中小学心理健康教育工作，将其作为中小学教育工作的重要内容，开展了一系列工作。

2021 年是"十四五"规划的开局之年，我们将进一步提高政治站位，提高对中小学生生命安全重要性的认识，把中小学生心理健康教育摆到更重要的位置，创新理念、创新举措，深入贯彻党的教育方针，坚持为党育人、为国育才。相信我们每一所学校都能成为学生的心灵港湾，每一个家庭都成为学生的心灵驿站，每一位教师都能成为学生生命的守护者，每一名学生的心灵都充满阳光，我们的教育永远充满责任与爱心！

在书香校园联盟启动仪式上的讲话

尊敬的各位领导、各位同仁：

大家下午好！

荷风送香气，有朋来相聚。在举国上下学习习近平总书记"七一"讲话的热潮中，吉林省全民阅读协会书香校园联盟启动仪式在我校隆重举行，我代表长春二实验中学 5000 名师生对来自联盟校的各位朋友表示最热烈的欢迎，对各位领导对协会工作的大力支持表示最衷心的感谢！对书香校园联盟的成立表示最热烈的祝贺！

长春二实验中学是吉林省首批办好的示范性高级中学，是首批全国心理健康教育特色学校、全国加强未成年人思想道德建设先进校。建设国家级素质教育示范校是我校的办学目标和前行动力。为了建设发展学习型学校，2003 年我向全校师生发出了倡议：校长读书，教师读书，学生读书，水滴石穿，积淀数年，共筑书香校园。阅读活动春风浩荡，万千学子茁壮成长。张海铮、袁冠湘等 20 多名学子考入北大清华，黄梦琳同学高考荣摘长春市理科状元桂冠。阅读是人生阶梯，助学生登高望远；阅读是精神之钙，让民族挺直脊梁勇往直前。

2018 年至今，孙玉刚主任、云良会长多次莅临我校，带动讲书，指导阅读。2019 年，我校挂牌书香吉林讲书堂，我们开设的"先生讲堂""弟子讲堂""家长讲堂"让全校师生和家长兴致勃发、积极担纲、踊跃主讲。阅读活动，为我校学习型学校建设强基固本，为莘莘学子搭建了实现梦想的金桥。

2020 年，中小学阅读委员会落户我校，孙立权老师博学多才、风标落落，是全国语文学科的翘楚。这是我校的一大盛事，更是一大幸事。孙立权老师高屋建瓴的指导，极大地推进了我校阅读活动蓬勃开展，也为语文学科教学水平的再攀新高搭建了平台。

语文组以阅读为核心，开展大单元教学设计研究，有 16 位教师参加"先生讲坛"

活动；长白山文学社团开展 48 期"经典有约"师生读书推介活动，并组织"阅读经典，书香校园"读书报告会。

在全民阅读活动的引领下，我校学生参加叶圣陶杯作文大赛，每届都有 100 多人荣获一等奖。

阅读活动推进了我校中高考全市领先，催生了菁菁校园文明花开。我校启动"星星之火，卓越教师培养计划"，聘请了孙立权等省市专家为特聘导师，其中 32 名教师荣获吉林省教学精英、吉林省教学新秀、省市名师称号，我校是获奖人数最多的学校。卓越教师培养计划特聘导师，激发了全体二实验人以阅读为犁深耕教育沃土，以阅读为翼助力学子翱翔的信心和决心。

今天，长春二实验中学带领的田家炳教育共同体十所学校加入书香校园联盟，融入这个拥有 98 所学校的大家庭，让我们：多一个角度，审视教育；多一块阵地，交流思想；多一个渠道，提升能力；多一份效益，回报社会；多一份影响，走向世界。

用团结凝聚力量，以实干担起责任。让书香校园与素质教育与"立德树人"根本任务深度融合，不忘教育初心，坚持改革创新，牢记习总书记教诲，让我们的民族精神厚重起来、深邃起来，为建设书香社会、推动教育高质量发展做出新的贡献。

在奖励清华学子主题升旗仪式上的讲话

尊敬的各位老师，亲爱的同学们：

今天，我们在这里隆重集会，奖励以优异成绩考入清华、北大等全国名牌重点高校的莘莘学子。我代表学校领导班子和 4000 余名师生，向受表彰的学生表示热烈的祝贺！

2009 年的高考，我们二实验人奏响了一曲主体性教育的嘹亮凯歌：共有 27 人超过 600 分，张海铮同学以 693 分名列吉林省理科前 10 名，景岩以 620 分名列吉林省文科第 29 名；第一批录取人数 588 人，其中清华大学 4 人，中国科技大学 1 人，中国人民大学 3 人，北京航空航天大学 3 人，天津大学 2 人。我们可以自豪地说：2009 年的高考是我校发展历史上的一个新的里程碑，也必将成为我校进一步发展的新起点！

能够取得这样令人鼓舞的成绩，一是离不开高仕军董事长和集团领导的关心支持与厚爱；二是基于全体高三老师恪守教师职责，以一种感天动地的无私大爱，培养出一批又一批建设祖国的栋梁之材；三是得益于我们的主体性教育理念已经深化为全校师生员工的具体行为，"以人为本、自主发展"的办学理念结出了累累硕果。

今天，董事长亲自颁发奖金，就是希望受表彰的同学，不辜负母校的期望与重托，在更高的起点上创造更突出的业绩。特别是景岩、孙天瑞等一批献身国防事业的优秀学子，祖国的蓝天需要你们保卫，收复中国南海的重任落在你们肩上！我相信，有了你们，中华民族的崛起、重立世界强国之林，将不是一个梦想！今天，你们以母校为荣；明天，母校将以你们为荣！

也希望在校的全体同学，向你们的师哥师姐学习。树雄心、立大志，刻苦学习，努力拼搏，创造更优异的成绩，为学校增光。

希望全体教师继续发扬二实验人的"五种精神"，以主人之心爱学校，以父母之心爱学生，以学生之任办教育。

"雄关漫道真如铁，而今迈步从头越。"今天我们二实验人又站在了新的起点上，赶超其他名校，一直是我们坚定不移的追求，我们将更加团结，更加努力，为早日跨入全国名校 500 强的行列而奋勇拼搏。我相信，我们二实验中学的学生永远都是最优秀的！

不忘教育初心　坚持集优创新　推动长春高中教育高质量发展
——代表高中联盟校发言

尊敬的各位领导、各位同仁：

大家好！

非常感谢局领导让我代表高中联盟校发言。长春二实验中学是两个高中联盟体的引领校：

一个是长春市田家炳教育共同体，由城区九所高中组成；

另一个是普通高中第六联盟体，由长春、九台两地六所高中组成。

我们始终遵循集联盟各学校之优，推动联盟学校共同发展的原则。五年来，我们以弘扬田公精神为主线，依托《共创成长路》，聚焦核心素养，点燃学生心灵火炬，培养学生勤俭诚朴的中华传统美德，让每一个生命都精彩，让每一个细节都出彩。我们把田园课程与"立德树人"根本任务、心理健康教育、培育核心素养、践行社会主义核心价值观深度融合，开发了校本课程，编写了校本教材，申报了科研课题。通过校长交流、教师培训、举办田家炳中学年会，不断提升校长和教师的综合能力。

通过共同体平台的历练，百余名教师成为省市骨干教师和精英教师，12 名教师挂牌省市名师工作室，8 名校长被提拔到重要领导岗位。共同体与香港仁爱堂田家炳学校、香港元朗商会中学缔结姊妹校关系，与东北师大田家炳书院签订合作协议，在大陆和香港之间架起一座集优化发展的平台。

三年来，长春市普通高中第六联盟体坚持"四个融合、五个共享、六个统一"的发展战略，组织了学科教学活动周，以"新课程、新教材、新高考、新征程"为主题的教师论坛，收集88篇论文，共同编辑出版《聚焦核心素养，科学应对新高考》论文集，由东北师大出版社出版。

联盟体是教育局为我们搭建的一个优质共享、教育集优化的平台，得到了省教育厅、市教育局基础教育处、长春市基础教育研究中心的鼎力支持和悉心指导。两个联盟十五所学校，能够博采兄弟学校之优，促进各自学校特色发展，使我们能聚集联盟体共同智慧，促进联盟体学校整体质量的提升，打造联盟体优质品牌，为长春教育的高质量发展做出了突出的贡献。

我们特别感谢以黄宪昱局长为核心的教育局党组，以高度的政治站位、高尚的教育情怀、高超的战略谋划，推动长春教育高质量发展，我们要以今天的大会为契机，深入落实集优化发展战略。

瞄准一个目标：以习近平新时代中国特色社会主义思想为指导，认真贯彻党的教育方针，以"立德树人"为根本任务，集优发展、创新发展，追求更公平更高质量的教育，打造全国优质教育品牌。

遵循两个原则：

优质资源共享，集优化发展的原则；

联盟整体创新，最优化发展的原则。

联盟的改革发展要实施三大战略：

一是以"立德树人"为核心，全面推进育人方式的转变；

二是以"卓越教师培养的星星之火计划"为载体，全面提升教师专业化水平；

三是以"核心素养"培育的深入，全面构建"五育并举"的教育新模式。

联盟的创新发展要落实四个深度融合：

与"四史"教育深度融合；

与复兴中华传统文化深度融合；

与新课程改革和新高考改革深度融合；

与心理健康教育深度融合。

在教育局的坚强领导下，高举习近平新时代中国特色社会主义的伟大旗帜，增强四个意识，坚定四个自信，坚决做到两个维护。在新的发展阶段，统一贯彻新的发展理念，确立新的发展目标，构建新的发展格局，为党育人、为国育才，以新的担当，实现新的突破，展现新的作为，为长春现代化都市圈建设，为长春教育高质量发展做出更大贡献，以优异成绩为中国共产党成立100周年献礼！

【媒体报道】

李国荣——倾情打造教育大财富

第一次见到李国荣，是在长春二实验中学的校长办公室里，桌上三部电话的铃声此起彼伏。正值新生入学，大大小小的事情都等着她拿主意、做决定。她沉稳地坐在办公桌前，一个一个地接听，一个一个地处理，条理分明，干脆利落。一位女教师推门进来："李校长，市希望中学那边的课时安排和咱们学校的课时安排有点儿冲突，特别是周一和周五的上午，从希望中学回到咱们学校得半个小时的路程，给他们上完课后我就赶不上咱们学校的上课时间了，我这个班的学生可能要被耽误……"

"希望中学那边的课咱们不能给耽误，虽然给那边上课是上级的指派，可咱自己学校的学生也不能因此受影响。这样吧，希望中学那边的课你该咋上就咋上，那边一下课，我就派车去接你，尽量不耽误回来上课，万一有赶不回来的情况也别急，我会临时安排别的老师。"

希望中学是长春市的一所公益中学，作为省级重点中学，上级要求市二实验中学抽调师资力量支援协助，这位女教师，是李国荣派出的优秀教师，也是学校里的学科带头人。作为一校之长，既要配合上级的工作，又要兼顾学校的利益，要协调，要理顺，上上下下的利益要考虑周全。类似这样的事儿，几乎每天都有，李国荣对此总是满怀热忱。因为我们的教育家的胸怀是博大的。

一步一个脚印

多年以前，提起长春市第二实验中学，许多长春人会依稀想起市政府对面那所狭小的学校。如今，当人们走过长春市北安路61号，会看到一座崭新的现代化教学楼已拔地而起。在不久的将来，这里将是一个向全市、全省甚至全国展示"素质教育"成果的窗口。20多年来，从当初名不见经传的六十一中到今天的省级重点中学，并成为一所拥有"办校有特色，教师有特点，学生有特长；管理高效益，队伍高水准，学生高素质，学校高层次"的现代化实验性、示范性学校，二实验在校史上留下一串光辉的名字，其中，"李国荣"这三个字的分量是重中之重。

1978年，刚从东北师范大学历史系毕业的李国荣被分配到长春市实验中学当高中历史老师。1996年，她被派到市二实验中学做主管教学的副校长；2001年3月担任市二实验中学校长。

20多年来，从普通教师到教研组长、年级组长、团委书记、政教主任、校长助理，再到副校长、校长，李国荣踏踏实实地走过了每一步。从当年的风华正茂到今天的年过不惑，她凭着正直、务实、进取的作风，一步一个脚印，一步一个台阶，以一个女人少有的坚强和魄力站到了今天的这个高度。

校以师为先

师资力量的强弱与否是一个学校发展的重要因素，从基层走过来的李国荣对此感触最深。九十年代中期，二实验的教师年龄结构很不合理，一大批有着丰富经验、多年从事毕业班教学工作老师即将退休、退养，年轻教师们由于缺乏锻炼机会，还没有成长起来。当时初任副校长的李国荣对这"青黄不接"的局面深感忧虑。经过分析，她提出了师徒"结对子"的思路，即老教师既教业务，又教做人，对青年教师既压担子，又引路子，年轻教师成长的同时也促进了"师傅们"的工作。这种做法，既能教学相长，良性循环，又在不知不觉间树立了"团结协作，拼搏进取"的二实验精神。

为帮助青年教师迅速成长，李国荣还亲自为青年教师在校外聘请名师。1997年，政治组李华利老师承担高一的教学工作，李校长介绍他拜市实验中学的高级教师李发林为师，跟班听课。当年高考，二实验中学的政治成绩最高为108.24分，列长春地区第一名。1998年，李校长又介绍该组杨兆颖老师拜省实验中学高级教师李慧娟为师。2000年，长春市公开选拔中学一级教师，市二实验中学9名教师参加考试，其中8人通过选拔顺利晋级。这些人都是当年师徒"结对子"的受益者。也正是由于这种培训机制和人才储备，才使学校在1997年高中部全面扩招后没有出现师资方面的危机。

在许多人的观念中，学校是旱涝保收的"铁打营盘"，特别是重点校的老师，收入好、待遇高、结人缘、体面，所以刚毕业的师范生和有点儿"背景"的普通学校的老师，都想进重点校。学校当然不会拒绝真正的人才，但一些并不能担起担子的人也要挖空心思进来，岂不是误人子弟？这些年来，李校长没少面对方方面面的诱惑和压力。"诱惑"还好解决，我不为你所动，你能奈我何？但既不能回避，又不能生硬处理的"压力"，曾让李国荣颇费脑筋。后来，她有了一个百试不爽的"招儿"："让他（她）过来吧！先做个试讲，感受感受这儿的气氛……"试讲过后，良莠便知，"良"者不用说，留下；"莠"者就再让其"试讲"，如此几次"试讲"过后，"莠"者自知难以立足，自己便打道回府了。

"申"字能拆成多少个字

二实验中学是一所初、高中合格的完全中学。衡量一所学校的水平，一看学生的成绩，二看学生的素质。1996 年，正是由应试教育向素质教育转轨的起始年，对许多人来说，尚不知教研、教改为何物，很多学校的教研室还形同虚设。在改革的浪潮袭来时，李国荣提出：作为实验校，我们一定要先走一步。

她是一个说了就做的人。今天，在她倡导下开设的心理健康课已成为二实验中学的"品牌课"。几年来，学校一直在初一、初二、高一、高二四个年级开设心理健康课，同时开设了心理咨询室、建立了学生心理档案。每个学期，心理咨询室都会接待近百人的个别咨询，帮助学生们解决学习问题、交往问题、早恋问题、代沟问题，并缓解孩子们神经衰弱的倾向。

主体性教学改革是二实验中学的总课题。在市教委领导的支持下，李国荣推出了初中小班额教学实验。两年来，教师们的观念积极了，学生们的进步也可圈可点。在宽松自由的想象空间里，孩子们的奇思异想得到了保护，人格发育也更完善，他们会问："生活在沼泽地的丹顶鹤为什么单脚站立而不下沉？人血的密度怎样测量？"心理老师在讲变通性时提问："'申'字能拆成多少个字？"普通班的学生拆出了17 个，心理老师拆出了 25 个，实验班的孩子拆出了 34 个。

为"英语奥运"准备着

英语教学一直是中学教学的重点，其中的难点是口语与听力。受周围语言环境的影响，许多孩子能阅读、能书写，却听不太懂、说不明白。中国"入世"在即，2008 年北京奥运会的口号之一是"英语奥运"，李国荣是一位教师，是一所拥有3000 来名学生的省级重点中学的校长，"尽快提升国民英语素质"这个社会责任和历史使命在她身上体现得更重也更急。在目前学校英语师资力量有限的情况下，她又大胆地推出了英语口语教学小班实验计划。

李国荣说，在今后引进师资力量时，学校要着重注重教师的英语水平，对英语水平达到六级以上的应届大学生优先选择。

她扳着手指计算着，憧憬着：现在的初一孩子到 2008 年正好是大学一年级，现在高一的孩子到那时刚好大学毕业走上了工作岗位，到 2008 年，如果从二实验中学走出去的孩子在北京上学或工作，走在大街上，遇着一个老外，交谈后，老外竖着大拇指说："年轻人，你的英语讲得可真好，从小就开始学了吧？"年轻人说："哪儿呀，我这基础主要是我们申奥成功那年，我在中学上学时打下的……"

亦是亦非的"王熙凤"

见过李国荣的人都有一种感觉：她在某些地方有点儿像王熙凤。很多人都看过电视剧《红楼梦》，知道王熙凤是荣宁二府的"一把手"。李国荣和王熙凤的相同之处是：都是女人，都是当家人，都精明强干。

市二实验中学现有学生近 3000 人，教职员工 200 余人，当好这个家，不容易。学校里大大小小的事情都需要她操心，大到分校的建设，小到学生校服上的纽扣用 3 个还是用 4 个。李国荣是二实验中学继往开来的一代领导，都说创业容易守业难，她要守好前人创下的基业，还要完成二实验中学的二次创业，这副担子，不轻。对于别人说她"像王熙凤"的说法，她笑言："王熙凤也有值得学习的地方啊，比如她的口才；但贾府败在了她手上，这可是值得引以为戒的呀！"

每年高校录取的时候，是李国荣最欣慰的日子，欣慰过后就是苦恼，因为新生该入学了。现在的家长都重视对下一代的培养，为了让自己的孩子有一个优秀的学习环境，为了让自己的孩子能进重点校，家长们东奔西走，竭尽全能。李国荣是一校之长，她若批个条子进个学生是轻而易举的。在这个问题上，李国荣承认她批过条子，但她的"绿灯"都是有原则的，即对方曾对学校的发展有过帮助。至于她自己的亲属，则一律"红灯"。亲戚们埋怨她，说她"不认亲，眼高了"，质问她为什么"向着外人"。李国荣对记者说："我不是商人，但我知道学校的发展也离不开经营手段。有时候，出于对学校发展方面的考虑，我做过一些力所能及的让步。但我问心无愧，因为我的出发点是为了学校，而不是为我个人，真希望我的亲友们能理解我的苦衷。"

李国荣不是一个苟于言笑的人，学生们经常看到李校长拉着女教师的手边走边聊，如大姐一般。但她坐在校长办公室里处理公务时，她的威严不怒自生。这种震撼不是因为她所处的高度，而是她的沉稳、正直、无私以及精明强干所积淀起来的厚度。

我拥有的财富无法计算

20 多年的创业历程，李国荣的桃李满天下。曾有人劝她："当老师当校长，能挣多少钱？下海吧，办个公司，你的学生当中有那么多当官的、做大老板的，有多么好的社会资源却不利用，可惜呀！"对此，李国荣一笑了之。

李国荣的想法很朴素。她说，钱只是用于日常花销的一张凭证，够用就行，一个人食不过三餐，寝不过五尺，吃得可口、睡得安稳就可以了。但一个人的精神千万不能贫困。我觉得我很富有，因为我培育了那么多的人才，他们才是这个世界上真正的财富。社会上的物质是人创造的，社会上的文明也是人创造的，但一个人若没有知识就没了创造力。"我这大半生都在教书育人，我在不断地培养人才，人才又在不断地创造财富。打个比方说，有一座金字塔，我就是站在金字塔顶的人，你说我拥有多少财富？"

没有停止的思考

新世纪教育的中心话题是"创新"，但创新没有模式，创新没有止境，创新意味着风险。这是一个改革的时代，我们有幸地赶上了。因为是改革，所以在这条道路上会遇到一些困惑和难题。

经常有家长问："我的孩子在考高中时成绩是 600 多分，为什么高考时只打了 300 多分，差那么多？"教育专家说，这里面的影响因素有很多，孩子、家长、学校、社会都有份。但归结起来，又都是主观上可以改变的因素。客观上的呢？为推进"素质教育"而实行"减负"，让众多被"管"得麻木的孩子如脱缰的小马，一路跑远不思归途，但"减负"之后配套措施的实施不尽人意，与"素质教育"相抗衡的"应试教育"依然存在。还有"议价生"的问题：成绩差一点儿的孩子希望"蓬生麻中，不扶则直"；成绩好一点儿的孩子害怕"近墨者黑"。但所有孩子都有选择自己教育环境的权利，教育产业化的推进势在必行，如何定位怎样操作，还有许多问题有待探讨。

这些问题都让李国荣萦心绕怀。

第二次见到李国荣还是在她的办公室，那天是周末，她正在看一本《人民教育》。这么多年来，她的周末都是在学校里过的，她思索着、探讨着，教育事业已成为她生活中的全部内容……

（2001 年 9 月 12 日《今日财富》登载）

学校、学生是我的最爱

——记长春二实验中学李国荣

她自 23 年前进入教师队伍便与历史课结下了不解之缘，尽管她现在已是一校之长，但她仍然热恋着三尺讲台，每周仍要为学生上历史课。她，就是长春市第二实验中学校长、全国优秀教师李国荣。

凭着在教学教改等方面勇于探索、大胆创新、超越自我所形成的独特教学风格，李国荣已成为吉林省中学历史学科的带头人，同时成为东北师范大学的历史硕士生导师，还带了两个研究生。在教育科研和学科专著上，她的成果颇丰。但让她最上心的事儿是学校的改革与发展，最挂念的人是她的学生。同事们都说，你看这位精力充沛、满脑子闪现着智慧的人，只要能给学生上课，就有使不完的劲儿。

（2001 年 9 月 17 日《中国教育报》登载）

长春基础教育冉冉升起的一颗新星
——记跨越式发展中的长春二实验中学

在北国春城长春，在吉林省政治、经济、文化的中心，一所具有四十年创业历史的名校——长春二实验中学，经历了四十年的风风雨雨、坎坷艰辛，通过几任校长和几代人的共同奋斗，使学校实现了跨越式发展。在 2001 年 4 月，以各项量化评估总分第一名的好成绩，跨入了省级重点中学的行列，成为吉林基础教育中的一颗璀璨的新星。

今天的长春二实验中学不仅具备现代化的办学条件，而且拥有开拓进取的学校领导、爱岗敬业的教师队伍、科学鲜活的办学理念、求新务实的教学工作、备受称赞的辉煌业绩，以社会赞誉、家长满意、学生称颂的卓越成就而令世人瞩目。

现代化的办学条件

南、北校区相辉映，是二实验中学办学实力的真实写照。北校区坐落在政治、经济、文化集结的市中心——人民大街 1605 号，交通十分便利。学校占地 15261 平方米，拥有两座综合楼，内设高标准现代化的物理实验室、化学实验室、生物实验室、语音室、舞蹈室、多功能教室及全市一流的学生阅览室、图书室，装备了能容纳 300 名学生同时上课的 4 个微机室及两个电子阅览室。与北校遥相呼应的南校区坐落在人民大街 11618 号，占地 18.5 万平方米，办学规模极为宏大。学校的科技实验楼、艺体中心（内有 50 米泳道的游泳池；篮球场地两侧设有 1300 个座位的看台；外有 400 米环形跑道的体育场）、学生公寓、外教公寓及一切教学设施都突出体现了科学化、现代化的原则，为广大的受教育者营造了最优越的学习、生活环境，办学条件堪称一流。2003 年，南、北校区将同时招生，学生可自由选择适合自己的学习和发展的校区。

开拓进取的学校领导

柳斌曾经说过这样一句话："一个好校长，就是一所好学校。"从这简单的一句话中我们可以悟出，一个优秀的校长对学校整体发展起着至关重要的作用。长春二实验中学校长李国荣是全国模范教师、特级教师、享受国务院特殊津贴、吉林省科技拔尖人才、长春市有突出贡献的中青年专家、吉林省科研型名校长、中国西部地区教育顾问、东北师大历史系兼职教授暨硕士生导师。"校长有思路，学校才有出路校长有作为，学校才有地位。"是她在工作实践中切身的感悟，这也成为她的座右铭。她说："新世纪的中心话题是创新，创新没有止境，创新没有模式，创新就意味着风险。教育要与时俱进，创新才能发展。二实验中学要敢于面对 21 世纪的挑战，同时也要抓住历史赋予我们的机遇，在改革中求发展，在管理中求质量。"这已经成为二实验领导班子的共识，在这种思想的引领下，二实验中学必将走向更加神圣的目的地——国家级示范性高中。

爱岗敬业的教师队伍

二实验中学现有教职工近 200 人，其中特级教师 3 人；高级教师 65 人；国家级学科带头人 4 人；省级学科带头人 6 人；省级骨干教师 16 人；市级骨干教师 34 人；各级各类的"岗位明星""教学能手""教学新秀""十佳教师"等 50 多人；硕士研究生 13 人；在读硕士研究生 36 人；80% 的教师都承担过各级各类科研课题的研究。二实验形成了一支精炼的、高素质的教师群体。为了进一步提高教师的现代化教育技术，学校利用寒暑假举办了十期微机培训班，经过培训的教师全部通过考试。在不断的培训与学习中还涌现出了一大批省师德先进个人，省、市优秀教师，优秀班主任。

科学鲜活的办学理念

多年以来，在几任校长及领导班子的带领下，反复考察、周密论证，相继制订了四个《三年发展规划》，并鼎力付诸实施。四个《三年发展规划》的制订，为二实验中学的发展壮大绘制了一幅宏伟蓝图。四个《三年发展规划》的具体实施，把二实验中学的发展壮大真正引上了跨越式发展的道路。第一个规划：1992—1995 年，把二实验中学办成不是重点校的重点校；第二个规划：1995—1998 年，从应试教育向素质教育转变，实施整体改革，创办特色学校；第三个规划：1998—2001 年，建设"四高""三特"学校，即"管理高效益、队伍高水准、学生高素质、学校高层次"和"学校有特色、教师有特点、学生有特长"，把学校建成现代化实验性、示范性的一流学校；第四个规划：2001—2004 年，由李国荣校长明确提出了"以学生发展为本，实施主体性教育"的办学理念，并制订了《创建实验性、示范性高中发展规划》。几年时间，二实验中学便在"确立主体，塑造主体，实现主体，发展主体"十六字方针的指导下，以新课程改革为突破口，在德育、教育、管理等方面进行了全方位的改革，紧紧围绕"一切为了每一位学生的发展"这一核心理念，在转变课堂教学模式、教师的教学方式、学生的学习方式等方面都进行了大胆的探索和实践，并取得可喜的成果。

求新务实的教学工作

在"以学生发展为本，实施主体性教育"的办学理念引领下，为了培养高素质的人才，学校遵循"让每一个到二实验中学学习的学生在原有的基础上都得到发展"的办学宗旨，认真落实完成教育、教学和管理的各项工作。首先实现教育科研群体化，于 1995 年启动了"科研兴校"工程。以主同校为依托，聘请二十多位专家、学者来校指导科研工作。经过几年的筹划，使学校科研项目从无到有、从少到多。除 23 项校内课题外，市级以上课题 11 项，参与课题研究的教师有 123 人，占教职工总数的 86%⊜其次实现教师队伍优秀化。百年大计，教育为本；教育大计，师资为本。要实施素质教育，必须有高素质的队伍。经过十余年的努力，形成了老、中、青三结合，文、理学科结构合理，开拓、进取、团结、务实、富有战斗力的领导班子。李国荣校长和白承熙书记先后参加过国家教育部省级重点中学校长培训。这使他们具有鲜活的办学理念和明确的办学目标，能始终站在教育改革的制高点。与此同时，学校实施了"五个一""1234""二五七"等提高教师素质培训工程，为科研、教学工作注入了新鲜的活力。

备受称赞的辉煌业绩

二实验中学连续 7 年被评为省级精神文明建设单位；国家教育科学"十五"规划重点课题研究基地校；省级精神文明建设示范校；省教育科研先进单位；吉林省电化教育示范校；长春市宣教系统先进党总支；长春市教育科研示范基地；连续 7 年教学工作先进学校；长春市高中教学管理工作一等奖；长春市教学工作质量一等奖；长春市中小学教师继续教育工程先进校；长春市巾帼文明示范岗。2003 年，学校又荣获长春市"五一"劳动奖状。

四十年过去了，经过几代二实验人的努力拼搏以及各级领导悉心的呵护与关怀，从一所名不见经传的学校，发展成为可以为国家、为民族承担重要任务、履行重要职责的省级重点中学。今年 9 月二实验将参与省级示范性高中的评估，不久的将来还将向着国家级千所示范性高中的目标迈进。2002 年教师节，原市长李述来校慰问教师时对长春二实验中学的办学水平和教学质量给予充分肯定。他说："二实验中学是长春基础教育冉冉升起的一颗新星。"

看今朝，一所长春市基础教育的新星正冉冉升起；望未来，一所国内一流的实验性、示范性学校正在大踏步地向我们走来。未来充满理想和希望，未来将更加美好。相信不久的将来，一个崭新的长春二实验中学将崛起于春城，崛起于松辽大地，崛起于人们的心目中！

（2003 年 5 月 22 日《长春日报》第 9 版全文报道）

她从普通教师走来

——记长春二实验中学校长李国荣

长春市北安路 61 号，坐落着长春市第二实验中学北校区。这里原是一所普普通通的"六一"学校,二十年后的今天,这里已成为向全市、全省乃至全国展示现代化教育成果的重要窗口。而刚刚投入使用的高新区校区,将作为我市唯一一所示范性寄宿制学校,承载着全新的教育理念,呈现在世人面前。

学校自 1994 年全面推行素质教育改革以来,历经多次重大改革创新,留下了一串串闪光的足迹。几任校长率领二实验人,始终没有停歇追求的脚步。说到这些,谁都不会忘记一个响亮的名字——李国荣。她是二实验中学的现任校长,全国模范教师,吉林省特级教师,省三八红旗手,享受国务院特殊津贴的专家。

李国荣校长自 1978 年参加工作以来,先后获得国家、省市授予的三十七项殊荣。这三十余项荣誉真实地告诉我们,她是怎样由一名普通教师发展成为享誉全市乃至全省的重点中学的知名校长。

我从普通教师中走来

近年来,伴随着市二实验中学的崛起,李国荣校长的名字已在当地百姓的心中扎下了根。当媒体记者纷纷问到李校长的发展经历时,她总爱说的一句话是:"我是从一名普通教师一步一个脚印地走过来的。"

李国荣 1978 年毕业于东北师范大学历史系,被分配到市实验中学,担任高中历史课教学工作。1996 年被派往二实验中学做主管教学的副校长;2001 年初担任二实验中学校长。二十余年的风雨历程,李国荣从一位普通教师,到团委书记、教研组长、年级组长、政教主任、校长助理,再到副校长、校长,踏踏实实走过了每一步,在教学、教改、教学管理,以及学校管理各方面积累了丰富的经验,取得了可圈可点的成绩。

1980 年,她毕业后所带的第一个毕业班,44 名同学全部升入大学;1982 年高考,她任教的班级有 4 名同学升入北京大学,《长春日报》报道了她的突出事迹。

在任教期间,她承担市级以上大型公开课二十余次,并多次参加新秀课、最佳课、创优课、观摩课的评选,均获一等奖。1993 年,她录制的系列教学片《丰富多彩的历史课》,由中央电视台向全国播放。

随着素质教育的推进,她清醒地认识到,教学改革势在必行。为此,她如饥似渴地学习国内外教育理论,积极探索教学规律,并承担了"诸法并用,提高历史教学质量"的课题研究,其成果在全地区推广。

如今,她已成为中国西部地区教育顾问;东北师范大学历史系硕士生导师;吉林省中学历史教学研究会副秘书长;长春市中学历史教学研究会副会长;长春市中小学心理健康教育学会副会长;长春市教育局教研室兼职副主任。她还多次担任省、市中小学高级职称评审委员会评委,是长春市第九届政协特约委员。她的事迹被收入《中国著名女教师》《吉林省城乡大典》《中国名师略传》《中国专家大辞典》

等著作。

教师是学校最可宝贵的财富

校以师为先，师以校为荣。

师资力量是一个学校发展的重要因素，从基层走过来的李国荣对此感触最深。她常说："学校的硬件建设当然也重要，而教师才是学校最可宝贵的财富。"李国荣担任教学副校长以后，一手抓教学改革，一手抓师资建设。鉴于当时学校一大批有丰富经验的老教师即将退休，年轻教师缺乏锻炼机会尚未成长起来的现实，她提出了师徒"结对子"的策略，对青年教师压担子、引路子、教学相长。进而，她又提出了培养跨世纪青年教师的"二五七工程"，对全校教师提出了"五个一工程"，亲自制定教师教学工作考核十项量化标准，还在全校率先提出了"科研兴师，科研兴校"的宏伟构想，鼓励全校教师积极承担科研课题，撰写教育教学理论文章。

奉献爱心、精心培养、严格要求、逼你成才，是李国荣校长对待教师的一贯思路。她主张，对于教师，既要关心爱护，又要培养使用。于是，那严格要求的背后，就是她对教师真诚的呵护。

叶莹石老师的男友是军人，远在外地。每逢节假日，她常常一个人留在宿舍，李校长就在中秋节把叶老师接到家中，共度节日。在她的婚礼上，李校长高度赞扬她作为军人妻子的奉献精神，鼓励两位新人为祖国的国防和教育事业多做贡献。

为了真正理解一线教师的甘苦，李校长一直兼课，并要求所有领导都要担任一门学科的课程，她说，并不是学校缺几位教师，而是领导通过兼课，同广大教师打成一片，使自己真正融入教师之中。

如今，二实验中学在成立新校区、办学规模不断扩大的情况下，并没有出现教师队伍青黄不接的危机，我们不得不承认李国荣校长当初狠抓教师队伍建设的远见卓识。

校长没有思路，学校就没有出路

"校长有思路，学校才有出路；校长有作为，学校才有地位。"这是李国荣在工作实践中的切身感悟，也是她的座右铭。

应该说，李国荣校长继承了前几任校长的光荣传统，带领她的队伍，使学校得以跨越式发展那么，李校长的办学思路是什么呢？用她自己的话说，就是"走教育科研导向的办学之路"。

她认为，在21世纪要实施高素质的教育，不仅需要高水平的教师，更需要高水平的校长。一个校长必须跳出自己学校的圈子，站在世界的高度看教育，站在国家的高度看学校，这样才能准确地把握时代脉搏，给自己的学校以科学的定位。

教育科研给学校发展带来勃勃生机，也给学校的深化改革指明了方向。几年来，李校长除了狠抓科研课题建设，提高广大教师的整体素质外，还在课程改革和构建主体性课堂教学模式上取得了突出的成绩。

课程改革是基础教育改革的核心。面对体制、资金、师资、中考与高考等几方面的压力，李校长明确提出："开好必修课，开设选修课，拓展活动课。"通过二十多种活动课的开展，大大提高了学生的综合素质，促进了学科课程的改革。

特别是心理健康教育课已成为学校的特色和品牌课程。几年来，学校一直在初一、初二，高一、高二四个年级开设心理健康课，同时建立学生心理档案，开设心理咨询室、集体松弛室，创办心理健康杂志《心语》，通过心理健康课程，很大程度上帮助学生解决了学习、交往、早恋、亲子沟通等现实难题，使绝大多数同学都能够克服心理问题，安心地生活和学习。

在构建主体性课堂教学模式中，主要以学生发展为本，重点培养学生的创新精神和实践能力，实现教师角色的转变、学生地位的转变及教学手段的转变，保护学生的奇思异想，鼓励学生思维创新，他们会问：生活在沼泽地的丹顶鹤为什么单脚站立而不下沉？人血的密度怎样测量？一个"申"字能拆成多少个字……

教育科研激发了广大教师积极探索的热情，也提升了李国荣作为一校之长的综合素质。在2002年省市科研名校长评选活动中，李国荣以绝对优势被评为吉林省科研型名校长，二实验中学也成为省市科研型名校。

李国荣校长曾说，如果有机会，我还要攻读博士研究生，继续搞教育科研。

金钱只是用以日常花销的一张凭证

20余年的从教历程，李国荣可谓桃李满天下。曾有人劝她"当老师当校长，能挣多少钱？下海吧，办个公司，你的学生中有那么多当官的、做大老板的，这些资源不利用，真是可惜呀！"对此，李国荣一笑了之。

李国荣的想法很朴素。她说，金钱只是用以日常花销的一张凭证，够用就行，一个人食不过三餐，寝不过五尺，吃得可口、睡得安稳就可以了。但一个人在精神上千万不能贫困。我觉得我很富有，因为我培育了那么多的人才，他们才是这个世界上的真正财富。社会上的物质是人创造的，社会上的文明也是人创造的，但一个人若没有知识就没了创造力。我这大半生都在教书育人，我在不断地培养着人才，人才又在不断地创造着财富。打个比方说，有一座金字塔，我就是站在金字塔顶的人，你说我拥有多少财富？——这就是一位甘于奉献，廉洁自律的校长的人生准则。

作为一名人民教师，作为一名共产党员，作为一个学校的当家人，李国荣始终忠诚于党的教育事业，她几次放弃了到机关和高校工作的机会，多次拒绝外界的高薪邀请，就连她的亲人们都不能理解。

每年高校录取的时候，是李国荣最欣慰的时候，欣慰过后就是苦恼，因为新生该入学了。为了让自己的孩子能进重点校，一些家长东奔西走，竭尽全能。李国荣是一校之长，她若批个条子进个学生是轻而易举的。在这个问题上，李国荣承认她批过条子，但她的"绿灯"都是有原则的，即对方曾为学校的发展有过帮助。至于她自己的亲属，则一律"红灯"。亲戚们埋怨她，说她"不认亲，眼高了"，质问她为什么"向着外人"。李国荣对记者说："我不是商人，但我知道学校的发展也离不开经营手段。有时候，出于对学校发展方面的考虑，我做过一些力所能及的让步，但我问心无愧，因为不是为我个人。"

由于二实验中学是重点校，收入高、待遇好，既实惠又体面，所以，刚毕业的师范生和有点儿"背景"的普通学校的老师，都想拥进来。李校长没少面对方方面面的诱惑和压力。"诱惑"还好解决，我不为你所动，你能奈我何？对于"压力"，曾让李国荣颇费脑筋。后来，她采取试讲、再试讲的"绝招儿"吸纳真正的人才，拒绝误人子弟的庸才。让群众通过听试讲、看试讲，客观地区别良莠，把进入权和拒绝权交给群众，绝不采取一锤定音的长官意志。财务大权，也是学校的焦点。为了增强透明度，李国荣实行校务公开，在项目承包、财务支出上严格审批、决策制度，充分实行民主管理。做到一万元以上的支出一定交由班子大会研究决定，从不私自做主，以其高尚的风格和严谨的管理取信于民，广大教职员工心情舒畅。

李国荣以其巨大的人格魅力昭示着她作为一校之长的才华和能力。

二次创业我们准备好了

1996 年 5 月，国家教育部中学校长考察团来校考察时做出的评价是：二实验中学硬件不硬，软件不软。时隔七年，去年五月国家教育部中学校长考察团又一次来考察时，应俊峰主任说："二实验中学以二流的设备，创造着一流的业绩，培养着一流的人才。"

2002 年教师节，原市长李述来校慰问时，十分肯定地说："二实验中学是长春基础教育冉冉升起的一颗新星。"

2003 年建校四十周年庆典大会上，安莉副市长对学校给予了高度的评价：二实验中学是一所示范性的学校，为普通高中的发展提供了成功的范例。

2000 年以来，学校共获得省级以上荣誉 12 项。

2001 年 4 月，二实验中学由一所普通中学正式进入了省级重点中学的行列。

2002 年至 2003 年在市政府和市教育局的大力支持下，学校在长春明珠以南，省国联花卉基地以北征地 18 万平方米，按照国家千所实验性、示范性高中的标准建设成规模宏大的新校区，今年九月已正式投入使用。李国荣校长将带领二实验人在这里完成二次创业。当记者向李校长问起学校未来的发展时，李校长坦然而自信地说：二次创业我们已经准备好了。

（《长春教育》2004 第 5 期登载）

实施"主体性教育"推动学校跨越式发展
——访吉林省长春市第二实验中学李国荣校长

跨越式发展的学校

长春二实验中学是长春市基础教育界冉冉升起的一颗新星。这所建校于 1963 年的学校，经过四十多年的薪火传承、耕耘不辍，已经发展成为市直属重点中学、省级示范中学。在春城老百姓心目中，第二实验中学是一所有着别具一格的办学理念、高人一筹的教学质量、独树一帜的管理机制的名牌中学，是老百姓信得过的放心学校。

长春二实验中学位于长春市人民大街 11528 号，与新建成的长春市政府相对而立，和政府相邻必将给学校的发展带来无限的生机。学校占地面积 18.5 万平方米，建筑面积 10 万平方米。内部设有高标准的 72 个多媒体标准教室，14 个理、化、生实验室及 10 个语音室和微机室；建有集天象馆、科技馆、电子化图书馆为一体的科技活动中心；集舞蹈厅、音乐厅、篮球场、排球场、乒乓球馆、400 米塑胶跑道的运动场、50 米标准泳道的游泳馆为一体的艺体中心；集学生公寓、外国专家公寓、餐饮部为一体的生活服务中心，学校的硬件建设国际一流。校园内绿树成荫、花草芬芳，在校园漫步就像身居世外桃源。

全校教职工 248 人，任课教师 238 人。其中特级教师 6 人，高级教师 96 人，国家、省、市骨干教师 58 人，毕业和在读研究生 62 人，同时拥有全国模范教师、省市专家、省级科研型名校长、省级科研型名教师、"十佳教师""师德标兵""德业双星"等各级各类教学能手达百余人。

长春二实验中学遵循以"以人为本，自主发展"的办学理念，坚持"确立主体、塑造主体、实现主体、发展主体"的十六字方针，为造就思想健康、品德高尚、行为规范、素质良好，具有健全人格、合作意识、创新精神和实践能力的适应 21 世纪发展需要的高素质人才营造了最好的学习、发展的空间。让每一位到学校学习的学生都得到提高和发展。

为了打造吉林省经济发展的软环境，解决外籍专家子女入学问题，长春市人民政府、长春市教育局决定设立长春市第二实验中学国际部，下设欧美分部和亚洲分部，接收来吉林省工作的专家、学者的子女入学和外籍学生来校学习。目前在校就读的外国学生达 70 多人，外籍教师 8 人。

而长春双语实验高级中学是 2004 年 4 月经吉林省教育厅批准成立，由长春二实验中学与加拿大捷诚教育集团合作创办的以双语教学为特色的实验高级中学。（注：捷诚教育集团包括加拿大莱姆顿应用技术学院、美国诺斯伍德大学、加拿大北大西洋学院、加拿大纽芬兰纪念大学、加拿大凯波布兰顿大学、加拿大魁北克蒙特利尔大学、加拿大新布伦瑞克大学）

现在学校高考提高率已连续十年在全市名列前茅，近几年来，学校在继续保持升学率优势的前提下，一些科目的平均分已经达到全市的前两名。在抓好高考升学的同时，学校还非常重视学生的全面发展，成立了学生自主管理的长白山文学社、聚龙棋社、篮球俱乐部、足球俱乐部、学生合唱团、演讲团等学生社团组织，让每个学生的个性在校园中得到充分发挥。

从普通教师中走来

长春市第二实验中学的李国荣校长，从不谙教道的初为人师到业务精通的学年组长，从德才兼备的团委书记、教导主任到创新务实、开拓进取的一校之长，她把全部身心投入到深爱的教育工作中，以执着的追求、高尚的人格，在人生的旅途中留下了一个个坚实的脚印。为此，她被评选为长春市人大代表、享受国务院特殊津贴、长春东方教育集团总裁、长春二实验中学校长。自 1978 年参加工作以来，她先后获得了国家、省、市授予的三十七项殊荣。这三十余项荣誉真实地告诉我们，她是怎样由一名普通教师发展成为享誉全市乃至全省、全国的重点中学的知名校长的。

近年来，伴随着长春市第二实验中学的崛起，李国荣校长的名字已在当地百姓的心中扎下了根。当媒体记者纷纷问到李校长的发展经历时，她总爱说的一句话就是："我是从一名普通教师一步一个脚印地走过来的。"

李国荣校长 1978 年毕业于东北师范大学历史系，被分配到长春市实验中学，担任高中历史课老师一职，1996 年被派往第二实验中学做主管教学的副校长，2001 年初开始担任第二实验中学校长。二十余年的风雨历程，李国荣校长从一位普通教师，到团委书记、教研组长、年级组长、政教主任、校长助理，再到副校长、校长，踏踏实实走过了发展的每一步，在教学、教改、教学管理，以及学校管理各方面积累了丰富的经验，可圈可点的办学成绩已经说明了一切。

1980 年，李国荣校长从毕业后所带的第一个毕业班，全班 44 名同学全部升入大学；1982 年高考，由李国荣校长任教的班级有 4 名同学升入北京大学，为此《长春日报》专门报道了她的突出事迹。

　　在任教期间，李国荣校长承担了市级以上大型公开课二十余次，并多次参加新秀课、最佳课、创优课、观摩课的评选，均获一等奖。1993 年，她录制的系列教学片《丰富多彩的历史课》，由中央电视台面向全国播放。

　　随着国家素质教育改革的推进，李国荣校长清醒地认识到，教学改革势在必行。为此，她如饥似渴地学习国内外教育理论，积极探索教学规律，并承担了"诸法并用，提高历史教学质量"的课题研究，其成果在全地区得到推广。

　　李国荣校长始终站在中学历史教学的制高点上，走在了别人的前面，超越了一个平凡的教师的职责所见，不仅成为吉林省内中学历史学科的带头人，还在教育教学的诸法领域进行了不懈的探索。如今，李国荣校长已成为中国西部地区教育顾问；东北师范大学历史系硕士生导师；吉林省中学历史教学研究会副秘书长；长春市中学历史教学研究会副会长；长春市中小学心理健康教育学会副会长；长春市教育局教研室兼职副主任。多次担任省、市中小学高级职称评审委员会评委，荣耀地成为长春市第九届政协特约委员。她的事迹被收入《中国著名女教师》《吉林省城乡大典》《中国名师略传》《中国专家大辞典》等著作。李国荣校长告诉记者，如果有机会，我还要攻读博士研究生，继续搞教育科研。

　　30 余年的从教历程，李国荣校长可谓桃李满天下。曾有人劝她"当老师当校长，能挣多少钱？下海吧，办个公司，你的学生中有那么多当官的、做大老板的，这些资源不利用，真是可惜呀。"对此，李国荣校长都一笑了之。她的想法很朴素，她说："金钱只是用以日常花销的一张凭证，够用就行，一个人食不过三餐，寝不过五尺，吃得可口、睡得安稳就可以了。但一个人在精神上千万不能贫困。我觉得我很富有，因为我培育了那么多的人才，他们才是这个世界上的真正财富。社会上的物质是人创造的，社会上的文明也是人创造的，但一个人若没有知识就没了创造力。我这大半生都在教书育人，我在不断地培养着人才，人才又不断地创造着财富。打个比应该说，有一座金字塔，我就是站在金字塔顶的人，你说我拥有多少财富？"这就是一位甘于奉献、廉洁自律的校长的人生准则。

高品质打造优质教育

　　作为长春市的一所名校，第二实验中学一直把"办好人民满意的教育"作为办学的基本目的，秉承"名校必须是人民满意的学校"的宗旨，在保持自身健康、稳定、快速发展的同时，把学校放在全市的教育改革中来发展，放在全市社会经济的"快跑""领跑"中来发展。并从四个方面进行了具体实施。

　　一是以明确的办学理念来打造长春名校。

　　有人说："一个好校长就是一所好学校。"学校的发展源于办学理念的变革，靠的是办学策略的指导。一个校长要有大教育观念，要站在世界的高度审视教育，站在国家的高度审视学校，这样才能准确把握时代的脉搏，才能根据时代发展的需要，结合本校的实际情况，遵循教育的发展规律，给自己学校的发展以恰如其分的定位，从而明确自己的办学目标、办学宗旨、办学方略。

"校长有思路，学校才有出路；校长有作为，学校才有地位。"这是李国荣在工作实践中的切身感悟，也是她的座右铭。应该说，近年来，李国荣校长不但继承了前几任校长的光荣传统，而且大胆突破常规，带领她的队伍，使学校得到更快的跨越式发展，说起她的办学思路，用她自己的说话，就是"走教育科研导向的办学之路"。

李国荣校长告诉记者，2000 年下半年，她有幸赴上海华东师大参加国家教育部组织的省级重点中学校长研修班学习。在三个多月的学习中，她亲耳聆听了一些著名专家、学者的几十次精彩的讲座，考察了江、浙、沪、闽的 37 所中学，学到了鲜活的办学理念、改革特色及办学经验，让她受到了强烈的震撼。恰好在 2001 年初她开始主持学校工作，迎来了理论联系实践的机遇。她始终认为，在 21 世纪要实施高素质的教育，不仅需要高水平的教师，更需要高水平的校长。一个校长必须跳出自己学校的圈子，站在世界的高度看教育，站在国家的高度看学校，这样才能准确地把握时代脉搏，给自己的学校以科学的定位。

课程改革是基础教育改革的核心。面对体制、资金、中考与高考等几方面的压力，李国荣校长经过反复探索在学校中明确提出："开好必修课，开设选修课，拓展活动课"的教研理念。通过二十多种活动课的开展，大大提高了学生的综合素质，促进了学科课程的改革。

经过几年的理论创新和实践检验，李国荣校长告诉记者，现在学校已经确立了"以人为本，自主发展"的办学理念，即"确立主体，塑造主体，实现主体，发展主体"。在主体性教育思想指导下，学校形成了良好的"三风一训"："文明、勤奋、求实、创新"的校风；"敬业、务实、严谨、求新"的教风；"励志、刻苦、勤思、博学"的学风；"求实、创新、修德、博学"的校训。同时，以新课程改革为突破口，在德育、教学、管理等方面进行了全方位的探索，紧紧围绕"一切为了每一位学生的发展"这一核心理念，在转变课堂教学模式、教师的教学方式、学生的学习方式、评价制度等方面都进行了大胆的实践。长春二实验中学高考提高率连续八年名列长春各校之首，连续三年成为全省唯一专科以上升学率 100% 的学校。

二是以"五种精神"推动学校向更高目标迈进。

可以说，长春第二实验中学没有悠久的历史，也没有丰厚的文化底蕴，它怎么会在短时间内迅速崛起呢？李国荣校长自豪地对记者说："靠的就是二实验人的五种精神。"她介绍说，在长期的办学过程中，二实验人积淀了独特的"五种精神"，即：爱校如家的奉献精神、忠于职守的敬业精神、从严治校的负责精神、克己奉公的自律精神、勇于开拓的创新精神。这"五种精神"时刻鞭策着第二实验中学的广大师生在"追求一流、崇尚务实""志存高远、学求博深"的道路上创造跨世纪的辉煌，并朝着国家千所示范校的目标迈进。

三是通过高远的追求实现异地建校，扩大办学规模。

2004 年 8 月，长春二实验中学新校区建成并投入使用。新校区位置优越，坐落在人民大街的南端，内设国内一流的高标准多媒体教室，建有理、化、生实验室，语音室和微机室，还有科技馆、电子化图书馆、舞蹈厅、音乐厅、篮球场、排球场、乒乓球、游泳馆、塑胶跑道，集学生公寓、餐饮为一体的生活服务中心等。学校所有演示实验与分组实验开出率达到100%。为了与世界的教育接轨，实现远程教育目标，学校专门建设了覆盖三网合一的网络系统，营造了一个现代化的工作和学习环境。

二实验中学新校区的建成并投入使用，不仅极大改善了学校的办学条件，为学校争创全国千所示范校提供了良好的硬件设施，而且，招生规模的扩大，也为长春市 85% 的适龄学生接受优质高中教育做出了突出贡献。

四是以德业双馨的教师队伍带动学校内涵式发展。

师资力量是一个学校发展的重要因素，从基层走过来的李国荣校长对此感触最深。她说："学校的硬件建设固然重要，但教师才是学校最可宝贵的财富。"李国荣在第二实验中学担任教学副校长以后，一手抓教学改革，一手抓师资建设。鉴于当时学校一大批有丰富经验的老教师即将退休，年轻教师缺乏锻炼机会尚未成长起来的现实，她首次在学校里提出了师徒"结对子"的策略，对青年教师进行了压担子、引路子、教学相长的关怀。

奉献爱心，精心培养，严格要求，逼你成才。这是李国荣校长对待教师的一贯思路。她主张，对于教师，既要关心爱护，又要培养使用。于是，那严格要求的背后，就是她对教师真诚的呵护。

人心顺，方能事业兴。那么，怎样才能使广大教师"一团和气"，心无杂虑地努力工作呢？李国荣校长的结论是：取信于"民"。在实际工作中，她不仅积极实现校务公开，把自己置身于群众的监督之下，还"察纳雅言，广开言路"。认识她的人都知道，她看上去很"威风"，有着十足的领导气质。但是，她从不一意孤行。下属领导和普通教师，只要针对学校的某种现象提出意见，她都会虚心采纳，因此，李国荣校长赢得了广大教师对他的尊崇和热爱。

李国荣校长说，师德建设一直是学校工作的重中之重。通过建立师德工作责任制、宣传先进典型人物事迹、全校教师师德宣誓活动等，在学生和家长中开展了"我心目中的老师""我评老师""我需要怎样的老师"等活动，培养教师树立了科学的教育观、学生观和人才观，努力塑造教师爱岗敬业、无私奉献的优良品质。目前，在全校教师中，求进步、讲奉献、爱学生、讲实干、勤探索、讲创新、重师表、讲团结、守纪律、讲廉洁已经蔚然成风。

教学水平是衡量一名教师的重要标准。为此，李国荣校长在学校通过开展"五个一""二五七"工程，实施"12345"主体性课堂教学模式等，推动教师苦练基本功，掌握现代的教育思想和教学手段，增强教师驾驭教材和课堂的能力。同时，以科研课题为导引，优化了教育教学模式，提高了教育教学质量，促进了全体教师的专业化发展。为适应教师发展的需求，学校鼓励教师利用业余时间，通过不同渠道实行学历提高培训；组织教师外出学习考察，开展教师论坛，把他人的先进经验和理念纳入到办学和教学理念当中去，既增长了教师阅历，又提高了教师修养，更好地促进了教育教学工作及个人素质的提高。在2002年省市科研名校长评选活动中，她以绝对优势被评为吉林省科研型名校长，长春二实验中学也成为吉林省和长春市科研型名校。

拓宽视野建设国际化学校

当今世界的政治多元化和经济一体化渐趋明朗，教育的国际交流与合作也越来越频繁和密切。作为全国知名的高中，长春二实验中学始终走在前列，以培养高素质的"世界公民"为己任，为振兴长春老工业基地、打造长春国际化城市做贡献。

李国荣校长说，随着学校的发展壮大，二实验中学已不满足于师生的国际交流、学习，以及短期的培训，而是把目标放在了更高的国际化学校建设上。2002年，在第二届国际教育展上，学校与新西兰马斯顿市教育协会签约；2003年，与加拿大金斯顿大学签订联合办学协议；2003年，争得了吉林省关心下一代委员会的联合办学项目，正式成立了韩国留学生院，招收韩国留学生；2004年4月，与加拿大捷诚教育集团联合办学，成立了长春双语实验中学（中加国际交流合作学校）。这些合作办学的实践和经验，为长春二实验中学建设国际化学校打下了良好的基础。

以人为本推动学生全面发展

李国荣校长认为，主体性教育的办学理念，其核心就是"以人为本"。第二实验中学始终坚持科学发展观，让学生自主管理自己、自主管理班级、自主参与学校管理，从而培养了学生的主体意识和主体能力，为学生成为基础扎实、素质全面、特长突出、品学兼优，具有健全人格、合作意识、创新精神和实践能力的、适应21

世纪社会需要的高素质人才创造了良好条件。

她介绍说，只有学校坚持以人为本、以德为先、以诚为基，遵循未成年人成长规律，把爱国情感、伟大志向、行为习惯、基本素质等方面的教育内容融入日常生活中，才能使未成年人思想道德建设工作沿着统一、连贯、科学、理性的轨道发展成型。在这一过程中，学生始终被视为主体，通过建立班级责任制，设立"灯官""花官""水官"等，让学生主动参与班级管理；通过学生团、团委会、劳动值周班，设立学校餐饮委员会等，让学生主动参与学校管理。特别是通过劳动值周的工作，使学生更加珍惜环境、更加珍惜自己和他人的劳动成果。学校每学期都要组织评出 7 项百名先进学生活动，即三好学生、优秀学生干部、优秀青年志愿者、优秀管理工作者、进步学生、优秀团员、优秀军训学员各 100 名，使学生从身边的榜样学起，激励学生树立自信、不断进取。

二实验中学还大力提倡了"忠心献给祖国、爱心献给社会、孝心献给父母、关心献给他人、信心留给自己"的"五心教育"，把学生培养成为人格健全的高素质人才。李国荣校长介绍说，学生先后为患有白血病住院治疗的王萌、林式澜、庄伟三名同学捐款总计 20 余万元，为他们送去了温暖，帮助他们解了燃眉之急，在社会上产生良好的反响。

为了促进学生良好心理品质的形成，她说，我们在学校坚持寓心理健康教育于各学科教学之中，把心理健康教育单一的心理教育扩展到包括学科教学的学生的各项活动之中，使心理健康教育的对象也由以学生为主拓展到家长和教师。各科教师在学科教学中履行好班级团体和鼓励学生合作式学习，渗透心理教育因素，促进学生成长。针对家族教育中存在的突出问题，学校专门创办了家长心理学校，为家长开办心理教育讲座，引导家长以良好的思想道德修养为子女做表率，并定期举办《家长论坛》，围绕亲子沟通、家族教育方法等问题展开讨论，使学校教育和家庭教育相结合，收到了事半功倍的效果。

李国荣校长说，几年来，我们学校一直在初一、初二，高一、高二四个年级开设心理健康课，同时建立学生心理档案，开设心理咨询室、集体松弛室，创办心理健康杂志《心语》，通过心理健康课程，很大程度上帮助学生解决了学习、交往、早恋、亲子沟通等现实难题，使绝大多数同学都能够克服心理问题，安心地生活和学习。正如学生感言："心理健康教育——我们成长的导航灯。"

此外，学校还通过新生军训进行国防教育；通过聘请法制副校长、举办法制教育讲座，进行法制教育；开展社会实践活动，让学生走向社区，参加公益活动，服务社会，取得了明显的教育效果。

多年来，在市委、市政府和市教育局的正确领导、大力支持和关怀下，学校领导班子团结务实、开拓创新，全校教职工充分发扬二实验人的"五种精神"，以奋发有为的精神状态和团结拼搏的工作作风，取得骄人的成绩。

采访即将结束时，李国荣校长满怀激情地对记者说："千帆竞秀，时不我待，机遇无限，挑战未来。长春二实验中学作为我市的一所高质量寄宿制学校，将秉承全新的教育理念，让长春二实验中学真正实现跨越式的发展！"

（2010 年 8—10 月《基础教育创新》登载）

办学思想力成就了一个传奇
——记长春市第二实验中学校长李国荣

长春市第二实验中学原是一所普通的二类学校，可谓名不见经传，是李国荣校长率领她的团队，以十年磨一剑的精神，演绎了一段长春教育史上难以复制的传奇。5000 名在校学生，告诉人们的不单单是规模；6700 万固定资产，标志的也不仅仅是实力。只要我们掀开这所学校蓬勃壮大的面纱，就会发现一所学校教育发展的真谛：校长的办学思想力对于一所学校发展的重要意义。李国荣是一位具有很强思想力的人。2001 年，她出任校长后，针对校情，毅然提出了"以人为本，自主发展"的"主体性教育"办学理念。这一理念，就像一面旗帜，引领着广大师生，实现了学校"近代史"上一次又一次的跨越。2001 年被纳入省级重点中学管理序列；2003 年被评为省首批示范性高中，真正实现了跨越式发展。

她带领全校师生克服困难，不向政府要一分钱，建成长春市第一所寄宿制高中，为国家节省资金近亿元，使长春的优质高中入学率提高十个百分点。2009 年 10 月 31 日，中共中央政治局委员、中组部部长李源潮来校调研时，高度评价李校长提出的办学理念及学校取得的丰硕成果，他说："一所好学校，确实得有一位好校长。"

李国荣在自己著作的扉页上写道："人生在世就要不断追求，追求卓越、追求和谐、追求成功。"她也用实际行动诠释了一位教育工作者的奉献精神，以及为教育事业的发展做出的卓越贡献。她曾荣获全国劳动模范、全国模范教师、吉林省高级专家、吉林省教育科研型名校长、中国西部地区教育顾问、东北师大历史文化学院兼职教授暨硕士研究生导师等荣誉称号。

"十二五"期间，李国荣校长对学校发展更是充满信心，以《国家中长期教育改革和发展纲要》为导向，在"主体性教育"办学理念指导下，以内涵式发展为重点，以全面提高质量为核心，以新课程改革为载体，继续坚持科学发展、为特色发展和快速发展，使学校早日跻身于全国名校 500 强的行列而努力拼搏。

（2012 年 9 月 6 日《长春教育》登载）

燃烧生命　奉献忠诚
——记全国劳动模范、长春二实验中学校长李国荣

她的生命像一团火，一团熊熊燃烧的火，尽情地释放着光明、希望还有炽热；她的生命像一首歌，一支平凡而伟大的歌，跳跃的音符中有幸福，有欢乐，也有坎坷；她的事业像一首诗，一首意深韵美的诗，诗中抒发着信念、智慧，更有拼搏！她用最凝重的情感，以最优美的旋律，在心底里唱着奉献之歌、忠诚之歌！

她，就是长春市人大代表、全国劳动模范、全国模范教师、享受国务院特殊津贴、全国"五一"劳动奖章、吉林省高级专家、吉林省教育科研型名校长、中国西部地区教育顾问、东北师大历史文化学院兼职教授暨硕士研究生导师、长春二实验中学校长李国荣。

从事教育工作 30 年来，李国荣把全部身心投入到她深爱的教育工作中，她以执着的追求、高尚的人格，在人生的旅途中留下一个个坚实的脚印：从不谙教道的初为人师到业务精通的学年组长，从德才兼备的团委书记、教导主任到创新务实、开拓进取的一校之长。她以对事业、对学生的无限热爱，精心描绘着人生的美丽画卷。

她是吉林省历史学科的教育专家

"我了解这个职业的辛苦，因为我就是一名教师；我深知身上责任的重大，因为我从教师中走来。"

李国荣 1978 年毕业于东北师范大学历史系，被分配到市实验中学，担任高中历史课教学工作。在工作中锐意进取、大胆创新，先后进行了"图示法""二级自学辅导"的改革试验，形成了自己独特的教学风格，采取诸法并用，提高了历史课教学质量。曾上过 20 多节省、市级大型的观摩教学课，在各级岗位竞赛中多次获奖。1996 年为中央电视台录制了《丰富多彩的历史课》专辑在全国播放。她是吉林省中学历史学科中心组成员，多次参与编写审定历史教材、编写高中历史考纲、出高中历史会考试题，为长春市出统考考试题。作为吉林省新教材培训的指导老师，她多次为全省教师培训讲座。她还是吉林省中学教师高级职称评审委员会成员，多次参加中学教师职称评定工作，两次出任公开选拔中学特级教师的高级评委。

校以师为先，师以校为荣

"人生在世就要不断追求，追求卓越，追求和谐，追求成功。"

学校是否有发展前景，是否能在未来竞争中取得有利位置，关键在于学校是否具有可持续发展的能力。好的资源和生源固然重要，而更重要的是具有可持续发展能力的优秀教师队伍以及与之相适应的教师培训制度和教师管理制度。李国荣担任教学副校长以后，一手抓教学改革，一手抓师资建设。鉴于当时学校一大批有丰富经验的老教师即将退休，年轻教师缺乏锻炼机会尚未成长起来的现实，她提出了师徒"结对子"的策略，对青年教师压担子、引路子，教学相长。进而，她又站在教师专业化发展的高度，提出了培养跨世纪青年教师的"二五七"工程，对全校教师提出了"五个一工程"，制订教师教学工作考核十项量化标准，构建了"12345"主体性课堂教学模式。她提出，教师要一专多能，做到"1+1+1"，即要求教师胜任1门专业课、1门选修课、1门活动课。她还在全校率先提出了"科研兴师，科研兴校"的宏伟构想，鼓励全校教师积极承担科研课题，撰写教育教学理论文章。

2007年秋季，新课程改革在全省全面铺开。李国荣校长认为，这是一次基础教育的大变革，也是对学校和教师的一次大挑战。在李国荣校长的领导下，学校制订了《长春二实验中学新课程实施方案》，建设了79个专业化教室，开发了10种校本教材，高中新课程研究性学习课题达到36个，校本培训率达100%。她提出，要打破"唯学业成绩论工作业绩"的传统做法，建立教师专业化发展记录册，建立学生测评、家长测评、同行测评、领导测评四级评价体系，多渠道综合评价教师的成长与发展。

奉献爱心、精心培养、严格要求、逼你成才，是李国荣校长对待教师的一贯思路。她主张，对于教师，既要关心爱护，又要培养使用。于是，在严格要求的背后，就是她对教师真诚的呵护。在实际工作中，李校长不仅积极实现校务公开，把自己置身于群众的监督之下，还察纳雅言、广开言路。认识李校长的人都知道，看上去，她"威风"，有着十足的领导气质，但从不一意孤行，坚持集中智慧、民主管理，小事常沟通，大事班子集体研究决策。如食堂超市的承包、新教师的录用、教师的评职晋级、年度考评、中层干部竞争上岗、财务支出超1万元以上的项目等，都由班子集体研究决定，并采取校务公开的方式，在公示栏上向全校公示，主动接受群众的监督。坚持廉政勤政，制订了《领导班子廉洁自律的若干规定》，其中严格要求班子成员不用公款请客吃饭、不用公车办私事等。下属领导或普通教师，只要针对学校的某项工作提出意见和建议，李国荣就虚心采纳，从而赢得了广大教师对她的尊崇和热爱。

目前，全校教职工279人，专任教师238人，教师资格与学历全部达标。其中特级教师6人，具备高级教师资格的104人，中级教师88人，毕业和在读研究生62

人；学校先后有 70 余名教师被授予全国五一劳动奖章、全国模范教师、全国优秀教师、省市学科带头人等荣誉，形成了约占教师总数 30.1% 的教师骨干队伍；有 108 人次获得省市优秀班主任、优秀共产党员、师德标兵等荣誉称号，百余人次在各类教学大赛和评比中获得"十佳教师""教学新秀"等称号，培养出一支德业双馨的教师队伍。

她是中学教育管理的专家

"作为一校之长，不仅应该有超前的意识、果断的决策能力和实干苦干的精神，还应该成为教育教学和学校管理的行家里手，并形成自己的独特魅力。"

"校长有思路，学校才有出路，校长有作为，学校才有地位"，这是李校长在工作中的座右铭。1996 年她制订了"科研兴校"工程，亲自主持了国家"九五""十五"的十几项国家规划重点研究课题，其中有七项获国家级奖励。她带领全校师生搞科研，取得了优秀的成果，学校的心理健康教育在国内居领先水平，能与国际接轨。她主编的教材《中国心理健康教育课程导学读本》在全国发行，填补了中学心理健康教材的空白。"青少年创造思维能力的培养"课题被评为优秀科研成果一等奖并被推向全国。为了把一支高素质的教师队伍带入 21 世纪，她针对全体教师提出了"五个一"工程，即每学期每位教师要上一节研究课、读一本教育理论书、撰写一篇有关教育改革的论文、写一篇有关师德的体会、提出一项校改建议，并把这些列入教师的考核系列。针对青年教师提出了"二五七"工程，即新教师两年内成为合格教师、五年成为骨干教师、七年内成为优秀教师，一大批优秀教师脱颖而出。她多年潜心研究主体性教育理论。2001 年在学校第四个三年发展规划中，李国荣明确"以人为本，自主发展"的办学理念，并把其转化为全校教职工的自觉行为，在德育、教学、管理等方面进行了全方位的改革。

李国荣在任二实验中学校长期间，坚持以先进的办学理念引导人，以科学的制度管理人，以正确的思想塑造人，以高尚的品德影响人。她工作业绩卓著，使学校从普通校中脱颖而出，实现了跨越式的发展。2001 年学校进入省级重点中学管理序列，2003 年又被评为省级示范性中学。学校连续十年被评为教学工作先进校，成为全省唯一升学率百分之百的学校，心理健康教育居国内领先水平。是我市第一所寄宿制高中，为国家节省资金近亿元，使我市优质高中入学率提高十个百分点。学校先后被授予全国安全和谐先进校、全国中小学科研兴校示范基地、全国中小学心理健康教育先进学校，国家基础实验中心实验学校，全国加强未成年人思想道德建设标兵单位、吉林省精神文明建设标兵单位、人民满意学校等荣誉，跻身于全省知名学校行列，现正向全国知名学校迈进。

构建健康和谐校园

长春二实验中学多年来以和谐著称，班子成员之间关系和谐，教师与领导之间、教师之间、教师与学生之间、学生之间，极少闹矛盾。正是这样一个团结奉献的集体，多年来一直重视公益事业的发展。

开展"名校义培"活动。李国荣是 1972—1975 年在双阳插队的知识青年，本着为双阳区教育做点贡献的想法，二实验学校分七期为双阳区义务培训了 186 名教师。之后，又扩展到九台、农安，义务培训了 40 名农村学校校长。仅这一项，学校每年就要投入资金 6 万余元，用于受培教师的指导教师、食宿、办公地点和设备、培训资料和学习备品等。《中国工人报》《长春日报》、新浪网等媒体对此进行过报道。2006 年，学校被评为长春市"名校义培"活动先进单位；2007 年，学校荣获为长春市"名校义培"活动突出贡献奖；李国荣荣获"名校义培"个人突出贡献奖。

发挥名校的示范辐射作用。长春二实验中学是吉林省示范高中，长春市首批校长培训基地。2008 年以来，李国荣校长与延边三中李多臣副校长、九台营城一中翟延辉校长、长春市九中刘丽娟校长、长春市十六中学李鹏雁校长、九台市一中白杰副校长、长春十中李德胜校长、长春一三六中王伟校长等结成师徒对子，分四期分别开展了为期一个月的"影子培训"。2004 年以来，学校支援农村薄弱校资金 26 万 5 千元，电脑 83 台，桌椅 208 套，书籍 2 万余册。李国荣校长被中国教育学会聘请为中国西部地区教育顾问，并被内蒙古陈巴尔虎旗教育局聘请为教育顾问。

她提出："以主人之心爱学校，以父母之心爱学生；以手足之情爱同事；以祖国之需育英才。"努力服务民生，建设和谐校园。针对学校个别学生家庭生活困难，影响学业的特殊情况，在李国荣校长的倡议下，学校高中党支部发起了奉献爱心、援助特困学生完成学业的"温暖工程"，成立了高中党支部的"温暖工程基金"。温暖工程实施 5 年多来，捐款三万余元，资助品学兼优、家庭困难的学生 30 多名。在 2005 年 3 月份，高二王萌同学患白血病住院治疗，全校师生共为这名同学筹集了 7 万多元的医疗费，帮助王萌战胜了病魔，在社会上也产生良好的反响。李国荣校长也资助了一对孪生兄弟，负责他们初中到高中的全部学习费用，并把他们的母亲安排到学校做清扫工，以缓解他们的生活压力。"靖宇班"的学生都知道，每个学生过生日，学校都会为他们准备生日蛋糕，让他们感觉到家庭的温暖。在集团的支持下，学校拿出 100 万元作为专项资金，对 70 名"双特生"免除择校费；对 30 名困难学生免除伙食费；每天学生食堂提供一个 0.5 元的特价菜；对 90 名困难学生减免学杂费、印刷费等费用。

她倡导师生开展读书活动，提出"校长读书，老师读书，学生读书，滴水穿石，积淀数年方成书香校园",并为全校教师赠书 152 种 271 册。

2009 年 10 月 31 日,中共中央政治局委员、中央书记处书记、中组部部长李源潮同志来校调研开展学习实践科学发展观活动,他高度评价李校长提出的办学理念,对学校取得的成果给予了充分的肯定,他说"一所好学校,确实得有一位好校长"。

她在自己的著作《追求》的扉页上写道:"人生在世就要不断追求,追求卓越、追求和谐、追求成功。"她用实际行动诠释了人民教师的奉献精神。

（2012 年 11 月 17 日《新长征》登载）

为学生插上实现梦想的翅膀
——记全国劳动模范、长春二实验中学校长党委书记李国荣

从某种意义上说,中国梦也是教育梦。为了实现教育强国的梦想,数以万计的教育人迎难而上、知难而进、锐意进取、奋勇向前。长春二实验中学校长李国荣就是其中之一。她提出的"以人为主,自主发展"的全新的办学理念,是对教育观念、教育思想、教学方式、学习方式、教学评价等传统教育观念的彻底颠覆,在弃旧图新中为中国教育开拓了广阔的视野,注入了勃勃的生机,不仅为学生插上了实现梦想的翅膀,也为中国教育改革提供了宝贵的新鲜经验。

艰辛创业,打造学生梦想家园,头雁志存高远

"一个真正怀揣梦想的人,都是锲而不舍的追梦人,不管千难万苦,他们都不会放弃。"

1996 年秋,李国荣从工作了 18 年的市实验中学来到长春市第二实验中学,任主管教学和科研的副校长。走进校园,她震惊了:学校坐落在北安路 65 号的一个小院子里。面积仅万余平方米;6 个年级仅有 24 个教学班,1300 多人;每间 54 平方米的教室竟容纳了 70 多名学生;操场仅是市实验中学的一半儿,间操分为一、三、五和二、四、六来上;四位校长挤在一间 20 多平方米的办公室里,100 多名教师在东本愿寺阴暗潮湿的小庙里办公,站起来就坐不下。这与她原来工作的一类校的高楼大厦、开阔操场、一流设备形成了巨大反差。她上火,得了结膜炎。

"穷则思变",时任教学副校长的李国荣,从零起步,提出科研兴校工程,从母校东北师范大学聘请了十几位专家来校讲学、培训教师,用教育科研推动学校的内涵式发展。1999 年,二实验中学正式纳入一级一类校招生。时任国家教育部中学校长培训中心的应俊峰主任来校调研时评价:"长春市二实验中学,硬件不硬,软件不软。"

2001 年 3 月，教育局党委任命李国荣为长春市第二实验中学校长。"没有条件创造条件也要办好学校。"她向全校员工提出：爱校如家的奉献精神，忠于职守的敬业精神，从严治校的负责精神，克己奉公的自律精神，勇于开拓的创新精神。她要用这五种精神产生巨大的凝聚力，实现她的创业梦想。

当时教育部要求副省级城市优质高中入学率为 85%，而长春市优质高中入学率只有 75%，她抓住了省教育厅对重点中学评估的有利时机，2001 年 5 月以全省第一的排名进入省级重点中学管理系列。由于硬件欠缺，省教育厅对二实验提出限期整改。2002 年 1 月，市人大十二届一次会议的政府工作报告正式提出："改造市实验中学和二实验中学，在年底建成两所寄宿制高中。"政府有了蓝图，学校有了规划，李国荣开始大展宏图。她按照国家级千所示范校的标准，花费两个月的心血为新校区做了一份任务书。

摆在李国荣面前的是难以想象的困难。学校账面上的资金仅有几十万，教育局帮助贷款 5000 万，可是征地和建成就需要资金两个亿，资金缺口高达 1 个多亿。审批手续需要盖 43 个章，仅前期手续费用就得一千多万。有人说："你已年近五十岁了，学校建成你就退休了，真不应该干了。"李国荣说："校长的工作时间虽然有限，生命也有限，但教育事业的发展是无限的，自古就是前人栽树后人乘凉，哪怕新校区今天竣工，明天我就退休，我也不遗憾，因为这是我一生的梦想。"

时间紧，建校的时间仅有半年。李国荣带领班子成员数九寒天顶风冒雪，四处奔走选校址，终于在 2003 年腊月二十九的上午，在人民大街边上确定了建新校区的位置。那年春节，是李国荣最高兴、最难忘的一个春节。

为学生打造梦想家园，二实验大楼的一砖一石，校园的一草一木，都凝结着李国荣的心血。她亲自设计的教学楼任务书，突出了"以生为本"的理念，"高举架、宽楼梯、长走廊"的设计特点，使学生在发生突发事件时便于疏散。"以师为要"，她将教学楼和行政办公楼用走廊连为一体。她博采各校之长，米黄色的外墙借鉴了南开中学，通透式办公借鉴了北京十一学校。从学校外观的瓷砖颜色、学校主楼的博士帽造型，到教学楼大厅顶部的葵花图案，都体现了她的聪明才智和良苦用心。清华大学设计院的博士生导师冯钟平先生看到任务书时激动地说："这是我工作几十年中见到的最好的任务书。"

新校区建设期间，李国荣每天在两个校区来回奔波，经常是半夜才拖着疲惫的身子回家。有一天下大雨，工地积了很深的水，车熄火了，她蹚着齐腰深的水，走到工程指挥部，工程指挥部的人见状："李国荣你疯啦！明天再说不行吗？"李国荣斩钉截铁地回答："不行！"谈起这些往事时，我们似乎从李国荣脸上看到了创业的艰辛、喜悦和她对梦想的渴望。她说："为了这座新校区，我流了很多汗，也流了很多泪。吃的苦，遭的罪别人无法想象。我真有一种快累死了的感觉。但我无怨无悔，因为我的梦想终于变成了现实。"

2003 年，一所占地面积 18.5 万平方米，建筑面积 10 万平方米，功能完善、设施齐全的新校园在长春南部新城拔地而起。内设高标准国内一流的 72 个多媒体教室，14 个理、化、生实验室，10 个语音室和微机室。建有集天象馆、科技馆、电子化图书馆为一体的科技活动中心；集舞蹈厅、音乐厅、篮球场、排球场、乒乓球馆、带 400 米塑胶跑道的运动场、50 米标准泳道的游泳馆为一体的艺体中心；集学生公寓、外国专家公寓、餐饮部为一体的生活服务中心。学校硬件建设国际一流，校园内绿树成荫，花草芬芳，雕塑点缀。它拥有覆盖全校三网合一的网络系统，可与国际教育接轨，实现远程教育；建设了全国一流的青少年心理健康教育发展中心，为学生的健康成长提供了最有力的保障。它是长春市第一所寄宿制高中，它的建成使长春市优质高中入学率提高了十个百分点，为国家节省资金一个多亿！学校被评为吉林省首批示范性高级中学，成为学生的梦想家园。

时任市长李述赞誉："二实验中学是基础教育冉冉升起的一颗新星"时任副市长安莉赞扬："二实验中学是标志性学校，是长春市基础教育的一面旗帜。"2005 年时任副市长李龙熙来校视察给予学校高度评价："二实验中学是一所方方正正的学校，培养端端正正的人才。"

为点燃学生梦想激情，锐意改革，攀登者一览纵山小

"要想圆梦的人，总是一个弃旧图新，锐意改革，不甘人后，引领时代前行的强者。"

新一轮课程改革是教育在理想蓝图和现实矛盾中穿越；教师在应试教育和素质教育的交融中穿越；学生在大众化与精英型成长中穿越。2000 年秋，李国荣到上海华东师大参加国家教育部省级重点中学校长第 20 期研修班的学习。在三个多月的时间里，她聆听了一些著名专家、学者的几十次精彩讲座，徜徉于中国教育改革与发展、现代教育理论科学与管理科学、中国基础教育改革的理论与实践的研究之中。在专家们的指导和启迪下，使她原有的陈旧的教育观念被荡涤，思维被激活。

"校长有思路，学校才会有出路，校长有作为，学校才会有地位。"这是李国荣办学的座右铭。2001 年她提出了"以人为本，自主发展"的办学理念，提出了把学校建设成"四高""三特"即：管理高效益、队伍高水准、学生高素质、学校高层次；学校有特色、教师有特点、学生有特长的现代化、实验性、示范性一流学校。她清楚，学校在优秀率方面暂时无法和省内名校相比，她把教学中心放在了抓提高率上，她要让每个到二实验学习的学生都能得到提高，都能得到发展。

30多年来，她从普通老师到副校长、校长，没有一天停止过潜心研究教学模式和方法。"教学有法，教无定法，诸法并用才能打造高效课堂，才能使教学转化为学生的自觉行动，培养学生的高阶思维和主体意识，培养学生的自主性、独立性和创造性。"她对传统课堂教学取其精华，去其糟粕，创建了"12345"主体性课堂教学模式，这种模式是在主体性教育理论指导下的具体化的可操作模板，它把新课程的理念和素质教育的要求用结构框架和活动程序的形式呈现给大家。统一教学指导思想，规范课堂教学行为；明确操作方法步骤，形成统一教学风格；有利学生提升能力，加强高效课堂建设。主体性教育因此能够提升，落地生根，开花结果。

主体性教育转变了教师的教学观念和教学方法，灌输式变启发式。语文教师于凤霞深有感触："我给学生讲欧阳修的《伶官传序》就越过第一段的议论，直接由第二段的后唐庄宗李存勖（xù）取得政权后，荒淫腐化，宠用伶人，以致败政乱国，身死国灭的故事讲起，配上幻灯片课件，让学生们归纳出论点，自己发现问题、解决问题。"于凤霞在吉林省优质课比赛中脱颖而出，成为吉林省特级教师，她是李国荣教育思想的最大受益者之一。

主体性课堂教学模式要求教学手段由多媒体辅助教学转变为师生的学习工具。教师赵锦江深有体会："现代化交互式多功能一体机教学设备，它合起来是一块黑板，拉开就是一个屏幕，我们每堂课都集 PPT、几何画板、音频、视频为一体，学生参与其中，实现了教学备课资源共享。"

主体性教育激发学习兴趣，把课堂的主动权交给学生，激发学生好奇心和表现欲，让学生个性得到张扬。上物理课时，讲到压力、压强时，学生提出：生活在沼泽地的丹顶鹤为什么单脚站立而不下沉？人血的密度怎样测量？在数学课上，老师讲内错角，学生张臣明认为一定有外错角，讲同旁内角时，同学立刻提问"有没有同旁外角？"李国荣为此非常自豪，她说："在我们的课堂上，学生的创造性，好奇心、独立性、自信心得到了充分的发挥，这也正是我们课堂新教法的本质所在。"

主体性教育营造创新氛围，培养学生学习的创造性、实践能力和创新能力。学生梁家桐，阅读了大量的中外小说以及易卜生的戏剧，别出心裁地以戏剧的形式完成了作业，手法之流畅让老师感到惊叹。语文老师设计出培养学生发散思维的作文题《wang》。有的学生以渔网的"网"为题：有写网络的，有写成人情网，关系网的，还有写学习压力大，心情被"网"住的；还有的同学选择来往的"往"，叙述一段往事；有的选择"惘然若失"的"惘"，描写一种心情；有的选择徇私枉法的"枉"，把视角伸向了社会的阴暗面，表明他们对一些社会现象的独特看法……角度多、立意新，表现出学生惊人的想象力和创意。

主体性教育注重因材施教，培养学生学习的特殊性。教会学生学习，培养学生学习的自主性。李国荣说："新的学习观要使教师眼中有人，因材施教。"她在教学过程中特别注意到了后进生，要求每位任课教师，每学期要帮助转变5名学科后进生，制定的考核细则是：备课想着后进生，上课提问后进生，批改激励后进生，课后辅导后进生。这使后进生的成绩提高幅度明显。李国荣自豪地说："二实验无'差生'，这是开展主体性教育的结果。学生上高中后，班级综合素质排在前十名的都是我们学校的学生。十几年里，我们的教学提高率在长春市各学校排名始终第一，有12名学生考入清华大学，8名学生考入北京大学。"学生孙天瑞，从初一跳到初三，13岁高二时就参加了全国高考，取得632分的好成绩，在李国荣的支持下，放弃了北大，报考北京航空航天大学。他本科毕业后，越过硕士直接读博士，主攻航天发动机研究，他带领的航模小组代表北航参加全国比赛。孙天瑞说："是李校长给我插上了实现梦想的翅膀。"

学校形成了"三风一训"，即文明、勤奋、求实、创新的校风；敬业、务实、严谨、求新的教风；励志、刻苦、勤思、博学的学风；求实、创新、修德、博学的校训。

主体性教育"把课堂还给学生，让课堂焕发生命活力；把班级还给学生，让班级充满成长气息；把创造还给教师，让教育充满智慧挑战；把精神发展的主动权还给师生，让学校充满勃勃生机"。

让全体学生全面发展，提高圆梦能力，育人者说

李国荣的"以人为本，自主发展"，强调适应社会发展需要的全体学生的发展，具有全体性；强调学生人格的全面发展，具有全面性；强调学生个性的发展，具有层次性；强调学生在原有基础上的可持续发展，具有可持续性；强调学生自身积极主动的发展，具有自主性。这"五性"是以"学生发展为本"理念的核心内容。

据教育部统计：73%的中小学生有健康问题，其中90%是心理因素导致的。上海市医学会精神分会了解到：我国约有3000万名青少年心理有问题，其中心理障碍患病率为21.6%—32%，并呈上升趋势。离异家庭、问题家庭、重组家庭子女增多，早恋、学习压力大已成为中学普遍存在的问题。心理健康教育在李国荣的主体性教育中受到了格外的重视和关注。

一个好的学校应该是每个学生的精神家园，在二实验中学，每一位教师都是心理健康的教育者、辅导者。良好的心理教育，对一个学生的全面发展，有着何等重要的作用。李国荣要求全体教师学习心理学原理，从心理的角度分析、解决学生出现的问题。她说："学生损坏公物，简单地定性为品德问题是对学生不负责的。要对学生理解、尊重、宽容。"今年高考前，一个学生由于心理压力大，情绪变得焦虑，不但不接受老师的劝导，反而动手打了老师。李国荣把他叫到办公室，给他倒了一杯水，又递上一块糖，学生疑惑地看着她："校长有事？"李国荣说："没事，天太热了，就是想让你喝点水，败败火。"直到学生平静下来，李国荣苦口婆心地说："你十二年寒窗苦读不容易，就差十天高考了，什么都不要想，安心考试，我相信你一定会考上重点大学。你若相信我，我帮你选择志愿。"李国荣的心理健康教育，不仅使这个学生放下了包袱，最后还考上了重点大学。

李国荣把心理健康教育渗透到每一个教师，每一个学科，每一个课堂，十几年如一日。学校从1995年开始，先后投资200多万元，在长春市学校中率先建立了建筑面积560平方米的心理教育实验室，聘请专业心理教师，开通了心理教育网，开设了心理咨询站、心理咨询电话，还有心理阅览、心理档案，设有宣泄室、涂鸦板，开办家长心理学校、心理培训班。她经常亲自授课，对家长进行正确的人才观、教育观指导，解决学生和家长的心理问题。组建学生心理社团，通过演心理剧，让学生进行角色体验，被中央电视台《焦点访谈》独家报道。新华通讯社题为《心理健康才是可靠的健康》的内参这样评价："长春二实验中学多年来以和谐著称，班子成员之间关系和谐，教师与领导之间、教师之间、教师与学生之间、学生之间关系和谐。充满向上的活力。"

德育形成了"三自主"的育人模式：学生自主管理自己；学生自主管理班级；学生参与学校管理。

学生自主管理自己。寄宿生叠的被子像军人叠得一样整齐划一。每个学生都有自己的《成长发展规划》，自习课自己管理自己。

学生自主管理班级。每个班级都有民主选举产生的管理委员会，班级50多名学生都是管理的主人，人人有事做，事事有人管。

自主参与学校管理。食堂、宿舍是学校管理的两大难题，学生成立了宿舍管理委员会和餐饮管理委员会，每半个月召开会议将学生意见和建议反馈给有关部门。住宿管理实行寝室长报告制度，如有逃寝的学生，第一时间寝室长就会向楼层长报告，楼层长就会向舍务长报告，舍务长再向值班老师报告。二十分钟内，学校就会与学生家长联系，哪个学生违反寝室的规定，就会立刻得到纠正。

学生参与社会实践活动。他们与孤儿学校开展"手牵手让爱心随行六一活动"，一起做蛋糕、义卖图书。还与伪满皇宫、故宫博物院联合开展"小小讲解员活动"，组织学生去北京、上海、青岛等地拓展夏令营训练。

李国荣主张加强必修课，增设选修课，拓宽活动课。先后成立了有提高性的数学、物理、化学、外语竞赛小组；有兴趣性的小记者站、摄影小组、绘画小组、雕塑小组活动小组；有满足学生文体特长爱好的篮球队、乒乓球队、舞蹈队、管弦乐队、合唱队专项训练队等30多个活动小组，每天第八节进行活动。高中女生练太极扇，高中男生做搏击操，初中女生打腰鼓，军训方队连续十年获长春市高中生表演特等奖第一名，李国荣倡导的学校主体课间操被誉为吉林第一操。学校机器人科技活动小组在国际机器人足球邀请赛中荣获冠军，校男子篮球队获吉林省五连冠。

学生全面发展要开阔国际化视野。学校先后与美国、英国、德国、澳大利亚、新西兰、日本、韩国、新加坡等国家建立了姊妹校关系，开办了与加拿大捷诚教育集团合作的国际交流班、与美国普拉瑞中学合作的国际课程班，为学生提供了直接升入国外名牌大学的平台，邀请学生参与来自美、韩、日、德、比利时等来访学生的交流。如今，学校每年都有数十名学生走出国门，到美国、加拿大、澳大利亚等国深造，学校每年派三名优秀教师去韩国讲学，二实验是拥有韩国学生最多的学校，他们受到学校的悉心照顾，学生过生日，都会得到李校长送的生日蛋糕，他们学有所成，有的考上了清华、北大等名牌大学。

学生会主席谢斯儒，2009年考入吉林大学金融系，2012年在清华大学读研究生期间被选为全国学联主席；张志鑫同学被评为长春市"见义勇为"好少年。学校现已成为清华大学、北京大学、北京科技大学、北京理工大学的重要生源基地。学校被省教育厅评为国际交流示范校、联合国教科文组织基地校。

红烛在燃烧，育得满园春，大爱托起中国梦

"学校、老师、学生是我的最爱，我把这种爱看得比我的生命还宝贵。我燃烧的是生命，奉献的是忠诚，'衣带渐宽终不悔'，桃李满园见真爱。"李国荣是这样说的也是这样做的。

没有责任的教育是不成功的教育，没有爱心的教育是没有灵魂的教育。"以主人之心爱学校，以父母之心爱学生，以手足之情爱同事，以祖国之需育英才。"这是李国荣恪守的职业操守。她起步就教毕业班，44名学生全部升入大学，被公认为省、市中学历史学科的带头人；2001年带领二实验从普通校中脱颖而出，跨入省级重点高中的行列；2003年学校又跨入省首批示范性高中的行列，真正实现了跨越式发展，成就了长春教育史上的一个传奇。她的成长过程是爱的奉献过程，她的事业发展是爱的延续。她笑着说："我用爱撑起了事业的蓝天。"她不仅是教育界的名师，更是奉献爱的女神。

"庄稼别人的好，孩子自己的好"。李国荣喜欢学生，一见到学生就露出慈母般的笑容。从当老师那天起，她就多次慷慨解囊，资助有困难的学生，还把父母离异、无人照顾的贫困学生接到家里，帮吃、帮住、帮辅导，给他们母爱的温暖。担任党支部书记期间，她带领全体党员义务为学生辅导。当上校长后，她号召学校党委开展"温暖工程活动"，带头对困难学生进行帮扶，保证他们完成学业。每年她都要包保2—3名高三学生，不仅辅导他们的功课，还和他们谈心，给他们减压，用自己的工资给他们存饭卡、买书、送牛奶，年节送去生活补助。她资助的张聪、庄仲等同学的家里特别困难，李国荣一次次家访，排忧解难，最终他们以优异的成绩考上了清华大学。中考作文0分的张海铮，李国荣一次次鼓励他树立信心，激发他对作文的兴趣，最终张海铮以693的高分考入清华大学。贫困学生吴姝涵家住伊通农村，每逢节假日她都去寝室看望，给钱给物，关心她的成长，2009年高考，吴姝涵以628分的成绩摘得长春市文科状元，考入中国人民大学。景岩是乐山镇松林村贫困农民的儿子，李国荣一直资助他，鼓励他献身国防，报效国家，还自掏5000多元为他做了眼睛手术，景岩以625分的成绩被清华大学录取为国防生，李国荣奖励他2万元，这在当地传为佳话。人们说："不是老景家祖坟冒了青烟，而是二实验有个好校长。"2005年，学生王萌患了白血病，她组织全校师生为她捐款七万多元。2011年临近高考时，高三年级有几个学生得了肺结核，医院要求回家隔离，家长和学生都很着急。李国荣当天就为这几个学生安排了一个单独教室，配备了专门教师，让食堂特意配置了营养套餐。李国荣每天早上都到教室去看望、送水果，和每个学生都亲切拥抱一下。学生们很快康复，又回到了班集体，在高考中，都取得了优异的成绩。他们说："要是没有校长像妈妈一样的照料，就没有我们的今天。"

她提倡："校长读书、老师读书、学生读书，水滴石穿，积淀数年，共筑书香校园。"她为教师买书，亲笔写赠言，要求教师写读书笔记，对好的读书笔记给予奖励。学校每年投入40多万元组织老师去北京、上海、美国、韩国、日本等先进地区和国家考察，开阔他们的视野。开展名师带高徒，师徒互相讲课，教学助长。化学教师刘峥说："我刚来校时，压力特别大，在这个环境中，我成长得很快，从一名普通教师成长为吉林省化学骨干教师。"她培养教师研修能力，引领教师搞科研，邀请十几名专家来校讲学，从"九五"到"十二五"，学校承担国家级规划课题26项，其中有12项获国家优秀科研成果奖。实施培训青年教师的"二、五、七"工程和促进全体教师发展的"五个一"工程，一大批青年教师茁壮成长，学校涌现出特级教师、省级学科带头人、省市骨干教师、毕业和在读研究生163人，获全国、省、市荣誉称号的教师有百余人。

生活上对关怀的教师更是无微不至。多次组织教师轮流到医院护理生病的老师，到离退休老教师家中去慰问，她为身患重病的卢志诚、贾大文老师捐款2000元。

2007年高考前，看到老师辛苦，她自掏腰包3000多元，为高三的54名教师买了牛奶。教师子女上学，她挂在心上，亲自为她们安排学校，孩子考前她会送上奖品，为他们减压，鼓励他们考出好成绩。她牵挂每个老师，尽心尽力地帮助他们解决困难。教师李颖发生意外事故，她组织全校师生为她捐款；教工庄严心脏病手术，她多次到医院看望；曲兴雷老师患了癌症，她多次跑医院，送去四万元。工会主席吴作颖患耳道癌，做了几次手术，每次她都出现在病床前，鼓励他战胜病魔。她还多次为灾区捐款捐物。

二实验中学有最好的教工之家。她每年都有计划地投入资金，为教师购买乒乓球台、台球桌等设施，带领教工练太极柔力球，组织他们比赛。职工的婚丧嫁娶，她总要自掏腰包送上祝福。每年为离退休教师安排春游，教师节请他们吃饭，春节对他们进行慰问，她说："老教师是为二实验发展做出贡献的功臣，二实验永远不能忘记他们，这是一种精神传承，更是我们的精神财富。"

李国荣工作的30多年，是无私奉献的30多年。她患有高血压，病了就在办公室打个吊瓶，只要挺得住就不上医院。有一次，她连续三天高烧39度，没舍得花时间去医院看病，坚持为学生上课。还有一次，晚自习停电，她从楼梯上摔了下来，脚腕严重扭伤，不能正常走路，一位学生心疼地说："老师，你就在家里养几天吧，我们会好好学习的。"第二天，她又一瘸一拐上班来了。她始终保持着一种乐观向上的旺盛精力，在她的脸上看不到丝毫的倦怠。她是位坚强的女人，是教师们尊敬的大姐，更是他们自觉效仿和学习的榜样。教师们说："校长为了教育事业这样拼命，我们没有任何懈怠的理由。"李国荣每天都要深入课堂听两节课，并用她独到的专家视角进行讲评，与教师一起探讨怎样讲课更适合学生，投身主体性课堂教学改革。她每天早上七点前到校，晚上七点才回家，没有节假日，没有寒暑假。假日，她要规划下一步工作，走访离退休老师，深入学生家庭，了解学生的状况。她把全部智慧和心血都奉献给了学校，却没有时间照顾自己的亲人。她妹妹是中学数学教师，因心肌梗死突然离世，怕影响高三毕业班成绩，她也没能送上最后一程。去年三月，和她相濡以沫三十多年的丈夫突遭车祸，她悄悄地把悲痛埋在心里，没告诉任何一个同事，晚上去医院护理，白天照常工作。送走丈夫的第二天，师生们看到脸色苍白、面容憔悴、疲惫消瘦的李国荣校长又出现在了开学典礼的仪式上。

多年来，她提出并坚持"以人为本，自主发展"的办学理念、"四高""三特"的办学目标、德育"三自主育人模式"、教工"职业操守"，倡导"五种精神"、倡导开展读书活动。她亲手制订校风校训，她是校歌《我们在这里放飞梦想》的词作者，这首歌融入了她一生的追求和梦想："以人为本自主发展，面向世界志存高远"……

李国荣的付出获得了回报。长春二实验先后获得了国家级心理教育工作先进集体、全国中小学信息技术创新与实践活动教育创新学校、全国百所数字校园示范校建设项目学校等百余项国家、省、市荣誉，李国荣被评为全国劳动模范。李源潮来校考察时高度赞誉说："学校的办学理念先进，确实有个好校长"。时任国家教育部部长柳斌说："一个好校长就是一个好学校。"我们的教育需要好校长，我们的学生期盼好校长！

"校长强则学校强，学校强则学生强，学生强则教育强，教育强则民族强。"我们的时代需要更多、更优秀的人民教师，同时更需要一批向李国荣这样的有梦想、有抱负、有水平、敢担当的教育大师来引领我们的教育走向未来。如果我们每一个教师都能像李国荣那样，用教师梦圆学生梦，助推中国梦，在自己的岗位上为国家和民族的未来探索、奉献、创造，那么中华民族伟大复兴的中国梦就一定能够实现！

（2014 年 4 月《今天》总第 421 期登载）

教书育人四十年　桃李芬芳满天下

2018 年是全面贯彻中共十九大精神的开局之年，是改革开放 40 周年，也是长春市第二实验中学李国荣校长从教 40 周年。40 年物换星移，岁月如歌。她当过历史教师、班主任、团委书记、政教主任、学年主任、校长助理、副校长，现任长春市第二实验中学校长兼党委书记。40 年，她一步一个脚印去实践自己的责任与理想。

李国荣校长潜心教育 40 年，她让二实验中学从普通中学中脱颖而出，进入省级重点中学、省级示范性高级中学的行列，实现了跨越式的发展，成为长春市教育史上的一个传奇。她用两年建成长春市第一所寄宿制高中，为国家节省资金 2 亿元；二实验中学校歌是她十年的情怀；将二实验中学建成"全国心理健康教育特色校"是她二十年的心血；"主体性教育理论"是她三十年研究成果；她提出"以人为本、自主发展"的办学理念，学校形成三大特色发展的格局。

转眼之间，已经 40 年，回头望去，沧海桑田。她将自己对学生的爱化为母爱，将自己的蓝图变为学生的理想；将全部心血和爱都倾注在一批又一批学生身上。她不仅是老师，还是筑梦者；她不仅是校长，还是榜样；她不仅是建设者，还是创业者；她不仅是奋斗者，还是引领者。

40 年，李国荣校长不懈奋斗、改革创新、与时俱进，为教育事业奉献了青春和热血，用勤劳、勇敢、智慧书写着当代中国教育发展改革的传奇。

40 年，李国荣校长是吉林省特级教师、正高级教师、享受国务院特殊津贴的专家，中国西部地区教育顾问、东北师范大学历史文化学院兼职教授暨硕士生导师，先后荣获全国模范教师、全国劳动模范、全国五一劳动奖章、省高级专家、省首批科技创新拔尖人才、省有突出贡献的中青年专家、省教育科研型名校长、长春市名校长等荣誉称号，当选长春市第十二届、十三届、十四届、十五届人大代表。

40 年，李国荣校长坚持立德树人，培养的学生遍布海内外，有的刚刚走进清华、北大，有的已成为社会中流砥柱，有的成为国家栋梁，都奋斗在改革开放事业的康庄大道上。

改革开放四十年，向共和国建设者致敬，向改革开放的实践者致敬，向中国教育事业的发展和推动者致敬，向从教四十周年的李国荣校长致敬。

（2018 年 1 月《吉林画报》总第 746 期登载）

让主体性教育推动学校的高质量发展
——长春二实验中学特色发展纪实

题记：

回顾 40 年波澜壮阔的改革开放历史进程，教育既是改革开放的先行者，又是改革开放的受益者，更是改革开放的助力者。为庆祝改革开放 40 周年，我们去找寻那些在中国教育改革历程中有着不平凡历程和取得巨大成就的学校，对话为教育改革发展做出突出贡献的专家，以增强对教育改革的道路自信和文化自信，纪录改革开放的践行者和时代的奋斗者，回顾改革开放 40 年来特别是党的十八大以来教育改革发展的生动实践、伟大成就和宝贵经验。今天，让我们一起走进长春二实验中学。

如今已跨入省级示范性高中的长春二实验中学，与传统强校相比，既没有悠久的历史，更没有丰厚的文化底蕴。但是，伴随素质教育改革的春风，学校在 20 世纪 90 年代迅速崛起。1999 年按一类一级学校招生；2001 年通过省政府督导评估，纳入省级重点中学管理序列；2003 年，从普通校中脱颖而出，成为吉林省首批示范性高级中学，实现了跨越式的发展，成为长春基础教育冉冉升起的新星。

评价一所学校，最好看一看它的历史。有的学校历史厚重，而后仍旺盛不衰，那只能说秉承了传统；有的学校历史薄弱，如今赫赫闻名，那才是跨越式发展。二实验中学当属后者，可以用"名不见经传"形容它的过去。李国荣校长率领她的团队，历经近二十年的奋斗，演绎了一段长春教育史上难以复制的传奇，可谓在一片沼泽之上，树起了一座现代教育的丰碑。

记得，北京育人学校王建宗校长说过："衡量一个校长是一般化的办学还是专家型的办学，就在于他有没有独到的办学理念，有没有先进的办学思想。"在大力倡导专家治校的今天，必须最大限度地提升校长的思想水平。正像著名教育家苏霍姆林斯基说的那样："学校的领导，首先是思想的领导。"校长办学思想的正确与否决定着学校发展的境界。长春二实验中学快速发展的经验，恰恰告诉了我们这样一个事实。

用主体性教育践行校长的办学理念

"校长有思路，学校才有出路；校长有作为，学校才有地位。"这是长春二实验校长李国荣从事教育工作四十年的切身体会，也是她一直牢记在心的座右铭。

李国荣校长是一位具有很强思想力的人，她格外注重学校的文化建设，她提倡："校长读书，教师读书，学生读书，水滴石穿，积淀数年，共筑书香校园。"她的学习笔记上写着：正确的教育思想和先进的办学理念，对外是一面旗帜，对内是一个纲领；对学校的历史是一个总结，对学校的发展是一种动力。

2001年，李国荣校长根据对当代主体性教育理论的研究并结合自身从教二十多年的切身感悟及二实验的校情，提出了"以人为本，自主发展"的办学理念，提出了把学校建设成"四高""三特"（即：管理高效益、队伍高水准、学生高素质、学校高层次；学校有特色、教师有特点、学生有特长）的现代化、国际化、实验性、示范性一流学校。她清楚，学校在优秀率方面无法和省内名校相比，她把教学重心放在了提高率上，她要让每个到二实验学习的学生都能得到提高，都能得到发展。

"以人为本，自主发展"的主体性教育理念是一种双主体的模式，学校领导以教师为主体，教师以学生为主体，以主体性教育推动教师的自主发展，通过教师的自主发展去实现学生的自主发展。把党的教育方针和学校的培养目标变成师生的自觉行为，重点培养学生的创造精神和实践能力，它不仅有在于师生之间，也存在于生生之间。

"以人为本，自主发展"的办学理念遵循了教育的规律，把握了时代的精神，符合素质教育的要求，符合新课程的理念，更符合科学发展观的要求。为了把"以人为本，自主发展"的办学理念转化为全校师生员工的自觉行为，学校在德育、教学、队伍自主发展等方面进行了全方位的改革。鉴于李国荣校长清晰的办学理念，二实验形成了三大特色发展的格局：建成国内一流、国际知名的青少年心理健康教育中心；建成国内一流的全国数学化校园示范校；建成联合国教科文组织教育国际化基地校。学校办学质量及社会知名度蒸蒸日上。

用主体性教育引领教师专业化发展

一所学校是否有可持续发展的潜力，是否能在教育改革的大潮中勇立潮头，校舍、生源固然重要，关键是要有一支德业双馨的高素质教师队伍。为此，学校面对大学毕业生提出了"二五七"蓝青工程，即两年成为合格教师；五年成为骨干教师；七年成为优秀教师。面向全体教师提出了"八个一"工程：制订一个规划——《教师职业生涯发展规划》，上一节研讨课，参加一项课题研究，读一本书（与自身发展有关），写一篇论文（与专业发展有关），开一门选修课或指导一个学生社团，做一次教师论坛发言或给学生一次讲座，编写一部导学案或制作一部课件。学校每年投入 20 万元作为教师培训的专项经费，倾力打造骨干师资团队。2018 年，在长春市学科骨干教师重新认定遴选中，我校有 83 名教师成为新一轮学科骨干教师培养对象，人数居长春市直学校之首。现在我校市级以上骨干教师约占全部教师的 50%；在长春市普通高中教学名师、教学新秀评选中，我校有 26 名教师荣登榜首，占长春地区总数的 10%；在长春市课程指导委员成员评选中，我校有 21 名教师入选；在新一轮长春市初中毕业学业考试命题人才库成员考试选拔中，学校有 11 位教师取得中考命题人才库成员资格，标志学校教师队伍建设再上一个新台阶。现在，全校有教职工 340 人，任课教师 260 人。其中特级教师 8 人，正高级教师 2 人，高级教师 83 人，国家、省、市骨干教师 104 人，毕业和在读研究生 101 人，同时拥有全国模范教师、省市专家、省级科研型名校长、省级科研型名教师、"十佳"教师、"师德标兵""德业双星"等各级各类教学能手达百余人。

用主体性教育助力学生生命成长

为落实立德树人根本任务，全面培育和践行社会主义核心价值观，促进学生全面而有个性的发展，为学生的终身发展奠定基础，培养德智体美劳全面发展的社会主义建设者和接班人，李国荣校长重新修改了学生的培养目标。

对高中学生设定了整体层面培养目标和精英层面培养目标。整体层面达成"五具有"的目标，即具有学习精神，励志成才；具有文明素养，诚信友善；具有创新精神，奉献爱国；具有实践能力，求真务实，具有健康心灵，公正无私。精英层面：具有良好的学习素养和优秀成绩；具有奉献国家和社会的公益之心；具有领袖的胸怀和气质。尤其是精英层面的培养，使学生成为有理想、有本领、有担当、有国际视野和家国情怀的时代新人，使学生未来能够担起民族振兴的重任。

食堂和宿舍关系到学生的幸福感和生活质量，更是学生每天学习的重要保障，也是寄宿制学校管理的两大难题。李国荣校长提出了长春二实验中学员工的职业操守："以主人之心爱学校，以父母之心爱学生，以手足之情爱同事，以祖国之需育英才。"在主体性办学理念的指导下，学校形成了"三自主"的育人模式。通过"自主管理自己、自主管理班级、参与学校管理"的历练，达到自我教育、自我提高、自我发展的目的。

◆学生自主管理自己。每位新生入学后都制订自己的《学业生涯规划》，不仅设定中学阶段的目标，还规划出整个人生的目标。

◆学生自主管理班级。每个班级都有民主管理委员会，班级人人有事做，事事有人管。实行科代表报告制度和寝室长报告制度。学生们自己设计班徽，创作班歌。

◆自主参与学校管理。学生成立了宿舍管理委员会和餐饮管理委员会，每半个月召开会议，将意见及时反馈给有关部门。一次，学生提出：红烧肉焖蛋应以肉为主，而你们却以蛋为主，我们到市场调查，一盘菜6元，你们黑了我们2元钱。学生的意见有理有据，被食堂采纳。宿舍实行寝室长报告制度，如有逃寝的学生，实行层层汇报制度，20分钟内，学校就与家长取得联系。

在"以人为本，自主发展"的办学理念引领下，学校秉承"为学生终身成长负责，为学生一生幸福奠基"的积极心理健康教育理念，以"培育积极心理品质，打造阳光心灵"为目标，全面开展了三大系列的"积极心理健康教育"活动。

一是面向学生开展"阳光心灵培育工程"，以积极心理健康课程、积极团体心理辅导、阳光心理社团、积极心理主题班会、个体心理辅导等为载体，帮助学生培育积极心理品质，打造阳光心灵。

二是面向教师开展"心灵火种播撒工程"，为了使教师们都能成为阳光的教师，学校组织了心理健康调查、心理健康教育讲座、教师心理工作坊、教师心理专题论坛等一系列教师积极心理健康教育方面的活动，教师心理的阳光，像春风化雨让学生的心灵充满阳光。

三是面向家长开展"守卫心灵行动工程"，为了使每一名学生都能生活在健康的家庭环境中，使每个孩子都能健康成长。学校举办了家长心理学校微课堂、校园心理剧现场观摩等活动，同时为家长发放家庭教育材料，进行以家庭为单位、以孩子身心健康为指向的家庭心理辅导等。

从1995年至今，长春二实验中学心理健康教育工作成效显著，国家教育部两次在学校召开现场会，央视《焦点访谈》栏目做过专题报道，著名心理学家林崇德教授给予高度评价："二实验中学的心理健康教育在国内居领先水平，并能与国际接轨。"长春二实验中学也因此被教育部评为全国中小学心理健康教育特色学校。

用主体性教育推动学校的特色发展

李国荣校长在教学改革中紧紧抓住了素质教育的三个关键：一是课程教材的改

革；二是课堂教学模式的改革；三是评价制度的改革。

课程建设是学校发展的核心，是实现培养目标的重要载体。学校确立"以学生发展为核心"的全课程理念，把学生在校期间所有的活动都纳入新课程之中，坚持"六化"发展，即所有活动课程化，国家课程校本化，校本课程生本化，课程开发课题化，课程建设精品化，教师成长专业化。值得骄傲的是，学校还开发出了八大类 168门校本课，包含信息技术类、人文素养类、心理健康类、德育国学类、国际教育类、科技创新类、体育艺术类、社团活动类。编写了高质量的校本教材，如《人文与社会》《科学与创造》《心理健康教育活动课程设计》《机器人训练教程》《3D 打印技术》《动手实践，自主探究，创新思维——图形计算器与高中生自主学习实验探究》《电子辞典与初中生英语阅读能力探究》《主体性教育理论的探究与实践》等 86 本校本教材，均由吉林人民出版社出版。

学校的课堂教学模式改革历经了三个阶段：

◆第一阶段是构建主体性"12345"课堂教学模式。李国荣校长认为"教学有法，教无定法，诸法并用才能打造高效课堂。"她创建了"12345"主体性课堂教学模式：即确立一个思想；落实两个重点；进行三个转变；采取四种方法；体现五个特点。

这种模式是在主体性教育理论指导下，把新课程理念和素质教育要求用结构框架的形式呈现给大家。统一教学指导思想，规范课堂教学行为；明确操作方法步骤，形成统一教学风格；有利学生提升能力，加强高效课堂建设。

第二阶段是构建主体性课堂教学模组。主体性教学模式对各个学科起到指导和引领的作用，各个学科都分别提出了具有本学科特点的教学模式。数学的"四步"导学课堂教学模式；语文的"五步"互动课堂教学模式；外语的"5P"课堂教学模式；物理的"三加二"课堂教学模式；化学的"四段"课堂教学模式等。这些形成具有鲜明特色的二实验中学主体性课堂教学模组。

第三阶段是构建主体性高效课堂教学模式。为了培养学生的核心素养，落实"立德树人"的根本任务，以培育和践行社会主义核心价值观为载体，以培养学生核心素养为目标，打出了构建高效课堂，培养学生高阶思维的组合拳。在课堂中将导学案、思维导图、信息技术学习共同体融会贯通。

李国荣校长不仅重视教师的专业化发展，更重视师德师风建设，她提出了二实验人的"五种精神"，即爱校如家的奉献精神、忠于职守的敬业精神、从严治校的负责精神、克己奉公的自律精神、勇于开拓的创新精神。

在非毕业年级取消晚自习后，组织党员教师建立了十五个微课网站，其中胡明浩老师的物理网站共设了 40 多个专题，上传 300 多节微课，通过线上辅导、网上答疑，给学生解决讲一遍听不懂的难点、讲一遍记不住的重点、讲一遍不消化的例题。深受全体学生和家长的好评。

十几年里，长春二实验中学的教学提高率在长春市各学校排名始终第一，2017届黄梦琳同学通过清华自主招生领军人物项目培养，高考以712分的成绩成为长春市理科考生状元，被清华大学医学院本硕博连读录取。学校把中考作文零分的张海铮同学，培养出高考694分、列全省第九名的好成绩，考上清华大学自动化专业，后又考入麻省理工学院研究生。小神童孙天瑞13岁参加高考，取得632分的好成绩，为了祖国的航天事业，放弃了北大，报考北京航空航天大学。他本科毕业后，越过硕士直接读博士，主攻飞行发动器研究，他带领的航模小组参加了全国航模和国际航模比赛。2018年11月，他获得瑞典皇家理工学院博士学位，将于2019年5月到英国帝国理工大学攻读博士后，至今已在自然科学等国际期刊发表论文7篇。孙天瑞说："是李校长给我插上了实现梦想的翅膀。"

主体性教育"把课堂还给学生，让课堂焕发生命活力；把班级还给学生，让班级充满成长气息；把创造还给教师，让教育充满智慧挑战；把精神发展的主动权还给师生，让学校充满勃勃生机。"

学校重视评价制度的改革，坚持"三个有利于原则"：一是有利于学校的改革和发展；二是有利于教师的专业化发展；三是有利于学生的可持续发展。每年学校都要在青年教师中评选德业新星、在中级教师中评选德业明星、在高级教师中评选德业金星、在教辅人员中评选服务明星。在学生中进行"六星"评选，即勤奋学习之星、团结友善之星、文明礼仪之星、爱国诚信之星、自主管理之星、科学创新之星。

学校由过去的24个教学班发展到今天的84个教学班，分为初中部、高中部、国际部，在校学生4836人。学校由原来只有1.5万平方米的老校区发展到今天占地18万平方米的新校区。

学校先后荣获了全国加强未成年人思想道德建设先进单位、全国中小学思想道德建设活动先进单位、全国中小学科研兴校示范基地、全国中小学心理健康教育特色学校、全国千所数字化校园示范校、中央电教馆全国百所数字校园示范校建设项目学校、东北师范大学研究生心理健康教育实践基地、世界联合国教科文组织俱乐部学校、吉林省科研兴校核心示范基地等百余项荣誉称号。

学校成为清华大学、北京大学、中国人民大学、中国科技大学、复旦大学、上海交通大学、北京师范大学等50多所全国著名大学生源基地。

（2018年12月26日《中国教育报》）

全面贯彻党的教育方针 以素质教育助推教学改革

为全面回顾新中国成立以来全省教育领域的发展历程，吉林日报教育新媒体推出"名校长面对面"栏目，探访名校，对话校长，共话素质教育和改革创新。

记者在采访中了解到，李国荣校长荣获了由中共中央、国务院、中央军委颁发的"庆祝中华人民共和国成立 70 周年"纪念章，是长春市教育系统中唯一获此殊荣的校长。荣誉的获得，不仅是李校长的光荣，同时也让二实验师生备受鼓舞、深感骄傲。

长春二实验中学始建于 1963 年。20 世纪 90 年代，伴随素质教育改革的春风，在全国劳动模范李国荣校长的带领下，迅速崛起。1999 年按一类一级学校招生；2001 年纳入省级重点中学管理序列；2003 年从普通校中脱颖而出，成为吉林省首批示范性高级中学，实现了跨越式发展，被评价为"长春基础教育一颗冉冉升起的明星"。

以主体性教育推动学校内涵式特色发展

2001 年，李国荣校长提出了"以人为本，自主发展"的办学理念，确立了把学校建设成"四高""三特"（即管理高效益、队伍高水准、学生高素质、学校高层次；学校有特色、教师有特点、学生有特长）的现代化、国际化、实验性、示范性一流学校。

"校长有思路，学校才有出路；校长有作为，学校才有地位。"在先进的理念、明确的目标引领下，如今，学校已建成国内一流、国际知名的青少年心理健康教育中心；建成国内一流的全国数字化校园示范校；建成联合国教科文组织教育国际化基地校等三大特色发展的格局。学校先后获得了全国安全和谐先进校、全国加强未成年人思想道德建设先进单位、全国中小学思想道德建设活动先进单位、全国中小学科研兴校示范基地、全国中小学心理健康教育特色学校、全国千所数字化校园示范校、全国百所数字校园示范校建设项目学校、世界联合国教科文组织俱乐部学校等百余项荣誉。

以教师专业化发展夯实立德树人之基

国家大计，教育为本；教育大计，教师为本。长春二实验中学始终致力于打造一流的教师团队。

强化政治素质，坚持党对学校工作的全面领导，坚持社会主义育人方向。

涵养教师情怀。李校长提出二实验人职业操守：以主人之心爱学校、以父母之心爱学生、以手足之情爱同事、以祖国之需育英才。提炼师德核心要素，坚持"爱心与责任"主题教育。

强化育人本领。李校长提出了"二五七"蓝青工程。即两年成为合格教师；五年成为骨干教师；七年成为优秀教师。面向全体教师实施"八个一"工程：制订一个规划（《教师职业生涯发展规划》）；上一节研讨课；参加一项课题研究，读一本书（与自身发展有关）；写一篇论文（与专业发展有关）；开一门选修课或指导一个学生社团；做一次教师论坛发言或给学生一次讲座；编写一部导学案或制作一部课件。

坚持德高为范。李校长提出了二实验人的"五种精神"，即爱校如家的奉献精神；忠于职守的敬业精神；从严治校的负责精神；克己奉公的自律精神；勇于开拓的创新精神。在非毕业年级取消晚自习后，学校组织党员教师建立了十五个微课网站，其中胡明浩老师的物理网站共设了40多个专题，上传300多节微课，通过线上辅导、网上答疑，给学生解决讲一遍听不懂的难点、讲一遍记不住的重点、讲一遍不消化的例题。深受全体学生和家长的好评。

学校每年投入20余万元作为教师培训的专项经费。目前，全校238名任课教师238人中，正高级教师3人、特级教师8人、高级教师96人、国家、省、市、骨干教师146人，毕业和在读研究生120人，同时拥有全国模范教师、省市专家、省级科研型名校长、省级科研型名教师、"十佳"教师、"师德标兵""德业双星"等各级各类教学能手达百余人。

用"三自主"育人模式助力学生生命成长

为落实"立德树人"根本任务，全面培育和践行社会主义核心价值观，促进学生全面而有个性的发展，为学生的终身发展奠定基础，培养德智体美劳全面发展的社会主义建设者和接班人。

在主体性办学理念的指导下，学校形成了"三自主"的育人模式。通过"自主管理自己、自主管理班级、自主参与学校管理"，达到自我教育、自我提高、自我发展的目的。

学生自主管理自己。新生入学后都制订自己的《学业生涯规划》，不仅设定中学阶段的目标，还规划出整个人生的目标。

学生自主管理班级。每个班级都有民主管理委员会，人人有事做，事事有人管。实行科代表报告制度和寝室长报告制度。学生们自己设计班徽，创作班歌。

自主参与学校管理。学生成立了宿舍管理委员会和餐饮管理委员会，每半个月召开会议，将意见及时反馈给有关部门。

在"以人为本，自主发展"的办学理念引领下，学校秉承"为学生终身成长负责，为学生一生幸福奠基"的积极心理健康教育理念，以"培育积极心理品质，打造阳光心灵"为目标，全面开展了三大系列的"积极心理健康教育"活动。

一是面向学生开展"阳光心灵培育工程"。

二是面向教师开展"心灵火种播撒工程"。

三是面向家长开展"守卫心灵行动工程"。

从 1995 年至今，学校的心理健康教育工作成效显著，国家教育部两次在学校召开现场会，央视《焦点访谈》栏目做过专题报道，著名心理学家林崇德教授给予高度评价："二实验中学的心理健康教育在国内居领先水平，并能与国际接轨。"长春二实验中学也因此被教育部评为全国中小学心理健康教育特色学校。

以新课程改革助推教育教学改革

主体性教育把课堂还给学生，让课堂焕发生命活力；把班级还给学生，让班级充满成长气息；把创造还给教师，让教育充满智慧挑战；把精神发展主动权还给师生，让学校充满勃勃生机。

长春二实验中学始终坚持自主创新，紧抓素质教育的三个关键。

一是课程教材的改革。

学校首先确立了"以学生发展为核心"的全课程理念，把学生在校期间所有的活动都纳入新课程之中，坚持"六化"发展，即所有活动课程化、国家课程校本化、校本课程生本化、课程开发课题化、课程建设精品化、教师成长专业化。

学校还开发出了八大类 168 门校本课，包含信息技术类、人文素养类、心理健康。德育国学类、国际教育类、科技创新类、体育艺术类、活动类，编写了高质量的校本教材如《人文与社会》《科学与创造》等 86 本校本教材。

二是课堂教学模式的改革。

学校先是构建了"12345"主体性课堂教学模式。确立一个思想，以学生发展为本；落实两个重点，培养学生的创新精神和实践能力；进行三个转变，教师角色的转变（教师由单纯的知识传授转变为教学活动的指导者、组织者）、学生地位的转变（学生由知识被动的接受者转变为知识的主动探索者）、教学手段的转变（由多媒体辅助教学转变为师生学习的工具）；采取四种方法，即激发学习兴趣、教会学生学习、营造创新氛围、注重因材施教；体现五个特点：建立和谐关系、培养综合素质、运用现代技术、强化学法指导、培养自主能力。

在实施过程中不断探索，各学科构建了主体性课堂教学模组。

回应新高考改革呼唤，为了培养学生的核心素养，落实"立德树人"的根本任务，以培育和践行社会主义核心价值观为载体，以培养学生核心素养为目标，打出了构建高效课堂，培养学生高阶思维的组合拳。在课堂中将导学案、思维导图、信息技术学习共同体融会贯通。

三是评价制度的改革。

学校每年在教师评选四星教师，即青年教师评选德业新星，在中级教师中评选德育明星，在高级教师中评选德业金星，在工勤人员中评选服务明星。学生设立了六星评选奖项，即勤奋学习之星、团结友善之星、文明礼仪之星、爱国诚信之星、自主管理之星、科学创新之星。使每一分努力都得到认可，让每一名师生都体验成功。

2017届黄梦琳同学通过清华自主招生领军人物项目培养，高考以712分的全市理科最高分，被清华大学医学院本硕博连读录取。学校把中考作文0分的张海铮同学，培养出高考694分、列全省第九名的好成绩，考上清华大学自动化专业，后又考入麻省理工学院研究生。小神童孙天瑞13岁参加高考，取得632分的好成绩，为了祖国的航天事业，放弃了北大，报考北京航空航天大学。他本科毕业后，越过硕士直接读博士，主攻飞行发动器研究，他带领的航模小组参加了全国航模和国际航模比赛。2018年11月，他获得瑞典皇家理工学院博士学位，将于2019年5月到英国帝国理工大学攻读博士后，至今已在自然科学等国际期刊发表论文7篇。孙天瑞说："是李校长给我插上了实现梦想的翅膀。"

党的十九大报告，吹响了向两个一百年奋勇前进的号角。站在历史新的起点，长春二实验中学全体员工认真贯彻党的教育方针，不忘初心，牢记使命，以"办好人民满意的教育"为使命，为创建全国素质教育示范校，为基础教育的改革与发展做出新的贡献！

（2019年12月《名校长面对面》对话长春二实验中学校长李国荣）